Basiswissen Lernen im Sport

Reihe herausgegeben von

Nils Neuber, Institut für Sportwissenschaft, Universität Münster, Münster, Nordrhein-Westfalen, Deutschland

Der Sport hat sich im 20. Jahrhundert zu einem zentralen sozialen Phänomen entwickelt, das weite Bereiche der Gesellschaft, wie das Freizeit-, Bildungs-, Gesundheits-, Wirtschafts- und Mediensystem, durchdringt. Die Ausprägungsformen des Sports sind nahezu unbegrenzt: Kinder- und Jugendsport, Schul- und Vereinssport, Freizeit- und Breitensport, Leistungs- und Wettkampfsport, Abenteuer- und Trendsport, Gesundheits- und Alterssport u.v.m. Entsprechend komplex sind die Rahmenbedingungen und Themen des Lernens im Sport. Die Lehrbuchreihe *Basiswissen „Lernen im Sport"* greift diese Voraussetzungen auf und gibt eine Einführung in zentrale Gegenstandsbereiche und Themen des Lernens im Sport. Dabei wird eine sozialwissenschaftliche Perspektive eingenommen und auf Teildisziplinen, wie Sportpädagogik, Sportdidaktik, Sportpsychologie und Sportsoziologie, zurückgegriffen.

In übersichtlichen und klar gliederten Darstellungen finden Leserinnen und Leser einen komprimierten Überblick zum Fachgegenstand. Definitionen, zusammenfassende Übersichten und kommentierte Literaturhinweise helfen, das Gelernte zu vertiefen. Damit wird ein sicherer Einstieg in wichtige Begriffe und Themenfelder der Sportwissenschaft ermöglicht. Die Lehrbuchreihe *Basiswissen „Lernen im Sport"* richtet sich in erster Linie an Studentinnen und Studenten sportwissenschaftlicher Studiengänge, bietet aber auch Anknüpfungspunkte für verwandte Studiengänge, wie Erziehungs- und Sozialwissenschaft. Entsprechend orientiert sich die Konzeption der Bände am Arbeits- und Studienalltag von Studierenden und Lehrenden an der Hochschule. Darüber hinaus kann die Lehrbuchreihe auch von Schüler/innen, Lehramtsanwärter/innen, Lehrer/innen sowie Mitarbeiter/innen aus Sport, Jugendhilfe und Wohlfahrtsverbänden genutzt werden.

Weitere Bände in der Reihe http://www.springer.com/series/16449

Nils Neuber

Fachdidaktische Konzepte Sport

Zielgruppen und Voraussetzungen

Nils Neuber
Westfälische Wilhelms-Universität
Münster
Münster, Deutschland

ISSN 2662-5601 ISSN 2662-561X (electronic)
Basiswissen Lernen im Sport
ISBN 978-3-658-28463-3 ISBN 978-3-658-28464-0 (eBook)
https://doi.org/10.1007/978-3-658-28464-0

Die Deutsche Nationalbibliothek verzeichnet diese Publikation in der Deutschen Nationalbibliografie; detaillierte bibliografische Daten sind im Internet über http://dnb.d-nb.de abrufbar.

© Springer Fachmedien Wiesbaden GmbH, ein Teil von Springer Nature 2020
Das Werk einschließlich aller seiner Teile ist urheberrechtlich geschützt. Jede Verwertung, die nicht ausdrücklich vom Urheberrechtsgesetz zugelassen ist, bedarf der vorherigen Zustimmung des Verlags. Das gilt insbesondere für Vervielfältigungen, Bearbeitungen, Übersetzungen, Mikroverfilmungen und die Einspeicherung und Verarbeitung in elektronischen Systemen.
Die Wiedergabe von allgemein beschreibenden Bezeichnungen, Marken, Unternehmensnamen etc. in diesem Werk bedeutet nicht, dass diese frei durch jedermann benutzt werden dürfen. Die Berechtigung zur Benutzung unterliegt, auch ohne gesonderten Hinweis hierzu, den Regeln des Markenrechts. Die Rechte des jeweiligen Zeicheninhabers sind zu beachten.
Der Verlag, die Autoren und die Herausgeber gehen davon aus, dass die Angaben und Informationen in diesem Werk zum Zeitpunkt der Veröffentlichung vollständig und korrekt sind. Weder der Verlag, noch die Autoren oder die Herausgeber übernehmen, ausdrücklich oder implizit, Gewähr für den Inhalt des Werkes, etwaige Fehler oder Äußerungen. Der Verlag bleibt im Hinblick auf geografische Zuordnungen und Gebietsbezeichnungen in veröffentlichten Karten und Institutionsadressen neutral.

Planung/Lektorat: Stefanie Laux
Springer VS ist ein Imprint der eingetragenen Gesellschaft Springer Fachmedien Wiesbaden GmbH und ist ein Teil von Springer Nature.
Die Anschrift der Gesellschaft ist: Abraham-Lincoln-Str. 46, 65189 Wiesbaden, Germany

Dank

Für die Unterstützung bei der Entwicklung dieses Lehrbuchs danke ich zunächst unseren Studentinnen und Studenten im Master of Education, die die Inhalte des Bandes mit ihren kritischen Nachfragen in der Vorlesung „Fachdidaktische Konzepte" einem permanenten Praxistest unterzogen haben. Greta Brodowski stand mir in allen Fragen der Textrecherche aus dem In- und Ausland gerne auch kurzfristig zur Seite und hat die Literaturverzeichnisse zusammengestellt. Philipp Ciupke bewies Geduld und Sachverstand bei der Gestaltung der Abbildungen. Kollegiale Rückmeldungen kamen von Ahmet Derecik, Franziska Duensing-Knop, Marion Golenia, Uta Kaundinya, Michael Pfitzner, Sebastian Salomon und ganz besonders von Esther Pürgstaller, die wirklich alles gelesen hat. Kathrin Aschebrock hat die Schlussredaktion übernommen und dabei den Zitierstandard perfektioniert. Nils „Kaufi" Kaufmann hat den Schreibtanker mit ruhiger Hand um alle Klippen herum navigiert und alle nötigen Arbeitsschritte koordiniert. Und meine Frau Frauke Neuber hat mir wie immer den Rücken freigehalten oder gestärkt, je nachdem was gerade nötig war. Ihnen allen danke ich herzlich für ihre tatkräftige Unterstützung.

Münster
im März 2020

Nils Neuber

Inhaltsverzeichnis

1 Einleitung 1
2 Grundzüge sportdidaktischer Konzepte 9
3 Kinder als Zielgruppe im Sport 31
4 Jugendliche als Zielgruppe im Sport 51
5 Mädchen und Jungen als Zielgruppe im Sport 71
6 Heterogene Zielgruppen im Sport 93
7 Sportlehrerinnen und Sportlehrer 115
8 Bewegung, Spiel und Sport in der Schulentwicklung 137

Einleitung 1

Der Sport hat sich in der zweiten Hälfte des 20. Jahrhunderts zu einem bedeutsamen gesellschaftlichen Phänomen entwickelt. Kinder- und Jugendsport, Freizeit- und Breitensport, Leistungs- und Wettkampfsport, Abenteuer- und Trendsport, Gesundheits- und Alterssport u. v. m. – die **Formen des Sports** sind nahezu unbegrenzt. Zugleich durchdringt die „Sportidee" weite gesellschaftliche Bereiche, wie das Freizeit-, Bildungs-, Gesundheits-, Wirtschafts- oder Mediensystem. Sport ist damit „mehr als die Summe der Sportarten, Sportaktivitäten und Sportgelegenheiten. Sport ist ein Teil des alltäglichen Lebens vieler Menschen geworden" (Grupe und Krüger 2007, S. 69). Im Zuge der **Ausdifferenzierung des Sports** hat er allerdings eine enorme Komplexitätssteigerung erfahren, die sich in einer zunehmenden Entgrenzung des traditionellen Sportbegriffs ausdrückt. Sport kann der Leistungssteigerung, der Kontaktaufnahme, der Selbstdarstellung, der Körperformung, der Entspannung, der Gesundheitsförderung u.v.m. dienen. Im vorliegenden Fall wird er in pädagogischer Absicht ausgelegt. Dabei geht es insbesondere um die **Förderung von Kindern und Jugendlichen** in und durch Bewegungs-, Spiel- und Sportaktivitäten.

Bewegung und Sport gehören zu den häufigsten und wichtigsten Tätigkeiten im **Aufwachsen von Kindern und Jugendlichen.** Bereits im Vorschulalter nehmen die meisten Mädchen und Jungen regelmäßig an Bewegungsangeboten in Kindertagesstätten oder Sportvereinen teil. Im Grundschulalter steigen die Bindungsraten von Sportvereinen teilweise auf über 80 % einer Alterskohorte an, und auch im Jugendalter betreiben fast alle Heranwachsenden mindestens eine Sportart regelmäßig (vgl. Züchner 2013). Sporttreiben kann damit ohne Bedenken als **jugendspezifische Altersnorm** bezeichnet werden (Zinnecker 1991). Allerdings sind Bewegungs-, Spiel- und Sportaktivitäten nicht per se pädagogisch bedeutsam. Ihre pädagogische Wirkung hängt zum einen von den Rahmenbedingungen ab, unter denen sie stattfinden. Verschiedene **Lernorte** bieten unterschiedliche formale, non-formale und informelle Lern- und Bildungspotenziale, die von Heranwachsenden jeweils unterschiedlich genutzt werden können (vgl. Neuber und Golenia 2019). Zum anderen ist die pädagogische Wirkung von Sportangeboten maßgeblich von ihrer **pädagogischen Inszenierung** abhängig, d. h. von der Art und Weise, wie sie gestaltet werden.

In dieser Hinsicht orientieren sich sportdidaktische Arbeiten in der Regel an der doppelten Zielsetzung einer **Erziehung zum Sport** und einer **Erziehung durch Sport** (vgl. Scherler 1997). Auf dieser Basis begründet auch Beckers (2001) zwei **Aufgaben pädagogischen Handelns im Sport** (vgl. Abb. 1.1):

▶ **Erziehung** Ausgehend von den Anforderungen der Gesellschaft zielt Erziehung auf die Strukturierung des Denkens, Fühlens und Handelns. Bezogen auf das Feld des Sports bedeutet das die Vermittlung von Fähigkeiten und Fertigkeiten, Einstellungen und Kenntnissen, die man zum Sporttreiben in einer Gesellschaft braucht.

▶ **Bildung** geht dagegen von den individuellen Möglichkeiten und Wünschen des Einzelnen aus und zielt auf die Lebensgestaltung des Subjekts. Auf den Sport bezogen heißt das, dass das Individuum in die Lage kommt, sich in der Vielfalt sportlicher Angebote zurechtzufinden, einen eigenen Standpunkt zu entwickeln und Sport sinnvoll in seinen Lebensalltag zu integrieren.

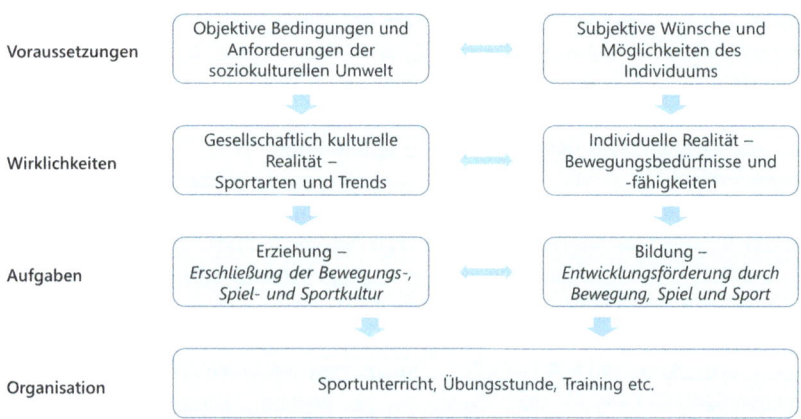

Abb. 1.1 Pädagogisches Handeln im Sport. (Mod. nach Beckers 2001, S. 30)

1 Einleitung

Beide Aspekte pädagogischen Handelns sind nur in wechselseitiger Verschränkung zu denken: „Während Erziehung auf die ‚Sache' gerichtet ist und dabei ‚Muster geformten Verhaltens' vermittelt, zielt Bildung auf die ‚Person' und deren Fähigkeit zur Selbstgestaltung, die den selbstbestimmten Umgang mit diesen Mustern einschließt" (Beckers 2001, S. 34).

▶ **Doppelauftrag des Schulsports** Die zwei Aufgaben pädagogischen Handelns bilden die Grundlage für den Doppelauftrag des Schulsports: Erschließung der Bewegungs-, Spiel- und Sportkultur sowie Entwicklungsförderung durch Bewegung, Spiel und Sport (MSW NRW 2014).

Der Auftrag geht einher mit Prinzipien eines **Erziehenden Sportunterrichts**, wie denen der Mehrperspektivität, Erfahrungs- und Handlungsorientierung, Reflexion, Verständigung oder Wertorientierung (MSWWF NRW 1999). Mit dieser explizit pädagogischen Perspektive auf den Sport kann der Schulsport einen spezifischen Beitrag zum allgemeinen **Erziehungs- und Bildungsauftrag der Schule** leisten. Dementsprechend werden neben fachimmanenten Zielen Beiträge des Schulsports zu überfachlichen Aufgaben der Schule genannt, z. B. Verkehrserziehung, Gesundheitsförderung, interkulturelle Erziehung, politische Bildung, ästhetische Erziehung oder reflexive Koedukation (MSWWF NRW 1999). Auch **außerschulische Erziehungs- und Bildungskonzepte** im Sport beziehen sich auf die Idee eines doppelten Auftrags pädagogischen Handelns (vgl. Neuber 2018). Ohne an dieser Stelle vertiefender auf diese pädagogische Argumentation eingehen zu können, ist damit die Grundlage für die **Förderung von Kindern und Jugendlichen** in und durch Bewegung, Spiel und Sport skizziert.

Es bleibt zu fragen, welche Kompetenzen Lehrende im schulischen und außerschulischen Feld benötigen, um in dieser Weise förderlich handeln zu können. Zur Beschreibung ihrer Fähigkeiten hat sich ein **dimensionales Kompetenzmodell** bewährt, das auf dem „Model of Teacher Development" von Terhart (2007) basiert (vgl. Abb. 1.2). Die Kompetenz von Lehrkräften entwickelt sich danach aus dem Zusammenspiel von kognitiven, moralischen und praktischen Dimensionen (Terhart 2007, S. 49–50). Die erste Dimension bezieht sich auf das **Wissen,** das sie über Schule und Unterricht, Lehrende und Lernende benötigen, um erfolgreich handeln zu können. Die zweite Dimension betrifft die Einstellungen und **Haltungen,** das pädagogische Selbstverständnis, das für pädagogisches Handeln im Sport(unterricht) nötig ist. Die dritte Dimension zielt auf das didaktische **Handeln** oder bescheidener: die Fähigkeit des „Didaktisierens", also des Didaktisch-Denken-Könnens (vgl. Neuber

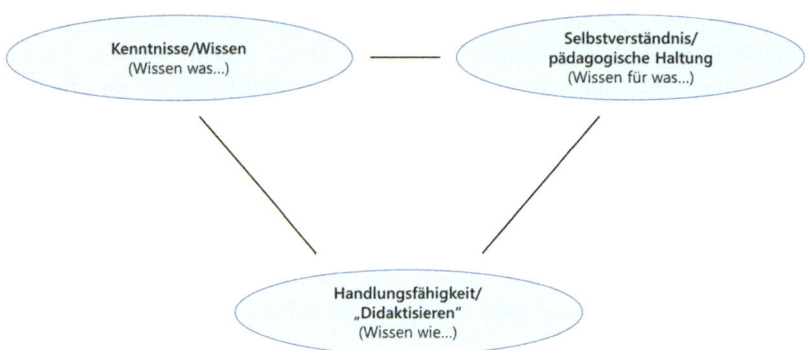

Abb. 1.2 Dimensionales Kompetenzmodell der Sportlehrerbildung. (Mod. nach Terhart 2007, S. 50)

2016). Die dreidimensionale Grundstruktur des Modells kann bei Bedarf auf Teilkompetenzen, wie die Sach-, Selbst- oder Sozialkompetenz von Lehrenden, bezogen werden (vgl. Miethling und Gieß-Stüber 2007).

Das Kompetenzmodell verweist auf zentrale Dimensionen der **Qualifikation von Sportlehrerinnen und Sportlehrern**. Dabei ist zunächst unerheblich, ob es sich um Studierende, Referendare oder Lehrkräfte im Beruf handelt. Auch im außerschulischen Bereich, etwa in der Ausbildung von Übungsleiterinnen und Übungsleitern im Verein, sind diese Dimensionen relevant (Golenia und Neuber 2014). Entscheidend ist, dass das Modell wesentliche **Aspekte pädagogischen Handelns im Sport** adressiert, die im Rahmen der Qualifikation von Lehrenden angesprochen werden sollten. In diesem Sinne ist das dimensionale Kompetenzmodell auch Grundlage für das vorliegende Lehrbuch „Fachdidaktische Konzepte Sport – Zielgruppen und Voraussetzungen", das dementsprechend drei zentrale **Zielsetzungen** verfolgt:

- Zunächst sollen **grundlegende Kenntnisse** zu Zielgruppen und Voraussetzungen des Sportunterrichts vermittelt werden. Dabei geht es weniger um übergreifende Konzepte zur Beschreibung des Sportunterrichts *allgemein*, als vielmehr um die Darstellung *spezifischer* fachdidaktischer Konzepte für Kinder und Jugendliche, Mädchen und Jungen sowie heterogene Zielgruppen, aber auch für die Arbeit von Sportlehrkräften sowie eine bewegungs- und sportbezogene Schulentwicklung.

1 Einleitung

- Des Weiteren sollen die Leserinnen und Leser durch die Darstellung verschiedener fachdidaktischer Positionen einen Überblick über das Handlungsspektrum in spezifischen Bereichen erhalten. Dazu werden in jedem Kapitel ausgewählte Konzepte exemplarisch gegenübergestellt. Letztlich soll damit die Möglichkeit gegeben werden, im Sinne eines **pädagogischen Selbstverständnisses** eine *eigene* fachdidaktische Position einnehmen und begründen zu können.
- Schließlich zielt das Lehrbuch auf das **praktische Denken und Handeln** von Lehrerinnen und Lehrern im Sport im Sinne eines „Didaktisch-Denken-Könnens". Ausgehend von Grundbegriffen und Grundlagen werden in den Kapiteln jeweils Konzepte mit konkreter Umsetzungsorientierung vorgestellt. Dazu werden Hinweise zu Ziel-, Inhalts- und Methodenentscheidungen sowie Tipps zum Weiterlesen und -denken gegeben. Reflexionsfragen beenden die Kapitel jeweils (siehe Kasten).

Der Aufbau des Lehrbuchs folgt einem einfachen unterrichtstheoretischen **Grundmodell für den Sportunterricht** (vgl. Abb. 1.3). Ausgehend von soziokulturellen Rahmenbedingungen und spezifischen pädagogischen Grundlagen werden in diesem Band die **Voraussetzungsfelder** „Schülerinnen und Schüler",

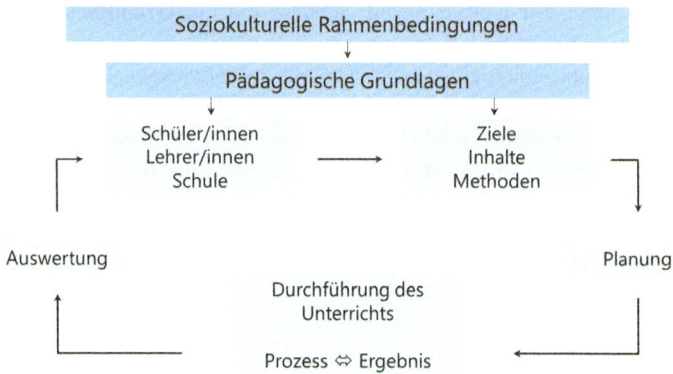

Abb. 1.3 Unterrichtstheoretisches Grundmodell des Sportunterrichts. (Mod. nach Neuber 2000, S. 103)

"Lehrerinnen und Lehrer" sowie "Schule und Schulsport" vorgestellt. Den Fähigkeiten und Fertigkeiten der Lernenden kommt dabei zentrale Bedeutung zu, da der Sportunterricht als besonders voraussetzungsreiches Fach gilt (vgl. Duensing-Knop et al. 2018). Der Folgeband "Fachdidaktische Konzepte Sport – Themenfelder und Perspektiven" widmet sich den **Entscheidungsfeldern** des Modells anhand von sechs Pädagogischen Perspektiven: Wahrnehmung und Körpererfahrung, Kreative Bewegungserziehung, Erlebnis- und Abenteuersport, Leisten, Leistung und Erfolg im Sport, Soziales Lernen im Sport sowie Gesundheitsförderung im Sport (Neuber 2020). Allgemeine **pädagogische und didaktische Grundlagen** einer Fachdidaktik Sport werden in einem weiteren Band zusammengefasst (Neuber 2021). Konkrete Grundlagen des Sportunterrichts in der Schule (Strukturperspektive), zur Planung, Durchführung und Auswertung des Sportunterrichtens (Prozessperspektive) sowie zum Praxissemester im Sport sollen in weiteren Bänden bearbeitet werden.

Bei den hier vorgestellten fachdidaktischen Ansätzen handelt es sich – mit Ausnahme des einführenden Kapitels 2 – um **Konzepte mittlerer Reichweite**, d. h. sie konzentrieren sich auf ausgewählte Teilbereiche des didaktischen Handelns im Sport, etwa zur Arbeit mit spezifischen Zielgruppen. Die Sportdidaktik bietet zahlreiche Ansätze dieser Art, die für die Praxis des Schulsports relevant sind, die bislang aber kaum im Überblick dargestellt wurden (siehe Kap. 2). Die Auswahl der vorgestellten Konzepte ist zwangsläufig subjektiv. Insofern geht es nicht um Vollständigkeit, sondern um ein **Orientierungsangebot** im Spektrum fachdidaktischer Positionen (Balz 2009), das es den Leserinnen und Lesern erlaubt, einen eigenen Standpunkt zu entwickeln. Insgesamt sollen damit Grundlagen für Studium und Lehre im Bereich der Sportdidaktik vorgelegt werden. Zugleich wird ein vergleichsweise großes **Spektrum an pädagogischer Praxis im Sport** abgebildet, das nicht nur für Studentinnen und Studenten, sondern auch für Schülerinnen und Schüler, Lehramtsanwärterinnen und -anwärter, Lehrerinnen und Lehrer sowie pädagogische Fachkräfte im außerschulischen Feld interessant sein kann.

Rubriken des Lehrbuchs
Die Kapitel des Lehrbuchs sind immer gleich aufgebaut. Zur leichteren Orientierung werden jeweils dieselben **Strukturmerkmale** verwendet:

- Eine **Zusammenfassung** gibt vorab einen Überblick über Ausrichtung und Inhalte des Kapitels.

- Die **Einführung** skizziert die Bedeutung des Themas und stellt den Bezug zum Gesamtzusammenhang des Lehrbuchs her.
- Zentrale **Grundbegriffe** eines Themas werden zu Beginn überblicksartig kurz vorgestellt.
- Anschließend werden die sportdidaktischen **Grundlagen** eines Themas umfassend, aber prägnant entwickelt.
- Auf dieser Grundlage werden jeweils vier ausgewählte **Fachdidaktische Konzepte** zum jeweiligen Thema exemplarisch vorgestellt.
- Zur Verdeutlichung des Spektrums an fachdidaktischen Positionen werden die **Konzepte im Überblick** abschließend noch einmal gegenübergestellt.
- **Reflexionsfragen** regen zum Nachdenken an; sie zielen nicht nur auf die Reproduktion des Wissens, sondern sollen auch Denkanstöße für den Transfer in die Praxis geben.
- Grundlegende **Definitionen** werden im Text gesondert ausgewiesen.
- **Literaturtipps** ergänzen den Text und sollen zum Weiterlesen anregen.
- Zudem gibt es jeweils einen **Wissensbaustein,** der eine andere, mitunter querliegende Perspektive auf das Thema des Kapitels bietet.

Literatur

Balz, E. (2009). Fachdidaktische Konzepte update oder: Woran soll sich der Schulsport orientieren? *Sportpädagogik, 33*(1), 25–32.

Beckers, E. (2001). Sportpädagogik und Erziehungswissenschaft. In H. Haag & A. Hummel (Hrsg.), *Handbuch Sportpädagogik* (2., erweiterte Aufl., S. 25–34). Schorndorf: Hofmann.

Duensing-Knop, F., Kaundinya, U., & Neuber, N. (2018). Inklusion in der Sportlehrerbildung – Hochschuldidaktische Konzepte zur Förderung einer inklusiven Haltung. In D. Rott, N. Zeuch, C. Fischer, E. Souvignier, & E. Terhart (Hrsg.), *Dealing with Diversitiy – Innovative Lehrkonzepte in der Lehrer*innenbildung zum Umgang mit Heterogenität und Inklusion: Bd. 6. Begabungsförderung – Individuelle Förderung und Inklusive Bildung* (S. 109–126). Münster: Waxmann.

Golenia, M., & Neuber, N. (2014). *Empirische Untersuchung zu Kompetenzentwicklung und Einstellungsveränderungen bei Teilnehmerinnen und Teilnehmern der Übungsleiter-C Ausbildung des Landessportbundes NRW (Projektbericht)*. Münster: WWU.

Grupe, O., & Krüger, M. (2007). *Einführung in die Sportpädagogik* (3. Neu bearbeitete Aufl.). Schorndorf: Hofmann.

Miethling, W.-D., & Gieß-Stüber, P. (2007). Persönlichkeit, Kompetenzen und Professionelles Selbst des Sport- und Bewegungslehrers. In W.-D. Miethling & P. Gieß-Stüber (Hrsg.), *Beruf: Sportlehrer/in* (S. 1–24). Hohengehren: Schneider.

MSWWF NRW (Ministerium für Schule und Weiterbildung, Wissenschaft und Forschung des Landes Nordrhein-Westfalen) (Hrsg.). (1999). *Richtlinien und Lehrpläne für die Sekundarstufe II – Gymnasium/Gesamtschule in Nordrhein-Westfalen. Sport.* Frechen: Ritterbach.

MSW NRW (Ministerium für Schule und Weiterbildung des Landes Nordrhein-Westfalen). (2014). *Rahmenvorgaben für den Schulsport in Nordrhein-Westfalen.* Düsseldorf: MSW NRW.

Neuber, N. (2000). *Kreativität und Bewegung – Grundlagen kreativer Bewegungserziehung und empirische Befunde: Bd. 45. Schriften der Deutschen Sporthochschule.* St. Augustin: Academia.

Neuber, N. (2016). Von der Theorie zur Praxis – und wieder zurück? Sportlehrerbildung als Forschungs- und Gestaltungsaufgabe. In D. Wiesche, M. Fahlenbock, & N. Gissel (Hrsg.), *Sportpädagogische Praxis – Ansatzpunkt und Prüfstein von Theorie: Bd. 255. Schriften der Deutschen Vereinigung für Sportwissenschaft* (S. 50–70). Hamburg: Czwalina.

Neuber, N. (2018). Sport und informelles Lernen. In T. Burger, M. Harring, & M. Witte (Hrsg.), *Handbuch informelles Lernen – Interdisziplinäre und internationale Perspektiven* (2. Aufl., S. 581–594). Weinheim: Beltz Juventa.

Neuber, N. (2020). *Fachdidaktische Konzepte Sport – Themenfelder und Perspektiven: Bd. 3. Basiswissen Lernen im Sport.* Wiesbaden: Springer VS.

Neuber, N. (2021). *Fachdidaktik Sport – Grundlagen und Modelle: Bd. 1. Basiswissen Lernen im Sport.* Wiesbaden: Springer VS.

Neuber N., & Golenia, M. (2019). Lernorte für Kinder und Jugendliche im Sport. In A. Güllich & M. Krüger (Hrsg.), *Sport in Kultur und Gesellschaft* (S. 1–17). Berlin; Heidelberg: Springer. https://doi.org/10.1007/978-3-662-53385-7_24-1.

Scherler, K.-H. (1997). *Die Instrumentalisierung der Sportpädagogik. Sportpädagogik, 21*(2), 5–11.

Terhart, E. (2007). Erfassung und Beurteilung der beruflichen Kompetenz von Lehrkräften. In M. Lüders & J. Wissinger (Hrsg.), *Forschung zur Lehrerbildung. Kompetenzentwicklung und Prorammevaluation* (S. 37–62). Münster: Waxmann.

Zinnecker, J. (1991). Jugend als Bildungsmoratorium. In W. Melzer, W. Heitmeyer, L. Liegle, & J. Zinnecker (Hrsg.), *Osteuropäische Jugend im Wandel* (S. 9–25). Weinheim: Juventa.

Züchner, I. (2013). Sportliche Aktivitäten im Aufwachsen junger Menschen. In M. Grgic & I. Züchner (Hrsg.), *Medien, Kultur und Sport. Was Kinder und Jugendliche machen und ihnen wichtig ist. Die MediKuS-Studie* (S. 89–138). Weinheim: Beltz & Juventa.

Grundzüge sportdidaktischer Konzepte 2

Zusammenfassung

In diesem Kapitel werden fachdidaktische Grundbegriffe und Theorien zum Sportunterricht vorgestellt. Im Zentrum steht die Darstellung sportdidaktischer Modelle und Konzepte mit einem *übergreifenden* Anspruch. Exemplarisch werden das Sportartenkonzept, das Konzept der Handlungsfähigkeit, das Psychomotorische Konzept und das Körpererfahrungskonzept beschrieben. Ein Exkurs zum Ansatz der Individuellen Förderung im Sport beschließt das Kapitel.

2.1 Einführung

Pädagogisches Handeln bedarf der Begründung, auch und gerade im Sport, dem gerne nachgesagt wird, ihm gehe es allein um körperliche Ertüchtigung. Dafür hat die Sportpädagogik zahlreiche Begründungsmuster gut aufbereitet. In einem ersten Überblick können mindestens sechs **sportpädagogische Begründungen** herausgestellt werden: Anthropologische, entwicklungstheoretische, bedürfnisorientierte, lebensweltliche, kompensatorische und schulkulturelle Begründungen (Neuber et al. 2013). Auf dieser Grundlage lassen sich die Aufgaben und Ziele der pädagogischen Inszenierung von **Sport in der Schule** beschreiben (Kap. 8). Der Sport ist das drittgrößte Unterrichtsfach in der Schule. Darüber hinaus kommen dem Schulsport weitere innerschulische und außerschulische Aufgaben zu. Im Sinne des Doppelauftrags lassen sich diese Aufgaben als fachimmanente (Erziehung zum Sport) und überfachliche Ziele (Erziehung durch

Sport) begründen (vgl. Kuhlmann und Scherler 2004). Die beiden entsprechenden **Aufgaben pädagogischen Handelns im Sport** sind bereits dargestellt worden (siehe Kap. 1).

Sportunterricht findet unter besonders komplexen Voraussetzungen statt. Das paradoxe Spannungsverhältnis der drei **Funktionen von Schule** (Haug 2019) – Qualifikation, Selektion und Integration – wird im Sportunterricht um mindestens eine Ebene erweitert. Neben dem Grundwiderspruch zwischen Qualifikation und Selektion kommt der Widerspruch zwischen dem „Sport als subjektiver Sinnerfüllung", wie ihn viele Kinder und Jugendlichen außerhalb der Schule schätzen, und dem Sport als „schulischer Pflichtveranstaltung", der schulischen Curricula und Verpflichtungen unterliegt, hinzu (vgl. Abb. 2.1). Prohl (2010, S. 100) nennt das die **Doppelte Paradoxie des Sportunterrichts.** Pädagogische Aufgaben und schulische Rahmenbedingungen machen es erforderlich, dass (angehende) Sportlehrkräfte sich orientieren und sich ihrer eigenen Position gewiss werden, um letztlich begründet handeln können. Die Fachdidaktik Sport bietet dafür **sportdidaktische Modelle und Konzepte,** die im Folgenden in allgemeiner Hinsicht umrissen werden, bevor in den folgenden Kapiteln *spezifische* fachdidaktische Konzepte vorgestellt werden.

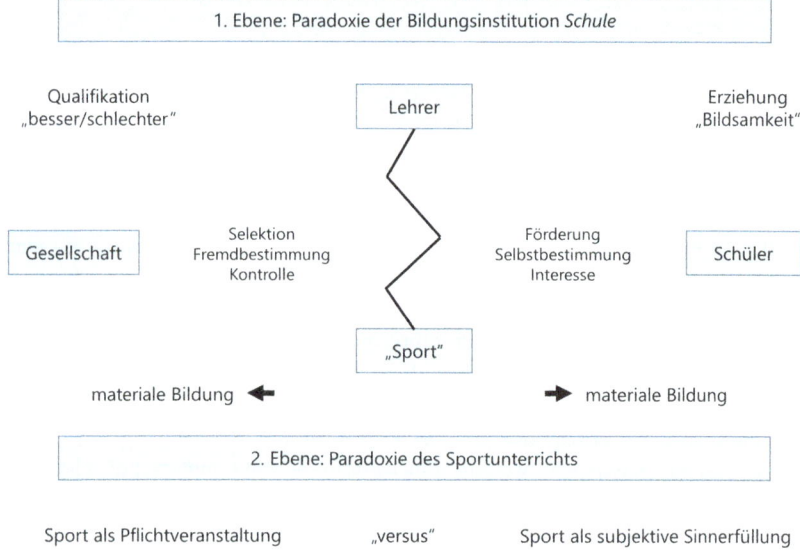

Abb. 2.1 Doppelte Paradoxie des Sportunterrichts. (Mod. nach Prohl 2010, S. 100)

2.2 Grundbegriffe

Zu den zentralen didaktischen Grundbegriffen gehören zunächst „Unterricht" und „Unterrichten"

▶ **Unterricht** ist die gezielte Planung, Durchführung und Auswertung von Lehr-Lernprozessen in einem institutionellen Kontext.

Unterrichten ist die Tätigkeit von professionellen Lehrkräften, die „stärker als Erziehung, Hilfe oder auch Beratung an die Vermittlung eines Inhalts gebunden ist, den der Lehrende beherrscht und so vermitteln soll, dass er von Lernenden, die ihn noch nicht begreifen, gelernt werden kann" (Helsper und Keuffer 2004, S. 92). Die **Didaktik** ist die Wissenschaft von Unterricht und Unterrichten (vgl. Huwendiek 2019).

▶ **Sportunterricht** Entsprechend wird unter Sportunterricht die gezielte Planung, Durchführung und Auswertung von Lehr-Lernprozessen im Medium von Bewegung, Spiel und Sport in einem institutionellen Kontext verstanden.

Sportunterrichten ist die professionelle pädagogische Tätigkeit von Sportlehrkräften, die auf die Initiierung von Lehr-Lernprozessen im Medium Bewegung, Spiel und Sport abzielt. **Sportdidaktik** ist dann die Wissenschaft von Sportunterricht und Sportunterrichten. Während „Unterricht" eher die Strukturen der Lehr-Lern-Tätigkeit fokussiert, bezieht sich „Unterrichten" auf den Prozess der Umsetzung (Scherler 2008, S. 13–17).

Die Grundstrukturen unterrichtlichen Handelns werden in fachdidaktischen Modellen und Konzepten zusammengefasst. Ein einfaches, aber bekanntes Grundmodell ist das **Didaktische Dreieck** (vgl. Abb. 2.2). Damit werden die komplexen, wechselseitigen Beziehungen zwischen „Lehrer", „Schüler" und „Sache" (Lerngegenstand) als den drei zentralen Elementen von Unterricht

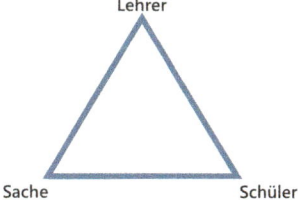

Abb. 2.2 Didaktisches Dreieck. (Mod. nach Scherler 2008, S. 17)

beschrieben (Huwendiek 2019, S. 34). **Didaktische Modelle** sind dagegen komplexer. Sie können als allgemeine „Theoriegebäude zur Analyse und Modellierung didaktischen Handelns in schulischen und nichtschulischen Handlungszusammenhängen" verstanden werden (Jank und Meyer 2019, S. 35). Im Vergleich dazu sind **didaktische Konzepte** stärker umsetzungsorientiert und bezeichnen „Gesamtorientierungen didaktisch-methodischen Handelns, in denen ein begründeter Zusammenhang von Ziel-, Inhalts- und Methodenentscheidungen hergestellt wird" (Jank und Meyer 2019, S. 305). Sie definieren grundlegende Prinzipien des Unterrichts und geben in der Regel auch konkrete Hinweise zur Gestaltung des Unterrichts. Die spezifischen Wechselwirkungen von Zielen, Inhalten und Methoden des Unterrichts werden „Interdependenz" oder **Implikationszusammenhang** genannt (Jank und Meyer 2019, S. 55).

▶ **Literaturtipp**
Jank, W. und Meyer, H. (2019). *Didaktische Modelle* (13. Aufl.). Berlin: Cornelsen Scriptor.
Werner Jank und Hilbert Meyer veröffentlichten ihre „Didaktischen Modelle" erstmalig 1991. In ihrem allgemeindidaktischen Grundlagenwerk erläutern sie Grundbegriffe der Didaktik, Aufgaben und Probleme des Unterrichts sowie didaktische Modelle und Konzepte. Legendär ist die didaktische „Landkarte", die in diesem Fall einen anschaulichen Überblick über die Entwicklung didaktischer Modelle gibt.

2.3 Grundlagen

Das sportunterrichtliche Geschehen ist ausgesprochen komplex. Zu den grundlegenden **Strukturmerkmalen von Unterricht** gehören Ziele, Inhalte, soziale Beziehungen, Handlungen und der zeitliche Verlauf (Jank und Meyer 2019, S. 61–71). Im Sportunterricht kommt die Bewegung im Raum als weitere Komponente hinzu. Lehrende und Lernende befinden sich nicht wie im Klassenraum mehr oder weniger statisch an einem Ort, sondern sind permanent in Bewegung. Insofern ist das Handeln von Schülerinnen und Schülern sowie Lehrerinnen und Lehrern im Sportunterricht besonders vielfältig (vgl. Krieger 2011). Zu den **Handlungsformen von Lernenden** gehören mindestens das Erkunden und Erproben, Lernen und Üben, Trainieren und Wettkämpfen, Spielen und Entdecken, Improvisieren und Gestalten sowie Bauen und Konstruieren.

2.3 Grundlagen

Entsprechend komplex sind die **Handlungsformen von Lehrenden** mit Planen und Auswerten, Betreuen und Unterweisen, Beobachten und Korrigieren, Diagnostizieren und Bewerten, Differenzieren und Integrieren sowie Motivieren und Disziplinieren (vgl. Wolters et al. 2000). Sportdidaktische Modelle und Konzepte zielen darauf ab, diese Komplexität zu entzerren und so zu ordnen, dass Unterricht zielgerichtet geplant, durchgeführt und ausgewertet werden kann.

Das **Didaktische Dreieck** als einfaches Grundmodell des Unterrichtens wurde bereits skizziert (vgl. Abb. 2.2). Es verdeutlicht wesentliche Zusammenhänge, etwa indem es darauf verweist, dass die Lehrkraft die Sache so aufbereitet, dass die Schülerinnen und Schüler sie lernen können. Ein bekanntes sportdidaktisches Sammelwerk von Jürgen Funke-Wieneke (1997) trägt dementsprechend den Titel „Vermitteln zwischen Kind und Sache". Das Didaktische Dreieck wird aufgrund seiner einfachen Struktur oft kritisiert. So monieren Jank und Meyer (2019, S. 55), dass der Unterricht damit einseitig lehrerzentriert gedacht werde und methodisches Handeln der Lernenden nicht thematisiere. Eine sportbezogene Weiterentwicklung greift die Figur allerdings auf und argumentiert explizit aus der Sicht der Lehrkräfte. Im **Didaktischen Stern** steht die Lehrkraft im Zentrum des Modells und präsentiert die Inhalte, interagiert mit den Schülerinnen und Schülern und organisiert die Rahmenbedingungen des Sportunterrichts (vgl. Abb. 2.3). Letzteres kann als Spezifikum des Sportunterrichts gesehen werden, da hier vergleichsweise viel organisiert werden muss, z. B. Sportgeräte, -räume und -zeiten. Karlheinz Scherler nutzt dieses Modell zur Strukturierung seiner kasuistischen Unterrichtslehre (Scherler 2008).

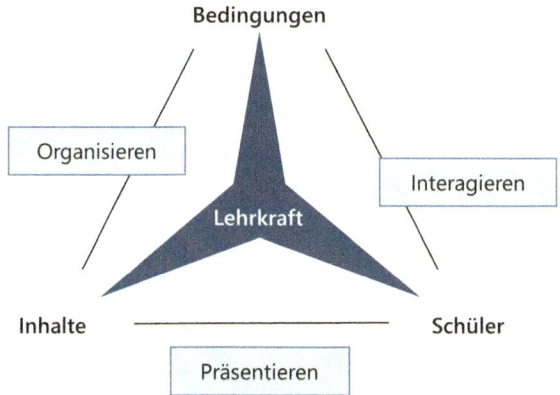

Abb. 2.3 Didaktischer Stern. (Mod. nach Scherler 2008, S. 18)

Didaktische Modelle zur Analyse und Modellierung didaktischen Handelns haben den Anspruch, „theoretisch umfassend und praktisch folgenreich die Voraussetzungen, Möglichkeiten, Folgen und Grenzen des Lehrens und Lernens aufzuklären" (Jank und Meyer 2019, S. 35). Sie können in der Regel einer wissenschaftstheoretischen Grundposition zugeordnet werden. **Allgemeindidaktische Modelle,** die auch Bezüge zu sportdidaktischen Ansätzen aufweisen, sind bspw. die „Bildungstheoretische und kritisch-konstruktive Didaktik", die „Didaktische Rekonstruktion" oder die „Lerntheoretische Didaktik" (zsfd. Pfitzner 2019). Einer stärker umsetzungsorientierten, gleichwohl theoretischen Logik folgend, können darüber hinaus spezifische **sportdidaktische Modelle** ausgewiesen werden (vgl. Tab. 2.1). **Planungsdidaktische Modelle** folgen in der Regel unterrichtstheoretischen Annahmen und zielen auf die Bestimmung von Kriterien, „nach denen die Vielfalt der Phänomene, Situationen und Strukturmerkmale [des Sportunterrichts] überschaubar gemacht und geordnet werden kann" (Größing 2001, S. 34). Im Rahmen von Bedingungs- und Strukturanalysen wird versucht, möglichst viele, im Idealfall alle Elemente einer Unterrichtsstunde zu erfassen, um dadurch den reibungslosen Ablauf einer Stunde zu gewährleisten (vgl. Abb. 2.4). Planungsdidaktiken bieten sich damit gerade für „Novizen des Lehrgeschäfts" an, weil sie aus der Strukturperspektive heraus einen Überblick über relevante Aspekte des Sportunterrichts geben. Sie bieten allerdings wenig Hilfen für den konkreten Prozess des Unterrichtens.

Im Hinblick auf den Unterrichtsprozess kommen **Durchführungsdidaktische Modelle** zum Tragen. Der Terminus hat sich bislang noch nicht durchsetzen können, dennoch gibt es in der Sportdidaktik zahlreiche Modellvorstellungen zur konkreten Umsetzung des Sportunterrichts (vgl. Neuber 2004). So befasst sich Treutlein (1998) im Sinne einer **Beziehungsdidaktik** (Miller 1999) mit der Bedeutung der Beziehungsebene zwischen Sportlehrkräften und Schülerinnen und Schülern, die er mit Blick auf das Gelingen des Sportunterrichts für zentral hält. Funke-Wienke (1997) geht es in seiner **Vermittlungsdidaktik** darum, zwischen der Bewegungsaufgabe und dem Bemühen der Lernenden so zu vermitteln, dass der Unterricht erfolgreich ist. Köppe (2002) stellt die Person von

Tab. 2.1 Sportdidaktische Modelle (vgl. Neuber 2004)

Unterrichtsphase	Planen	Durchführen	Auswerten
Didaktisches Modell	Planungsdidaktik	Durchführungsdidaktik	Auswertungsdidaktik
Beispiel	Unterrichtstheoretisches Modell	Themenzentrierte Interaktion	Kasuistische Unterrichtslehre

2.3 Grundlagen

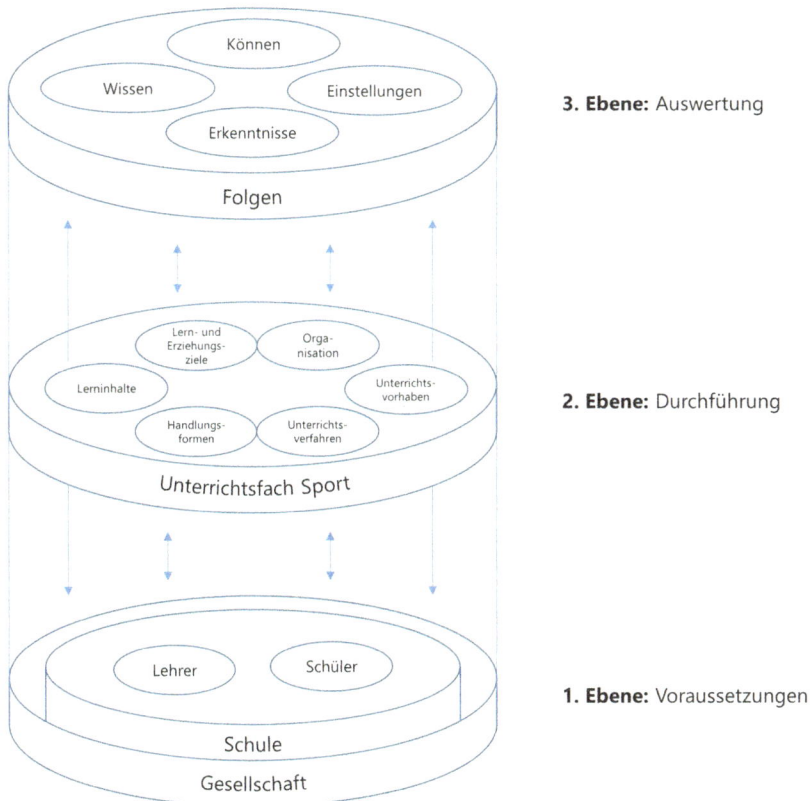

Abb. 2.4 Modell der integrativ-unterrichtstheoretischen Sportdidaktik. (Mod. nach Größing 2001, S. 35)

Sportlehrkräften in den Mittelpunkt seiner **Sportlehrerdidaktik,** die auf die Reflexion von Alltagsroutinen und subjektiven Theorien setzt. Ein Modell, das Kontaktprozesse zwischen „Ich" (Lehrperson), „Wir" (Lerngruppe) und „Es" (Sache) betont, ist die **Themenzentrierte Interaktion** nach Cohn (2000). In den Ausführungen zum Modell (vgl. Abb. 2.5) werden konkrete Hinweise gegeben, wie bspw. auf der Grundlage des Postulats „Störungen haben Vorrang" auf Abweichungen im Stundenverlauf reagiert werden kann (Gudjons 2003, S. 77–102). Aufgrund seines prozessorientierten Ansatzes besitzt das Modell großes Potenzial für die Durchführung von Sportunterricht (vgl. Neuber 2004).

Abb. 2.5 Modell der Themenzentrierten Interaktion. (Mod. nach Gudjons 2003, S. 82)

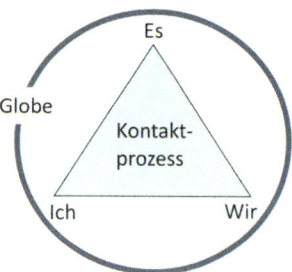

Auswertungsdidaktische Modelle setzen *nach* der Durchführung einer Sportstunde an (Scherler und Schierz 1993; Scherler 2008; Wolters 2015). Im Gegensatz zu Planungsdidaktiken, die von einem mehr oder weniger willkürlich gesetzten Nullpunkt aus Pläne für „guten" Unterricht entwerfen, geht es diesem **kasuistischen Ansatz** um die Reflexion von vergangenen Unterrichtsprozessen mit dem Ziel der Verbesserung zukünftiger Praxis. Durch die strukturierte Auswertung von Fällen entsteht ein **wissenschaftliches Fallwissen,** das „durch handlungsentlastende und stellvertretende Deutungen Hilfestellungen dabei [gibt], sich beim Aufbau oder beim Umbau eines könnensrelevanten Fallwissens Praxiserfahrungen reflexiv zu machen" (Schierz und Thiele 2002, S. 31–32). Ein **Grundmodell** kasuistischer Sportdidaktik setzt bei der möglichst genauen Beschreibung unterrichtlicher „Fakten" an, die in Bezug zu den „Normen" gesetzt werden. Im Fall eines „Problems" besteht eine Diskrepanz zwischen Fakten (Sein) und Normen (Sollen) des Unterrichts, für die in einer reflexiven Bearbeitung, z. B. im Sportstudium, mögliche Lösungen entwickelt werden. Die „Lösungen" können in der Anpassung an die Fakten oder an die Normen bestehen (vgl. Abb. 2.6).

Abb. 2.6 Modell der kasuistischen Sportdidaktik. (Mod. nach Scherler 2008, S. 27)

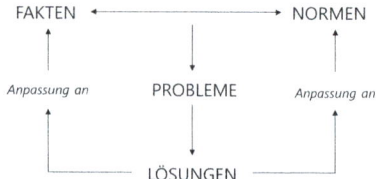

2.3 Grundlagen

▶ **Literaturtipp**
Scherler, K. (2008). *Sportunterricht auswerten – Eine Unterrichtslehre.* (2., überarbeitete Aufl.). Hamburg: Czwalina.
Karlheinz Scherler war einer der bekanntesten deutschen Sportdidaktiker, der bis 2007 an der Universität Hamburg lehrte. In seiner „Unterrichtslehre" entwickelt er die Idee einer kasuistischen Sportdidaktik anhand von zahlreichen „Unglücksfällen" des Unterrichtens. Sein Konzept von Sportunterricht und Sportunterrichten ist nach wie vor wegweisend für die Sportdidaktik.

Während didaktische Modelle eher grundsätzliche Orientierung im Hinblick auf den Unterricht bieten, sind **didaktische Konzepte** stärker am unterrichtspraktischen Handeln orientiert. Daher haben sie „häufig einen unterrichtsmethodischen Akzent, zumeist machen sie aber auch entschiedene Aussagen über sinnvolle und sinnlose Inhalte, über wichtige und nebensächliche Zielsetzungen, über ‚richtiges' und ‚falsches' Lehrerverhalten" (Jank und Meyer 2019, S. 305). **Fachdidaktische Konzepte** fokussieren ein spezifisches unterrichtspraktisches Handlungsfeld, in der Regel ein Unterrichtsfach, z. B. den Sportunterricht. Außerschulische Lernfelder sind zwar prinzipiell ebenfalls relevant, wurden bislang aber weniger umfassend bearbeitet als schulische Lernfelder. Fachdidaktische Konzepte im Sport „sind theoretische Entwürfe von Sportdidaktikern" – so hat es Eckart Balz (1992, S. 13) einmal in minimalistischer Weise definiert.

▶ **Sportdidaktische Konzepte** Etwas ausführlicher bestimmt er sportdidaktische Konzepte an anderer Stelle als „Entwürfe einer pädagogischen Gestaltung des Schulsports […]; sie antworten auf Fragen nach dem Auftrag des Schulsports, nach seinen leitenden Zielen, Inhalten und Methoden" (Balz 2013, S. 34). Dabei markieren sie unterscheidbare Positionen, die im Hinblick auf die Gestaltung des Schulsports eingenommen werden können.

Es gibt eine Vielzahl an fachdidaktischen Konzepten zum Sport mit unterschiedlicher Ausrichtung und Reichweite. Sportdidaktische **Konzepte mit kleiner Reichweite** dienen als praxisnahe Unterrichtskonzepte mit handlungsleitenden Vorstellungen für Sportlehrkräfte, Fachkonferenzen und Schulen (vgl. Regner 2005). Sportdidaktische **Konzepte mit mittlerer Reichweite** gehen über die Ebene der Einzelschule hinaus, fokussieren jedoch nur Teilbereiche des didaktischen Handelns im Sport, etwa zur Arbeit mit spezifischen Zielgruppen,

z. B. Kinder und Jugendliche, oder zur Förderung bestimmter Perspektiven, z. B. Ausdruck und Gestaltung oder Leistung und Erfolg. Konzepte mittlerer Reichweite sind zentraler Gegenstand des vorliegenden Lehrbuchs. **Konzepte mit großer Reichweite** beziehen sich auf den gesamten Sportunterricht und geben damit „der Schulsportpraxis und der Lehrplanentwicklung, den Sportlehrkräften – für ihr Selbstverständnis und ihre Ausbildung – sowie der Fachdidaktik selbst eine gewisse planungsdidaktische Orientierung" (Balz 2013, S. 34). Sportdidaktische Überblickswerke beziehen sich zumeist auf fachdidaktische Konzepte mit diesem umfassenden Geltungsanspruch (z. B. Balz 2013; Messmer 2013; Prohl 2017).

In diesem Sinne werden im Folgenden **Grundzüge sportdidaktischer Konzepte** mit großer Reichweite vorgestellt, auch um Konzepte mittlerer Reichweite, die in den folgenden Kapiteln vorgestellt werden, in den fachdidaktischen Diskurs einordnen zu können. Systematisierungsversuche orientieren sich häufig an den zwei Aufgaben pädagogischen Handelns im Sport (siehe Kap. 1). So unterscheidet Köppe (2003) zwei „Orientierungen" sportdidaktischer Konzepte: Die **objektbezogene Orientierung** setzt bei den Bewegungspraxen einer Gesellschaft an und umfasst traditionelle Bewegungsspiele, normierte Sportarten und Bewegungstrends. Die **subjektbezogene Orientierung** bezieht sich auf ein verändertes Verständnis von Leiblichkeit und Bewegung, das auf ein „selbständiges Aufspüren eigener Bewegungsbedeutungen, Finden-lassen sozialer Formen des Spielens und Bewegens sowie Nachvollziehen von beobachteten Bewegungen" zielt (Köppe 2003, S. 68). Ähnlich argumentiert Prohl (2017), der eine „pragmatisch-qualifikatorische Strömung" von einer „kritisch-emanzipatorischen Strömung" fachdidaktischer Ansätze abgrenzt. Während er die erste Strömung **materialen Bildungskonzepten** und damit eher der Sache „Sport" zuordnet, bezieht er die zweite Strömung auf **formale Bildungskonzepte** und damit eher auf das Subjekt.

Folgt man dieser Systematisierungslogik, können fachdidaktische Konzepte, wie das Sportartenkonzept (Söll 2005), das Konzept der Handlungsfähigkeit (Kurz 1995), das Konzept der Entpädagogisierung des Schulsports (Volkamer 1987) sowie das Konzept der Körperlich-sportlichen Grundlagenbildung (Hummel 1997) der **pragmatisch-qualifikatorischen Strömung** zugeordnet werden. Darunter werden Konzepte zusammengefasst, „die den Begriff *Sport*unterricht wörtlich nehmen und die didaktische Begründung des Fachs hauptsächlich aus dem gesellschaftlichen Phänomen des Sports und dessen Sachstruktur herleiten" (Prohl 2017, S. 53). Diese Konzepte argumentieren damit eher sport(art)orientiert und sind methodisch tendenziell eher geschlossen. Fachdidaktische Konzepte, wie das Erfahrungsorientierte Bewegungskonzept

2.4 Fachdidaktische Konzepte

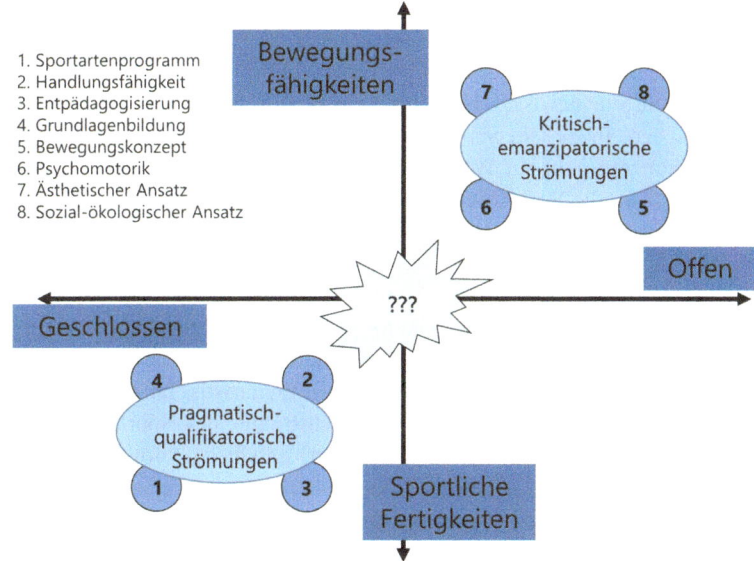

Abb. 2.7 Pragmatisch-qualifikatorische und kritisch-emanzipatorische Strömungen der Sportdidaktik. (Nach Prohl 2017)

(Funke-Wieneke 2009), das Psychomotorische Konzept (Zimmer 2019), die Ästhetische Bewegungserziehung (Fritsch 2007) oder der Sozial-ökologische Ansatz (Dietrich und Landau 1999), können der **kritisch-emanzipatorischen Strömung** zugerechnet werden. Diese Ansätze stellen eher das Subjekt und die pädagogische Legitimation des Sports in den Mittelpunkt, was bedeutet, dass „der Sport kritisch hinsichtlich seiner erzieherischen Potenziale befragt" wird (Prohl 2017, S. 54). Entsprechend sind die Konzepte eher bewegungsorientiert und methodisch offen angelegt (vgl. Abb. 2.7).

2.4 Fachdidaktische Konzepte

Fachdidaktische Konzepte mit Geltungsanspruch für den gesamten Sportunterricht sind häufig gegenübergestellt worden (z. B. Balz 1992; Neumann 2004; Bräutigam 2011; Elflein 2012; Messmer 2013; Pfitzner 2019). Die Auswahl der vorgestellten Konzepte unterliegt zwangsläufig einer gewissen Subjektivität des jeweiligen Autors. Gleichwohl nehmen die Zusammenstellungen jeweils für sich in Anspruch, ein **Orientierungsangebot** für die Leserinnen und Leser zu geben (Balz 2009, S. 33). Insofern können die Ordnungsversuche weder vollständig sein, noch wissenschaftstheoretisch in die Tiefe gehen. Sie können aber versuchen, ein gewisses **Handlungsspektrum für die Schulsportpraxis** zu verdeutlichen. In diesem Sinne wird auch hier eine Auswahl getroffen: Das **Sportartenkonzept** geht auf Wolfang Söll (1995, 2000) zurück. Die Grundidee besteht darin, dass die Sachstruktur des traditionellen Sports so prägend ist, dass sich der Sportunterricht daran zu orientieren habe. Das bedeutet, dass die Sportarten „nicht austauschbar sind, dass sie gemäß ihrer eigenen Struktur des von ihnen ausgehenden eigenen Anspruchs unterrichtet werden müssen" (Söll 1995, S. 65). Die Leitidee des Sportartenkonzepts besteht dementsprechend in der **Erschließung der (außerschulischen) Sportkultur,** wie sie sich in traditionellen Individual- und Mannschaftssportarten sowie in Gymnastik/Tanz äußert („Sport im engeren Sinne"). Ausgehend von der Sachstruktur des Sports ist der Vermittlungsansatz geschlossen-deduktiv; Lernen geschieht vornehmlich durch Instruktion und Korrektur.

Auch das **Konzept der Handlungsfähigkeit** von Dietrich Kurz (1990, 1995) geht von der Sachstruktur des Sports aus, erweitert die Überlegungen von Söll jedoch substanziell, indem es auf eine umfassende Handlungsfähigkeit im (außerschulischen) Sport abzielt. Ausgehend von motivationspsychologischen Überlegungen werden dabei mit Leistung, Spannung, Miteinander, Gesundheit, Eindruck und Ausdruck sechs „Sinnperspektiven" ergänzt, mit denen die Sportreibenden ihrer Aktivität eine Richtung geben. Diese **pragmatische Fachdidaktik** greift ebenfalls auf Sportarten zurück, ist aber zugleich offen für Bewegungstrends („Sport im weiteren Sinne"). Das methodische Vorgehen ist tendenziell geschlossen-deduktiv, bietet aber auch Möglichkeiten für eigenverantwortliches Handeln im Sinne subjektiver Sinnzuschreibungen. Nachdem die Idee der Handlungsfähigkeit mit der Einführung des Doppelauftrags zunächst als überholt galt (vgl. MSWWF NRW 1999), erfährt sie seit einigen Jahren eine gewisse Renaissance (z. B. Kurz 2013). Balz (2009, 2013) sieht die Handlungsfähigkeit in seinem **Intermediären Konzept** sogar als pragmatisch-vermittelnde Position zwischen materialen und formalen Bildungsansprüchen, die er dem „Konservativen" und „Alternativen Konzept" zuschreibt.

Das **Psychomotorische Konzept** von Renate Zimmer (2003, 2019) geht von einer Verschränkung psychischer und physischer Prozesse aus. Bewegungshandeln wird dabei als Entwicklungshandeln verstanden (Fischer 1996). Wesentliche Bezugspunkte einer psychomotorischen Entwicklungsförderung sind **Wahrnehmung und Bewegung.** Die Leitidee der Psychomotorik ist die Entwicklung einer harmonischen Persönlichkeit durch Bewegung und Spiel (Zimmer

2.4 Fachdidaktische Konzepte

2019). Das bedeutet, dass die Sache „Sport" in den Hintergrund tritt: „Hier geht es vielmehr um das *Kind,* das über Bewegung Gelegenheit erhält, sich selbst zu erproben, seinen Körper zu erfahren, seine Fähigkeiten zu erkennen und weiterzuentwickeln" (Zimmer 1996, S. 75). Dafür arbeitet die Psychomotorik sowohl mit offenen Bewegungslandschaften, als auch mit angeleiteten Bewegungsangeboten, die auf die Selbsttätigkeit der Kinder setzen. In methodischer Hinsicht wird eine offen-induktive Arbeitsweise verfolgt, die im Sinne einer **Hilfe zur Selbsthilfe** verstanden wird. Das Psychomotorische Konzept wurde insbesondere für Kinder im Vor- und Grundschulalter entwickelt, psychomotorische Ansätze gibt es heute jedoch für alle Altersphasen bis ins hohe Lebensalter (vgl. Köckenberger 2003).

Das **Körpererfahrungskonzept** von Jürgen Funke-Wieneke (1992, 2009) kann als Gegenbewegung zu traditionellen „Anleitungs-, Lehr- und Trainingsverfahren" verstanden werden (Funke-Wienke 2009, S. 319). Oft wurde es auch als Gegenpol zum Sportartenkonzept von Söll (2000) bezeichnet. Die Leitidee des Körpererfahrungskonzepts zielt auf die **Wahrnehmung des eigenen Körpers,** auch in Abgrenzung zu standardisierten Körperpraktiken im normierten Leistungssport. Das bedeutet nicht, dass traditionelle Sportarten ausgeschlossen würden; tatsächlich wurde das Konzept intensiv auf bekannte Sportarten bezogen (vgl. Treutlein et al. 1992). Es bedient sich aber auch zahlreicher Körpererfahrungspraktiken von New Games und Modern Dance über Tai-Chi und Yoga bis hin zum Saunabaden. Das emanzipatorische Anliegen im Sinne einer „**Selbsterziehung**", das darin liegt, traditionelle Sportartenmuster zu durchbrechen und gesellschaftliche (Bewegungs-) Praktiken kritisch zu hinterfragen, ist dabei nicht von der Hand zu weisen (Funke-Wieneke 2009, S. 318). So genannte **Grundthemen des Sich-Bewegens** können dabei instrumentell, sensibel, sozial und symbolisch ausgelegt werden (Funke-Wienke 2009). Methodisch arbeitet das Körpererfahrungskonzept tendenziell induktiv-offen, nutzt aber auch Differenzbildungen (Kolb 1994).

An dieser Stelle kann festgehalten werden, dass die eher objekt- oder subjektbezogenen Konzepte jeweils unterschiedliche Aspekte des Sporttreibens bzw. des Schulsports fokussieren. Während das Sportartenkonzept und das Konzept der Handlungsfähigkeit eher an der Sache „Sport" orientiert sind, fokussieren das Psychomotorische Konzept und das Körpererfahrungskonzept eher das Subjekt. In einer bildungstheoretischen Betrachtungsweise sind beide Sichtweisen aufeinander zu beziehen. Nur in wechselseitiger Verschränkung kann der Sportunterricht erziehungs- *und* bildungsrelevant und damit ein **Erziehender Sportunterricht** sein (vgl. Beckers 2001). Insofern korrespondiert der Doppelauftrag des Schulsports auch mit einem weitgefassten **Inhaltsverständnis,** das sowohl individuelle Formen des Sich-Bewegens, als auch teilstrukturierte Spielhandlungen und standardisierte Sportarten im Sinne der Begriffstrias „Bewegung, Spiel und Sport" einschließt (MSW NRW 2014). Zugleich geht mit dem Doppelauftrag ein weites **Methodenverständnis** einher, das das gesamte Spektrum von geschlossenen Bewegungsanweisungen über teiloffene Bewegungsaufgaben bis hin zu offenen Bewegungsanregungen nutzt (vgl. Neuber 2014). Einem weitgefassten, integrativen Inhaltsverständnis steht also ein weitgefasstes, integratives Methodenverständnis gegenüber.

2.5 Konzepte im Überblick

Die vier ausgewählten, übergreifenden fachdidaktischen Konzepte zum Sportunterricht stehen für ein gewisses Handlungsspektrum, auf das Sportlehrkräfte im Unterricht zurückgreifen können (vgl. Tab. 2.2). Das **Sportartenkonzept** (Söll 2000) zielt auf die Erschließung der außerschulischen Sportkultur im engeren Sinne. Traditionelle Sportarten, wie Individual- und Mannschaftssportarten, werden entsprechend eher geschlossen-deduktiv vermittelt. Auch das **Konzept der Handlungsfähigkeit** (Kurz 1995) orientiert sich zunächst pragmatisch an

Tab. 2.2 Fachdidaktische Konzepte mit großer Reichweite im Überblick

	Sportartenkonzept	Konzept der Handlungsfähigkeit	Psychomotorisches Konzept	Körpererfahrungskonzept
Vertreter	Wolfgang Söll	Dietrich Kurz	Renate Zimmer	Jürgen Funke-Wienke
Leitidee	Erschließung der Sportkultur	Handlungsfähigkeit im Sport	Entwicklungsförderung durch Wahrnehmung und Bewegung	Wahrnehmung des eigenen Körpers; Hinterfragen von Sportartenmustern
Sachbezug	Sport im engeren Sinn: Traditionelle Sportarten	Sport im weiteren Sinn: Sportarten und Bewegungstrends	Bewegung und Spiel	Grundthemen des Sich-Bewegens: instrumentell, sensibel, sozial, symbolisch
Vermittlungsbezug	Geschlossendeduktiv	Geschlossendeduktiv; Sinnperspektiven	Offen-induktiv; Hilfe zur Selbsthilfe	Offen-induktiv; „Selbsterziehung"; Differenzbildung

2.5 Konzepte im Überblick

der Sache „Sport". Durch die Idee der Sinnperspektiven kann das Individuum einzelne Sportarten aber mit unterschiedlichen Bedeutungen versehen, z. B. Sport als Leistung oder Sport als Ausdruck. Entsprechend weitergefasst ist auch das Inhaltsspektrum, das neben Sportarten auch Bewegungstrends berücksichtigt, und die methodische Inszenierung, die auch eigene Zugänge der Schülerinnen und Schüler erlaubt. Beide Konzepte können der **pragmatisch-qualifikatorischen** Strömung zugerechnet werden, die sich eher an der Sache „Sport" als am Subjekt orientieren (Prohl 2017).

Das **Psychomotorische Konzept** (Zimmer 2019) zielt auf eine Entwicklungsförderung durch Wahrnehmung und Bewegung. Entsprechend sind normierte Sportarten weniger wichtig als individuelle Bewegungs- und Spielmöglichkeiten. Das methodische Vorgehen ist offen-induktiv und wird als Hilfe zur Selbsthilfe verstanden. Das **Körpererfahrungskonzept** (Funke-Wieneke 2009) stellt die Wahrnehmung des eigenen Körpers in den Mittelpunkt und ist eher sportkritisch ausgelegt. Instrumentelle, sensible, soziale und symbolische Themen des Sich-Bewegens bilden den Inhaltskanon. Methodisch ist der Ansatz ebenfalls offen-induktiv und arbeitet mit Differenzbildungen. Diese beiden fachdidaktischen Konzepte können der **kritisch-emanzipatorischen Strömung** zugeordnet werden und stellen damit das Subjekt in den Vordergrund ihrer Überlegungen (Prohl 2017). Insgesamt ergibt sich ein Spektrum fachdidaktischer Ansätze, das von sportartorientiert-geschlossen bis zu bewegungsorientiert-offen reicht (vgl. Abb. 2.7). Quer zu diesen etablierten Ansätzen liegt das vergleichsweise neue Konzept der **Individuellen Förderung im Sport**.

> **Individuelle Förderung im Sport**
> Die Idee der Individuellen Förderung hat sich innerhalb der 2000er Jahre zu einem zentralen **Qualitätsmerkmal** guten Unterrichts und guter Schule entwickelt. In Nordrhein-Westfalen wird der Anspruch auf Individuelle Förderung sogar schulgesetzlich garantiert (Schulgesetz NRW 2020). Maßnahmen der Individuellen Förderung sollen sowohl die **Schwächen** von Schülerinnen und Schülern kompensieren, als auch ihre **Stärken** entwickeln. Insgesamt zielt die Individuelle Förderung darauf, „jeder Schülerin und jedem Schüler […] die Chance zu geben, ihr bzw. sein motorisches, intellektuelles, emotionales und soziales Potenzial umfassend zu entwickeln […] und sie bzw. ihn dabei durch geeignete Maßnahmen zu unterstützen" (Eckert 2004, S. 97). Dabei kommt dem Zusammenspiel von **Diagnose und Förderung** besondere Bedeutung zu (Fischer 2014). Lehrkräfte diagnostizieren die Fähigkeiten ihrer Schülerinnen und Schüler

sowohl implizit während des Unterrichtens als auch als „punktuelle, vom unmittelbaren Unterrichtsgeschehen abgehobene und explizite Formen der Informationsgewinnung und -verarbeitung" (Schrader 1989, S. 16). Auf der Basis dieser spezifischen Diagnosen kann die Förderung der Heranwachsenden dann im Idealfall individuell angemessen erfolgen.

Einen Ansatz zur **Individuellen Förderung im Sport** haben Neuber und Pfitzner (2012) vorgelegt. Ausgehend vom Doppelauftrag des Schulsports unterscheiden sie einerseits eine **Individuelle Förderung *von* Bewegung, Spiel und Sport**. Im Vordergrund stehen dabei motorische Fähigkeiten und Fertigkeiten der Kinder und Jugendlichen. Ist die Perspektive eher defizitorientiert, zielt die Intervention auf die Kompensation individueller Schwächen und Störungen. Konzepte des Sportförderunterrichts nehmen in der Regel Defizite als Ausgangspunkt ihrer Förderüberlegungen (z. B. Dordel 2007). Ist die Perspektive dagegen kompetenzorientiert, geht es um die Entwicklung und den Ausbau individueller Stärken und Talente, für die es im Sport zahlreiche Ansätze gibt (z. B. Neuber und Pfitzner 2019). Anderseits kann sich der Unterricht auf die **Individuelle Förderung *durch* Bewegung, Spiel und Sport** konzentrieren. Dann stehen übergreifende Fähigkeiten, z. B. Grundfunktionen des Lernens, oder Persönlichkeitsmerkmale im Vordergrund. Auch hier kann der Zugang eher defizitorientiert bestimmt sein, etwa bei Konzepten zur Lernförderung durch Bewegung (z. B. Boriss 2012). Kompetenzorientierte Ansätze, die eher individuelle Stärken entwickeln, bieten z. B. Konzepte der Entwicklungsförderung (z. B. Neuber 2007).

Insgesamt ergibt sich damit eine Matrix, die zwischen einer Individuellen Förderung *von* und *durch* Bewegung, Spiel und Sport einerseits sowie einem eher defizit- oder eher kompetenzorientierten

Tab. 2.3 Fachdidaktische Ansatzpunkte zur Individuellen Förderung *von* und *durch* Bewegung, Spiel und Sport. (Mod. nach Pfitzner und Neuber 2012, S. 78)

	Individuelle Förderung von Bewegung, Spiel und Sport	Individuelle Förderung durch Bewegung, Spiel und Sport
Individuelle Defizite als Ausgangspunkt	Sportförderunterricht	Lernförderung durch Bewegung, Spiel und Sport
Individuelle Kompetenzen als Ausgangspunkt	Talentförderprogramme	Psychomotorische Entwicklungsförderung

Zugang andererseits differenziert (vgl. Tab. 2.3). Zentrale Bedeutung für die Umsetzung individueller Förderung im Sportunterricht kommt der methodischen Gestaltung zu. Zur Individualisierung des Unterrichts werden Formen der **offenen Binnendifferenzierung** vorgeschlagen, die sich von geschlossenen Formen dadurch unterscheiden, dass Lehrkräfte ihren Schülerinnen und Schülern Lernarrangements bereitstellen, die sie eigenständig bewältigen können (Heymann 2010). Die **Aktivierung der Schülerinnen und Schüler** für eine solche selbstständige Arbeit ist der Schlüssel zum unterrichtlichen Erfolg. Letztlich ändert sich dadurch die Lernkultur grundlegend, insofern als Lehrkräfte ihre **Rolle als Lernbegleiter** ernstnehmen und Schülerinnen und Schüler vermehrt Verantwortung für ihren eigenen Lernprozess übernehmen (Pfitzner und Neuber 2012). Inwieweit damit ein integratives sportdidaktisches Konzept vorliegt, bleibt zu klären. Zumindest integriert es Sach- und Subjektperspektiven in fachspezifischer Hinsicht.

Reflexionsfragen
1. Warum ist der Sportunterricht ein besonders komplexes Unterrichtsfach?
2. Wodurch unterscheiden sich „Sportunterricht" und „Sportunterrichten"?
3. Inwiefern ist der „Didaktische Stern" eine Weiterentwicklung des „Didaktischen Dreiecks"?
4. Welche Funktionen haben sportdidaktische Modelle?
5. Welches sportdidaktische Modell würden Sie bevorzugen? Warum?
6. Inwiefern können sportdidaktische Konzepte bei der pädagogischen Gestaltung des Schulsports helfen?
7. Warum ist eine Verbindung von pragmatisch-qualifikatorischen und kritisch-emanzipativen Konzepten sinnvoll?
8. Was glauben Sie, welches fachdidaktische Konzept ist am häufigsten in der Schulpraxis vertreten? Warum?
9. Warum ist die Individuelle Förderung ein altes schulpädagogisches Thema?
10. Inwiefern kann die Individuelle Förderung im Sport ein integratives fachdidaktisches Konzept sein? ◄

Literatur

Balz, E. (1992). Fachdidaktische Konzepte oder: Woran soll sich der Schulsport orientieren? *Sportpädagogik, 16*(2), 13–22.
Balz, E. (2009). Fachdidaktische Konzepte update oder: Woran soll sich der Schulsport orientieren? *Sportpädagogik, 33*(1), 25–32.
Balz, E. (2013). Fachdidaktische Konzepte. In P. Neumann & E. Balz (Hrsg.), *Sportdidaktik – Pragmatische Fachdidaktik für die Sekundarstufe I und II* (S. 34–42). Berlin: Cornelsen.
Beckers, E. (2001). Sportpädagogik und Erziehungswissenschaft. In H. Haag & A. Hummel (Hrsg.), *Handbuch Sportpädagogik: Bd. 133. Beiträge zur Lehre und Forschung im Sport* (S. 25–33). Schorndorf: Hofmann.
Boriss, K. (2012). Lernen und Bewegung – Auswirkungen körperlicher Aktivität auf die kognitiven Fähigkeiten und Konsequenzen für die individuelle Förderung. In N. Neuber & M. Pfitzner (Hrsg.), *Individuelle Förderung im Sport – Pädagogische Grundlagen und didaktisch-methodische Konzepte: Bd. 14. Begabungsforschung* (S. 123–147). Münster: Lit.
Bräutigam, M. (2011). *Sportdidaktik – Ein Lehrbuch in 12 Lektionen*. Aachen: Meyer & Meyer.
Cohn, R. (2000). *Von der Psychoanalyse zur themenzentrierten Interaktion. Von der Behandlung einzelner zu einer Pädagogik für alle* (14. Aufl.). Stuttgart: Klett-Cotta.
Dietrich, K., & Landau, G. (1999). *Sportpädagogik – Grundlagen, Positionen, Tendenzen*. Butzbach-Griedel: Afra.
Dordel, S. (2007). *Bewegungsförderung in der Schule. Handbuch des Sportförderunterrichts*. Dortmund: Modernes Lernen.
Eckert, E. (2004). Individuelles Fördern. In H. Meyer (Hrsg.), *Was ist guter Unterricht* (S. 86–103). Berlin: Cornelsen.
Elflein, P. (2012). *Sportpädagogik und Sportdidaktik* (4. Aufl.). Baltmannsweiler: Schneider.
Fischer, C. (2014). *Individuelle Förderung als schulische Herausforderung*. Berlin: Friedrich-Ebert-Stiftung.
Fischer, K. (1996). Psychomotorik: Bewegungshandeln als Entwicklungshandeln. *Sportpädagogik, 20*(5), 26–36.
Fritsch, U. (2007). Ästhetische Erziehung. In R. Laging (Hrsg.), *Neues Taschenbuch des Sportunterrichts. Kompaktausgabe* (3., veränderte u. korrigierte Aufl., S. 36–46). Hohengehren: Schneider.
Funke, J. (1992). Körpererfahrung im Sport: Grundlagen unseres Ansatzes. In G. Treutlein, J. Funke, & N. Sperle (Hrsg.), *Körpererfahrung im Sport. Wahrnehmen – lernen – Gesundheit fördern* (2., überarbeitete Aufl., S. 9–29). Aachen: Meyer & Meyer.
Funke-Wieneke, J. (1997). Von der „Körpererfahrung" zur „Thematisierung der Leiblichkeit". *Sporterziehung in der Schule, 1*, 19–22.
Funke-Wieneke, J. (2009). Körpererfahrung. In H. Haag & A. Hummel (Hrsg.), *Handbuch Sportpädagogik* (2., erweiterte Aufl., S. 314–322). Schorndorf: Hofmann.
Größing, S. (2001). *Einführung in die Sportdidaktik* (8., überarbeitete Aufl.). Wiebelsheim: Limpert.

Gudjons, H. (2003). *Didaktik zum Anfassen – Lehrer/in-Persönlichkeit und lebendiger Unterricht* (3. Aufl.). Bad Heilbrunn: Klinkhardt.
Haug, A. (2019). Schule als Sozialisationsinstanz. In G. Bovet & V. Huwendiek (Hrsg.), *Leitfaden Schulpraxis – Pädagogik und Psychologie für den Lehrberuf* (11. Aufl., S. 555–574). Berlin: Cornelsen.
Helsper, W., & Keuffer, J. (2004). Unterricht. In H.-H. Krüger & W. Helsper (Hrsg.), *Einführung in die Grundbegriffe und Grundfragen der Erziehungswissenschaft* (6. überarbeitete u. aktualisierte Aufl., S. 91–102). Wiesbaden: Springer VS.
Heymann, H. (2010). Binnendifferenzierung – eine Utopie? Pädagogischer Anspruch, didaktisches Handwerk. *Realisierungschancen. Pädagogik, 62*(11), 6–11.
Hummel, A. (1997). Die körperlich-sportliche Grundlagenbildung – immer noch aktuell. In E. Balz & P. Neumann (Hrsg.), *Wie pädagogisch soll der Schulsport sein?* (S. 47–62). Schorndorf: Hofmann.
Huwendiek, V. (2019). Didaktische Modelle. In G. Bovet & V. Huwendiek (Hrsg.), *Leitfaden Schulpraxis – Pädagogik und Psychologie für den Lehrberuf* (11. Aufl., S. 33–68). Berlin: Cornelsen.
Jank, W., & Meyer, H. (2019). *Didaktische Modelle* (13. Aufl.). Berlin: Cornelsen Scriptor.
Köckenberger, H. (Hrsg.). (2003). *Psychomotorik – Ansätze und Arbeitsfelder*. Dortmund: Modernes Lernen.
Kolb, M. (1994). Methodische Prinzipien zur Entwicklung der Körperwahrnehmung. In M. Schierz, A. Hummel, & E. Balz (Hrsg.), *Sportpädagogik. Orientierungen, Leitideen, Konzepte: BD. 58. Schriften der Deutschen Vereinigung für Sportwissenschaft* (S. 239–260). St. Augustin: Academia.
Köppe, G. (2002). *Eine kleine (andere) Sportdidaktik aus Sportlehrersicht*. Hohengehren: Schneider.
Köppe, G. (2003). Zur Vielfalt sportdidaktischer Perspektiven oder: Woran soll sich der Schulsport in der Grundschule orientieren? In G. Köppe & J. Schwier (Hrsg.), *Handbuch Grundschulsport* (S. 63–75). Hohengehren: Schneider.
Krieger, C. (2011). *Sportunterricht als Erziehungsgeschehen – zur Rekonstruktion sportunterrichtlicher Situationen aus Schüler- und Lehrersicht*. Köln: Strauß.
Kuhlmann, D., & Scherler, K. (2004). Schulsportinitiativen -Proklamationen oder Legitimationen. In E. Balz (Hrsg.), *Schulsport verstehen und gestalten* (S. 23–38). Aachen: Meyer & Meyer.
Kurz, D. (1990). *Elemente des Schulsports* (3. Aufl.). Schorndorf: Hofmann.
Kurz, D. (1995). Handlungsfähigkeit im Sport – Leitidee eines mehrperspektivischen Unterrichtskonzepts. In A. Zeuner, G. Senf, & S. Hofmann (Hrsg.), *Sport unterrichten – Anspruch und Wirklichkeit* (S. 41–48). St. Augustin: Academia.
Kurz, D. (2013). Zur Entwicklung einer pragmatischen Fachdidaktik. In P. Neumann & E. Balz (Hrsg.), *Sportdidaktik – Pragmatische Fachdidaktik für die Sekundarstufe I und II* (S. 13–23). Berlin: Cornelsen.
Messmer, R. (2013). *Fachdidaktik Sport*. Bern: Haupt & UTB.
Miller, R. (1999). *Beziehungsdidaktik* (3., korrigierte Aufl.). Weinheim: Beltz.
MSWWF NRW (Ministerium für Schule und Weiterbildung, Wissenschaft und Forschung des Landes Nordrhein-Westfalen). (1999). *Richtlinien und Lehrpläne für die Sekundarstufe II – Gymnasium/Gesamtschule in Nordrhein-Westfalen. Sport*. Frechen: Ritterbach.

MSW NRW (Ministerium für Schule und Weiterbildung des Landes Nordrhein-Westfalen). (2014). *Rahmenvorgaben für den Schulsport in Nordrhein-Westfalen* (1. Aufl.). Düsseldorf: MSW NRW.

Neuber, N. (2004). Vom Wissen zum Können – oder: Brauchen wir eine „Durchführungsdidaktik"? In M. Schierz & P. Frei (Hrsg.), *Sportpädagogisches Wissen – Spezifik – Transfer – Transformation: Bd. 141. Schriften der Deutschen Vereinigung für Sportwissenschaft* (S. 178–184). Hamburg: Czwalina.

Neuber, N. (2007). *Entwicklungsförderung im Jugendalter – Theoretische Grundlagen und empirische Befunde aus sportpädagogischer Perspektive: Bd. 35. Wissenschaftliche Schriftenreihe des Deutschen Olympischen Sportbundes.* Schorndorf: Hofmann.

Neuber, N. (2014). Bewegungsaufgaben als Lernaufgaben? – Ansatzpunkte für eine zeitgemäße Aufgabenkultur im Schulsport. In M. Pfitzner (Hrsg.), *Aufgabenkultur im Sportunterricht – Konzepte und Befunde zur Methodendiskussion für eine neue Lernkultur: Bd. 5. Bildung und Sport* (S. 41–64). Wiesbaden: Springer VS.

Neuber, N., & Pfitzner, M. (Hrsg.). (2012). *Individuelle Förderung im Sport – Pädagogische Grundlagen und didaktisch-methodische Konzepte: Bd. 14. Begabungsforschung.* Münster: Lit.

Neuber, N., Golenia, M., Krüger, M., & Pfitzner, M. (2013). Erziehung und Bildung – Sportpädagogik. In A. Güllich & M. Krüger (Hrsg.), *Sport. Das Lehrbuch für das Sportstudium* (S. 395–438). Berlin: Springer.

Neuber, N., & Pfitzner, M. (2019). Begabungsförderung im Sport – schulische und außerschulische Perspektiven. *Journal für Begabtenförderung, 18*(1), 27–36.

Neumann, P. (2004). *Erziehender Sportunterricht – Grundlagen und Perspektiven.* Baltmannsweiler: Schneider.

Pfitzner, M. (2019). Sportdidaktik. In A. Güllich & M. Krüger (Hrsg.), Sport in Kultur und Gesellschaft. https://doi.org/10.1007/978-3-662-53385-7_22-1.

Pfitzner, M., & Neuber, N. (2012). Individuelle Förderung - Fachdidaktische Konzepte. *Bedingungen und didaktische Empfehlungen. Sportpädagogik, 36*(5), 2–8.

Prohl, R. (2010). *Grundriss der Sportpädagogik* (3. Aufl.). Wiebelsheim: Limpert.

Prohl, R. (2017). Der Doppelauftrag des Erziehenden Sportunterrichts. In V. Scheid & R. Prohl (Hrsg.), *Sportdidaktik – Grundlagen, Vermittlungsformen, Bewegungsfelder* (S. 70–91). Wiebelsheim: Limpert.

Regner, J. (2005). *Schuleigene Lehrpläne im Sport – Grundlagen, Erfahrungen, Perspektiven.* Berlin: Pro Business.

Scherler, K. (2008). *Sportunterricht auswerten – Eine Unterrichtslehre* (2. Aufl.). Hamburg: Czwalina.

Scherler, K., & Schierz, M. (1993). *Sport unterrichten.* Schorndorf: Hofmann.

Schierz, M., & Thiele, J. (2002). Hermeneutische Kompetenz durch Fallarbeit. Überlegungen zum Stellenwert kasuistischer Forschung und Lehre an Beispielen antinomischen Handelns in sportpädagogischen Berufsfeldern. *Zeitschrift für Pädagogik, 48*(1), 30–47.

Schrader, F.-W. (1989). *Diagnostische Kompetenzen von Lehrern und ihre Bedeutung für die Gestaltung und Effektivität des Unterrichts.* Frankfurt: Lang.

Schulgesetz NRW. (2020). https://recht.nrw.de/lmi/owa/br_text_anzeigen?v_id=10000000000000000524. Zugegriffen: 20. Febr. 2020.

Söll, W. (1995). Sportunterricht ohne Sportarten? Plädoyer für ein richtig verstandenes „Sportartenkonzept". In A. Zeuner, G. Senf, & S. Hofmann (Hrsg.), *Sport unterrichten – Anspruch und Wirklichkeit* (S. 64–71). St. Augustin: Academia.

Söll, W. (2000). Das Sportartenkonzept in Vergangenheit und Gegenwart. *Sportunterricht, 49*, 4–8.

Söll, W. (2005). *Sportunterricht – Sport unterrichten. Ein Handbuch für Sportlehrer* (6. Aufl.). Schorndorf: Hofmann.

Treutlein, G. (1998). Veränderung der Bedeutung und Gestaltung der Beziehungsebene – Grundlage für einen zeitgemäßen Sportunterricht. *Sportunterricht, 47*(11), 436–443.

Treutlein, G., Funke, J., & Sperle, N. (Hrsg.). (1992). *Körpererfahrung im Sport. Wahrnehmen – lernen – Gesundheit fördern* (2., überarbeitete Aufl.). Aachen: Meyer & Meyer.

Volkamer, M. (1987). *Von der Last mit der Lust im Schulsport – Probleme der Pädagogisierung des Sports*. Schorndorf: Hofmann.

Wolters, P. (2015). *Fallarbeit in der Sportlehrerausbildung*. Aachen: Meyer & Meyer.

Wolters, P., Ehni, H., Kretschmer, J., Scherler, K., & Weichert, W. (2000). *Didaktik des Schulsports*. Schorndorf: Hofmann.

Zimmer, R. (1996). Psychomotorik in der Grundschule. In M. Polzin (Hrsg.), *Bewegung, Spiel und Sport in der Grundschule – Fachliche und fächerübergreifende Orientierung* (S. 70–81). Frankfurt: AK Grundschule.

Zimmer, R. (2003). Wahrnehmen – Erleben – Bewegen. Psychomotorische Entwicklungsförderung. In G. Köppe & J. Schwier (Hrsg.), *Handbuch Grundschulsport* (S. 367–380). Hohengehren: Schneider.

Zimmer, R. (2019). *Handbuch Psychomotorik – Theorie und Praxis der psychomotorischen Förderung von Kindern* (14. Aufl.). Freiburg: Herder.

Kinder als Zielgruppe im Sport 3

Zusammenfassung

In diesem Kapitel werden Grundbegriffe und Modelle der Kindheit vorgestellt. Dabei zeigt sich, dass das Kindesalter nicht nur biologisch, sondern auch sozial bedingt ist. Als zentrale Themen des Grundschulsports werden Bewegungs- und Sportorientierung, Defizit- und Kompetenzorientierung, Heterogenität und Geschlecht herausgestellt. Auf dieser Grundlage werden exemplarisch vier fachdidaktische Konzepte für den Grundschulsport vorgestellt: Psychomotorik, Ästhetische Bewegungserziehung, Sozial-ökologischer und Sportorientierter Ansatz. Ein Exkurs zum Schulraum als Bewegungsraum ergänzt das Kapitel.

3.1 Einführung

Das **Verständnis vom „Kind"** scheint auf den ersten Blick unkompliziert zu sein. Kinder werden geboren, versorgt und erzogen, sie wachsen auf, kommen in die Kindertagesstätte und dann in die Schule. Bestenfalls werden sie noch zu kinderkulturellen Angeboten, wie Musikschule oder Sportverein, geschickt, um in ihrer Entwicklung gefördert zu werden. Ganz so einfach ist es allerdings nicht: „Eine zentrale Erkenntnis der **Kindheitsforschung** der letzten Jahrzehnte ist, dass Kindheit nicht einfach biologisch und natürlich gegeben ist, zum Beispiel durch den Entwicklungsstand oder die Sorgebedürftigkeit des Kindes, sondern immer auch gesellschaftlich definiert wird" (Bründel und Hurrelmann 2017, S. 9). So hängt es in besonderer Weise von den sozialen Rahmenbedingungen ab, welches **Verständnis von Kindheit** wir haben. Ist Kindheit ein Schonraum, in dem Kinder vor den Zumutungen der modernen Erwachsenengesellschaft geschützt werden müssen? Oder ist sie ein Experimentierfeld, in dem Kinder als aktive Gestalter ihrer eigenen Lebenswelten selbstbestimmt Entscheidungen treffen. Sind Kinder Opfer oder Gestalter der sozialen Verhältnisse, in denen sie aufwachsen?

Auch in der Sportdidaktik wird seit den 1990er Jahren darum gestritten, ob Kinder eher vor gesellschaftlichen **Veränderungen** geschützt werden müssen oder ob sie mit den entstehenden **Freiräumen** selbstbewusst umgehen können (vgl. Heim 2002). Schlagworte, wie „Bedrohte Kindheit", „Entsinnlichte Kindheit" oder „Verinselte Kindheit", deuteten lange Zeit eher auf ein pessimistisches Bild von der Generation der Heranwachsenden (vgl. Größing 2001). Erst mit Beginn der 2000er Jahre wandelte sich die Perspektive und es wurden auch optimistischere Sichtweisen diskutiert. Tatsächlich spiegeln sich die verschiedenen **Bilder von Kindheit** in den fachdidaktischen Konzepten wider. Je nachdem welches Bild wir selbst von „Kindheit" haben, neigen wir dem einen oder anderen Konzept zu. Geht es uns eher um das Behüten und Beschützen oder um das Fördern und Fordern von Kindern? Insofern ist es wichtig, den eigenen Standpunkt zu reflektieren, um der **Zielgruppe Kinder im Sport** gerecht zu werden.

3.2 Grundbegriffe

Der **Begriff des Kindes** steht zunächst für den Angehörigen einer Altersgruppe. Man wird als Kind geboren und bleibt ein Kind – zumindest nach dem Gesetz – bis zu seinem 14. Lebensjahr. Zugleich bilden alle Kinder einer Generation eine Bevölkerungsgruppe. Auch wenn oft von „den Kindern" gesprochen wird, ist diese Gruppe alles andere als homogen. Es ist daher sinnvoll, Kinder nicht nur in ihrer Gesamtheit zu betrachten, sondern mindestens „auch nach Stief-, Waisen-, Scheidungs-, Arbeiter-, Akademiker-, Einzel-, Großstadt-, Migrantenkindern und Kindern in Armutslagen zu differenzieren – jeweils gesondert nach Mädchen und Jungen" (Stange 2006, S. 38). Aus Sicht der Heterogenitätsforschung können noch weitere Facetten der Vielfalt ergänzt werden (siehe Kap. 6). Insofern ist Kindheit nicht nur eine **Lebensphase,** sondern auch eine **Lebenslage,** die durch unterschiedliche Ausgangsbedingungen geprägt ist. Gleichwohl lässt sich Kindheit als eigenständiger Lebensabschnitt definieren:

▶ **Kindheit** Die Kindheit ist die erste Phase im Leben eines Menschen. Man unterscheidet die frühe Kindheit (0–6 Jahre), die mittlere Kindheit (6–12 Jahre) und die späte Kindheit (12–14 Jahre). Sie ist nicht nur durch biologische Entwicklungsfaktoren, sondern auch durch soziale Rahmenbedingungen bestimmt (vgl. Bründel und Hurrelmann 2017).

Mit der Anerkennung der Kindheit als eigenständiger Lebensphase geht das Einräumen von **Kinderrechten** einher. Mit der UN-Kinderrechtskonvention von 1989 wurden „erstmalig politische, zivile, soziale, wirtschaftliche und kulturelle Rechte von Kindern zusammengefasst und in einer völkerrechtlich verbindlichen Konvention vereinbart" (Hartnuß und Maykus 2006, S. 10). Dazu gehören die Schaffung gesicherter Lebensgrundlagen („Provision"), Beteiligungsrechte für alle Kinder („Participation") sowie der Schutz vor Gewalt („Protection"). Im Rahmen der Debatten um die Prävention sexualisierter Gewalt in pädagogischen Feldern ist die Diskussion um den **Kinderschutz** intensiviert worden. Nicht zuletzt der (Schul-)Sport mit Kindern ist ein Feld, in dem man sensibel mit Berührungen und körperlicher Nähe umgehen muss (vgl. Wagner und Rulofs 2017). Davon abzugrenzen ist die Diskussion um einen so genannten **kindgerechten Sportunterricht.** Dabei geht es um die Frage, ob der Sport Kinder vorrangig in ihrer Entwicklung fördern oder ob er ihren Interessen nach „richtigem" Sport entsprechen sollte (vgl. Schulz 1999).

3.3 Grundlagen

Der Begriff der Kindheit ist eine Erfindung der Neuzeit. Im Mittelalter existierte keine eigenständige Phase des Aufwachsens, sondern Kinder wurden zumeist wie „kleine Erwachsene" behandelt. Erst mit der Trennung von Erwerbs- und Familienleben mit Beginn der Industrialisierung im 19. Jahrhundert wurde die **Kindheit als Lebensphase** möglich, wobei sich allerdings bürgerliche und proletarische Kindheit deutlich unterschieden. Während die Kinder des Bürgertums einen gewissen Schonraum genossen und zur Schule gehen konnten, mussten Arbeiterkinder weiterhin früh zum Erwerb der Familie beitragen (Bründel und Hurrelmann 2017, S. 9–15). Mit der Einführung der Schulpflicht für alle Kinder wurde das 20. Jahrhundert zum **Jahrhundert des Kindes** (Ellen Key). Damit einher gingen ein emotionaler Wert des Kindes, die Vorstellung elterlicher Sinnerfüllung durch Kinder, die Anerkennung kindlicher Subjektivität sowie die gesellschaftliche Verantwortung für die Erziehung und Bildung von

Kindern (vgl. Schmidt und Süßenbach 2003). Heute erscheint die Lebensphase „Kindheit" selbstverständlich, und doch hat der Medienwissenschaftler Neil Postmann (1987) bereits in den 1980er Jahren vor einem **Verschwinden der Kindheit** gewarnt.

▶ **Literaturtipp**
Postmann, N. (1987). *Das Verschwinden der Kindheit*. Frankfurt/M.: Fischer
Neil Postmann macht seine Warnung vor dem Verschwinden der Kindheit an der Verbreitung des Fernsehens fest. Das Fernsehen entspreche nicht der kindlichen Wahrnehmung und mache Informationen für Kinder zugänglich, über die sonst nur Erwachsene verfügen. Damit werde das Ende einer eigenständige Kindheitsphase eingeläutet. Von Computern, Internet und Mobiltelefonen war damals noch nicht die Rede.

In den vergangenen zehn, fünfzehn Jahren hat sich das **Aufwachsen von Kindern** massiv gewandelt. Vor dem Hintergrund sozialer Modernisierungsprozesse ist es ungewisser und widersprüchlicher geworden, zugleich bietet die „Multioptionsgesellschaft" jungen Menschen eine Vielzahl an Handlungsmöglichkeiten im soziokulturellen Bereich. Nicht zuletzt hat die Digitalisierung zu einer enormen Dynamisierung kindlicher Lebenswelten beigetragen (vgl. Neuber und Salomon 2015). Zudem kann eine zunehmende **Pädagogisierung der Kindheit** festgestellt werden. Formale Bildungssysteme, wie Kindertagesstätte und Schule, werden mit der Einführung von Ganztagsangeboten inhaltlich und zeitlich ausgeweitet. Parallel dazu wird das schulische Lernen zunehmend durch außerschulische Lernorte, wie Musikschulen und Sportvereine, ergänzt, deren Bildungsintentionen immer deutlicher zutage treten. Insgesamt kann damit von einer deutlichen **Ausweitung des öffentlichen Erziehungs- und Bildungsauftrags** gesprochen werden (vgl. Rauschenbach 2015).

Dieser Wandel kindlicher Lebenswelten hat durchaus Vorteile für einzelne Kinder. So führt die Ganztagsgrundschule bspw. dazu, dass auch Kinder aus bildungsbenachteiligten Familien Nachmittagsangebote wahrnehmen können. Zugleich gehen durch die Verlängerung des Schultages aber auch Freiräume für das selbstbestimmte Kinderspiel verloren. Insgesamt sind die **Merkmale der Kindheit** damit als ambivalent zu bezeichnen: Kindheit ist einerseits bedroht, z. B. durch ein Überangebot an Medien oder die Zunahme des Straßenverkehrs. Anderseits ist sie geschützt wie nie zuvor, z. B. durch Vorsorgeuntersuchungen und hohe Sicherheitsstandards. Einerseits ist Kindheit passiv, z. B. durch Computerspiele und die Verhäuslichung der Kinderkultur. Andererseits ist sie dynamisch, z. B. durch eine Vielzahl an Freizeitangeboten. Einerseits ist Kindheit bewegungsarm, z. B. aufgrund fehlender Spielmöglichkeiten im Wohnumfeld. Andererseits ist sie hoch sportiv – noch nie waren die Bindungsraten von Kindern in Sportvereinen so hoch wie heute. Zugespitzt führt die ambivalente Situation zu der Frage, ob **Kindheit als Risiko oder als Chance** verstanden wird (vgl. Stange 2006).

In der Kindheitsforschung können dementsprechend zwei Strömungen ausgemacht werden: Die **kulturpessimistische Richtung** verweist auf die „Erosion" oder gar das „Verschwinden" von Kindheit. Kinder werden als Opfer sozialer Modernisierungsprozesse verstanden, vor denen sie geschützt werden müssen. Demgegenüber begreift die **optimistische Richtung** Kinder als kompetente Akteure ihrer Lebenswelt, die sich weitgehend selbstständig in modernen Kinderkulturen bewegen. Kinder sind nach dieser Lesart „Ko-Konstrukteure" ihrer eigenen Lebenswelten (Stange 2006). Diese beiden Richtungen finden sich auch im fachdidaktischen Diskurs wieder (vgl. Heim 2002). So wird bspw. mit Bezug auf Zeiher (1995) die **Verinselung kindlicher Lebensräume** beklagt. Während sich die Aneignung kindlicher Lebenswelten im „Modell des einheitlichen Lebensraums" der 1950er Jahre „als sukzessive Ausdehnung in konzentrischen Kreisen – ausgehend von der Familienwohnung über die engere bis zur weiteren Wohnumgebung – [vollzieht]" (Heim 2002, S. 285), sei das in verinselten Lebenswelten nicht mehr möglich (vgl. Abb. 3.1 und 3.2). Die voneinander getrennten, weit entfernten Lebensorte der Kinder erforderten vielmehr eine abgestimmte Zeit- und Transportplanung und verhinderten damit das spontane Bewegungsspiel in der Nachbarschaft (vgl. Schmidt 2002). Gegen das Modell lässt sich allerdings einwenden, dass die Ausweitung kindlicher Lebensräume mit einem deutlichen **Autonomiegewinn** für die Kinder verbunden ist, zumal sie die Wege zu den einzelnen „Inseln" zunehmend selbstbestimmt zurücklegen (vgl. Heim 2002).

Ein anderes Beispiel aus der sportdidaktischen Diskussion ist die These von der **Versportlichung des kindlichen Bewegungslebens.** Dabei werden die Erfahrungen der „Straßenkindheit" der 1950er Jahre der „sportiven Kindheit" der 2000er Jahre gegenübergestellt. In der einen Perspektive bot die **Straßenkindheit** „eine mannigfaltige Spiel- und Bewegungswelt: Vom Lege- und Bauspiel mit Holzmaterial, diversen Fang-, Versteck-, Hüpf- und Geschicklichkeitsspielen über Völker-, Hand- und Fußball sowie Vergleichskämpfe der Straßenmannschaften bis zum Rodeln und Schlittschuhlaufen im Winter reichte demnach das Aktivitätenspektrum" (Heim 2002, S. 287). Demgegenüber seien in der **sportiven Kindheit** immer mehr Mädchen und Jungen Mitglied eines Sportvereins. Tat-

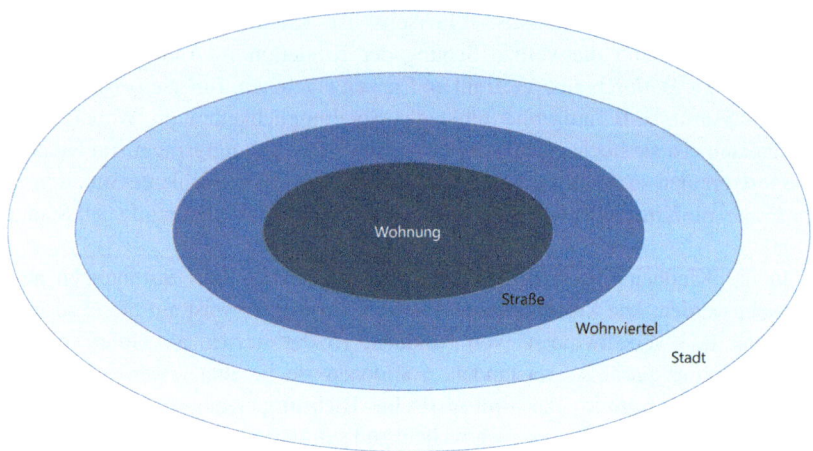

Abb. 3.1 Modell des einheitlichen Lebensraums von Kindern. (Nach Heim 2002, S. 285)

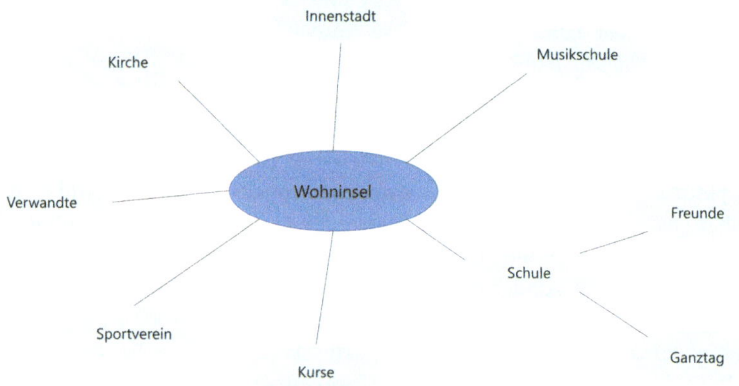

Abb. 3.2 Modell des verinselten Lebensraums von Kindern. (Nach Heim 2002, S. 285)

sächlich kommt Schmidt (2019) in einer Zusammenschau der Mitgliedszahlen zwischen 1954 und 2013 auf eine Steigerung von 15,0 auf 62,5 % (vgl. Abb. 3.3). In den Sportvereinen dominiere „ein zielgerichtetes, zweckrationales, leistungs- und wettkampforientiertes Technik- und Taktiktraining unter Anleitung

3.3 Grundlagen

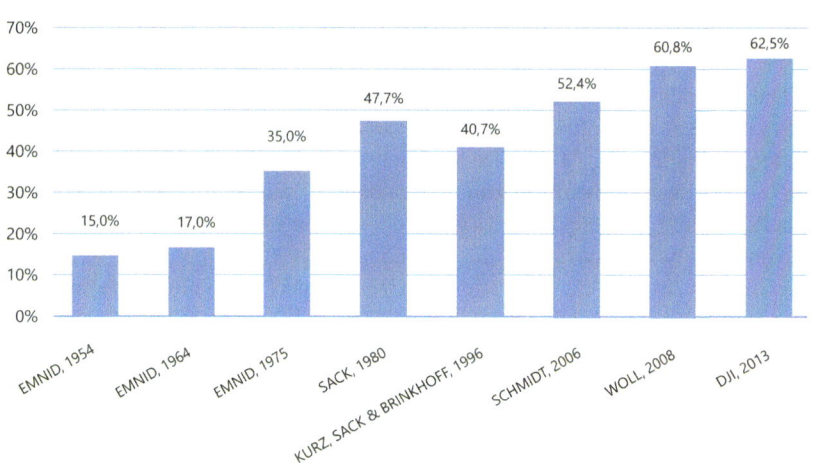

Abb. 3.3 Sportvereinsmitgliedschaften von Kindern im Zeittrend. (Mod. nach Schmidt 2019, S. 28)

Erwachsener" (Heim 2002, S. 288). Ob das allerdings wirklich so ist oder ob Kinder nicht vielmehr selbstbestimmt Sportangebote wahrnehmen, die ihren Bedürfnissen und Interessen entsprechen, wird nicht überprüft (vgl. Schulz 1999). Auch die pädagogische **Qualität der Sportvereinsangebote** wird nicht hinterfragt, obwohl gerade dort zahlreiche „kindgemäße" Bewegungs- und Sportangebote entwickelt werden (vgl. Sygusch und Herrmann 2013).

Insgesamt geht die kulturpessimistische Richtung in der Sportdidaktik also von einer zunehmenden **Einschränkung der Bewegungs- und Spielmöglichkeiten** aus, die zu schlechteren Entwicklungschancen der Kinder führt. Die optimistische Strömung konstatiert dagegen zwar Veränderungen in der kindlichen Lebenswelt, interpretiert diese jedoch weniger als Einschränkung, als vielmehr als **Zugewinn an Möglichkeiten** für eine sportbezogene Entfaltung der Kinder. In kulturpessimistischer Sicht werden Mädchen und Jungen vor allem in einer zukunftsorientierten **Entwicklungsperspektive** als „Werdende" begriffen: „Die Perspektive verengt sich folglich auf Kinder als etwas Unfertiges, als Lernende, die unter Bezug auf Erwachsenenkultur mithilfe pädagogischer Maßnahmen zu einem von der Erwachsenengeneration aufgestellten Entwicklungsziel geführt werden sollen" (Schulz 1999, S. 193). Die optimistische Sicht betont dagegen die gegenwartsorientierte **Entfaltungsperspektive** der Kinder als „So-Seiende": „Es gilt, Kinder als Subjekte wahrzunehmen mit aktuell-subjektiven Bedürfnissen, Wünschen, Interessen und Handlungsmöglichkeiten" (Schulz 1999, S. 194).

Die beiden Perspektiven korrespondieren mit einem Modell der pädagogischen Jugendforschung (Reinders 2003), das den Zeitbezug in den Vordergrund stellt (vgl. Tab. 3.1). In Anlehnung an dieses Modell kann „Kindheit" zum einen als **Moratorium** verstanden werden, d. h. als eigenständiger Lebensabschnitt, der über ein soziokulturelles Eigengewicht verfügt. Die zentrale Kategorie dieses Ansatzes ist die autonome Lebensgestaltung der Kinder in Abgrenzung zur älteren Generation. Im Mittelpunkt steht die **Entfaltung im Hier und Jetzt,** das individuelle Alltagserleben und die Alltagsbewältigung (vgl. Behnken 2003). Wesentliche Bezugsgröße ist die Gruppe der Gleichaltrigen, mit denen Kinder nicht nur in der Schule, sondern auch in der Freizeit zusammen sind. Klassische Freizeitaktivitäten im Haus, wie Malen, Basteln oder Kartenspielen, verlieren dabei zunehmend an Bedeutung und werden ersetzt durch Musikhören, Internet oder Spielkonsolen. Das bedeutet jedoch nicht, dass Kinder nicht mehr draußen spielen. Bei den Outdoor-Aktivitäten stehen Bewegungs- und Sportaktivitäten im Grundschulalter an erster Stelle (vgl. Neuber und Salomon 2015).

Zum anderen kann „Kindheit" als **Transition** verstanden werden, d. h. als Übergangsphase auf dem Weg zum Erwachsenenalter. Die Kindheit dient danach vor allem der Vorbereitung auf das spätere ökonomisch und sozial selbstständige Erwachsenenleben. Maßgeblich dafür ist eine ausdrückliche Zukunftsorientierung, die den **Entwicklungsaspekt der Kindheit** hervorhebt. Wesentliche Bezugsgruppen sind Eltern und Lehrkräfte. Als Ansatz mit dem größten Geltungsbereich erweist sich dabei das Konzept der Entwicklungsaufgaben, die von Heranwachsenden in einem bestimmten Lebensabschnitt bewältigt werden müssen. Neben dem Erwerb von Kulturtechniken steht im Grundschulalter die Entwicklung motorischer Fertigkeiten und kognitiver Fähigkeiten im Vordergrund (Fischer 1996). Darüber hinaus gewinnen „die Gestaltung von sozialen

Tab. 3.1 Modelle der Kindheit. (Nach Reinders 2003)

Moratoriumsmodell	**Transitionsmodelle**
Gegenwartsorientierung	Zukunftsorientierung
Eigenständige Lebensphase	Übergangsphase zum Erwachsenenalter
Peergoup	Familie, Schule
Entfaltungsbedürfnisse, Interessen	Entwicklungsaufgaben, Selbstkonzept

3.3 Grundlagen

Beziehungen zu Gleichaltrigen und die Entwicklung der Identität, insbesondere bereichsspezifischer Selbstkonzepte an Bedeutung. Im Zusammenhang mit der sozial-kognitiven Entwicklung nimmt das Verständnis für Regeln und moralische Normen sowie das bewusste Erleben von Emotionen und deren Regulation zu" (Dreher 2005, S. 148). Die Bewältigung kindlicher **Entwicklungsaufgaben** führt zum Erreichen der nächsten Entwicklungsstufe (vgl. Abb. 3.4).

Die zentrale Transitionsinstitution der mittleren Kindheit ist die **Grundschule**. Während der Besuch einer Kindertagesstätte freiwillig ist, beginnt mit dem Eintritt in die Grundschule die Schulpflicht für alle Schülerinnen und Schüler. In den meisten Bundesländern umfasst die Grundschule die Klassen 1 bis 4; lediglich in Berlin und Brandenburg dauert die Grundschulzeit sechs Jahre (Bellenberg und Klemm 2005). Als Bindeglied zwischen dem Elementarbereich und der Sekundarstufe I ist die Grundschule die einzige **Schulform für alle Kinder**. Zu ihren Kernaufgaben zählen die Integration in das formelle Bildungssystem, die Qualifikation aller Schülerinnen und Schüler vor dem Hintergrund zunehmend heterogener Lernvoraussetzungen sowie eine stärkerorientierte Förderung im Sinne einer „wohlverstandenen" Leistungserziehung (Kleindienst-Cachay et al. 2016, S. 5–6). Als großes Unterrichtsfach ist der Sportunterricht ein zentrales Fach in der Grundschule. Aufgrund des Klassenlehrerprinzips sowie eines teilweise dramatischen Lehrermangels ist der **fachfremde Sportunterricht** jedoch

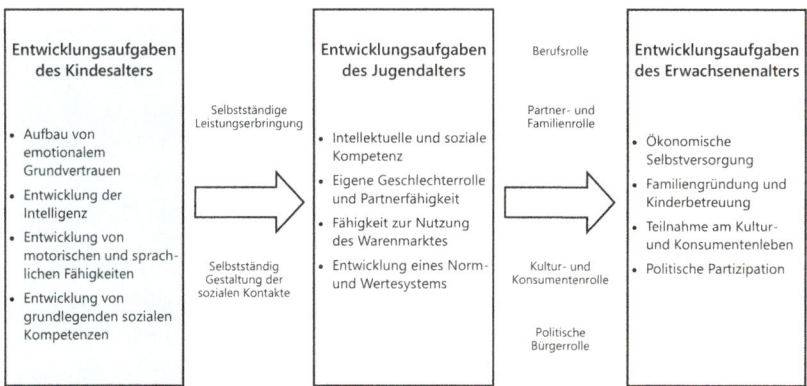

Abb. 3.4 Entwicklungsaufgaben des Kindesalters in Relation zu den folgenden Lebensphasen Jugend- und Erwachsenenalter sowie dazwischenliegende Statusübergänge. (Mod. nach Hurrelmann und Quenzel 2016, S. 40)

zu mehr als 50 % an der Tagesordnung (vgl. DSB 2006). Umso wichtiger ist es, dass sich Lehrkräfte mit Fakultas Sport als Protagonisten für eine **Bewegte Grundschule** einsetzen (siehe Kap. 8).

Zu den klassischen **Themenfeldern des Grundschulsports** zählen das Spielen, das Leisten und das soziale Lernen (vgl. Schmidt 2002, S. 167–177). Aktuelle Herausforderungen können in den Bereichen Kompetenzorientierung, Standardisierung und Profilierung ausgemacht werden (vgl. Neumann 2013). Weitere **Diskussionsfelder des sportdidaktischen Diskurses** sollen zumindest kurz skizziert werden (vgl. Neuber 2010): Zentral ist zunächst die Frage nach dem Gegenstandsverständnis, die ihre Zuspitzung in dem Gegensatzpaar **Bewegungs- vs. Sportorientierung** findet. Vertreter einer Bewegungsorientierung verweisen auf die Bedeutung von Bewegung für die kindliche Entwicklung und plädieren für offene Formen des „Sich-Bewegens". Anhänger der Sportorientierung verweisen dagegen auf die Allgegenwärtigkeit sportiver Lebensstile und plädieren für eine altersgerechte Einführung in die Spiel- und Sportkultur (vgl. Köppe 2003). Die Kontroverse um die **Defizit- vs. Kompetenzhypothese** dreht sich um die Frage, ob die motorischen Fähigkeiten der Kinder immer schlechter oder ob sie anders werden (vgl. Kretschmer 2006). Als allgemein gesichert gilt, dass die Schere zwischen bildungsfernen, sportabstinenten und bildungsnahen, sportaktiven Kindern immer weiter auseinander geht (siehe Kap. 6). Darüber hinaus konnten seit Beginn der 2000er Jahre keine gravierenden Verschlechterungen in der motorischen Leistungsfähigkeit von Kindern festgestellt werden (Worth et al. 2020).

▶ **Literaturtipp**
Schmidt, W. (2015). Verstetigung sozialer Ungleichheiten. In W. Schmidt, N. Neuber, T. Rauschenbach, H.-P. Brandl-Bredenbeck, J. Süßenbach & C. Breuer (Hrsg.), *Dritter Deutscher Kinder- und Jugendsportbericht: Kinder- und Jugendsport im Umbruch* (S. 78–101). Schorndorf: Hofmann.
Werner Schmidt zeigt auf, wie frühe soziale Ungleichheiten bereits im Vor- und Grundschulalter zu deutlichen Unterschieden in Bildungs- und Gesundheitsparametern führen. Soziale Benachteiligung wirkt sich damit von Anfang an auf das Leben der Kinder aus. Bewegungs-, Spiel- und Sportangebote können das nicht ändern, können aber einen positiven Effekt auf die Entwicklung der Kinder haben.

Eng mit der Diskussion von Defiziten und Kompetenzen verknüpft ist die Diskussion um das **Homogenitäts- vs. Heterogenitätsparadigma**. Die Idee einer Schulklasse ist es, eine möglichst homogene Lerngruppe zu schaffen. Tatsache ist jedoch, dass heterogene Lerngruppen in der Grundschule nicht die Ausnahme, sondern die Regel sind (siehe Kap. 6). Das macht nicht zuletzt für die Grundschule differenzierte Überlegungen zur Methodik erforderlich (Kleindienst-Cachay et al. 2016, S. 21–31). Aktuell wird bspw. diskutiert, wie der Sportunterricht für übergewichtige Kinder attraktiv gestaltet werden kann (Hunger 2020). Ein weiteres zentrales Thema ist in diesem Zusammenhang auch die Frage nach einem geschlechtssensiblen **Grundschulsport für Mädchen und Jungen**. In Bezug auf die motorische Entwicklung von Kindern bestehen zunächst wenig Unterschiede (vgl. Gieß-Stüber et al. 2008). Mädchen bevorzugen tendenziell allerdings eher gesellige und gestalterische Bewegungsaktivitäten, während Jungen mehr Wert auf das Spielen und Wettkämpfen legen (Kuhn 2007, S. 425–426). Zu den fünf wichtigsten Sportarten in der Freizeit von 9–12 jährigen Mädchen gehören Reiten, Schwimmen, Laufen, Fußball und Turnen; bei den Jungen sind es Fußball, Fahrradfahren, Handball, Schwimmen und Tischtennis (Züchner 2013, S. 110). Unterschiede bestehen auch in Bezug auf das Personal an Grundschulen. Über 90 % der Lehrkräfte sind weiblich; in diesem Zusammenhang wird von einer **Feminisierung der Grundschule** gesprochen (vgl. Hunger und Zimmer 2004). Aufgrund fehlender Identifikationsmöglichkeiten bringt das für die Identitätsentwicklung von Jungen auch Nachteile mit sich (vgl. Neuber und Kaufmann 2020).

3.4 Fachdidaktische Konzepte

Für den Grundschulsport liegen zahlreiche **fachspezifische und fachübergreifende Konzepte** vor. So gibt es Ansätze zum sozialen Lernen (Ungerer-Röhrich 1984), zur Kreativen Bewegungserziehung (Neuber und Pürgstaller 2020) oder zum Kooperativen Lernen (Bähr et al. ben 2008). Konzepte zur Bewegten Schule (Thiel et al. 2007), zur täglichen Sportstunde (Kamper und Seyda 2008) oder zur Integration von Bewegung, Spiel und Sport in die Ganztagsschule (Forschungsgruppe SpoGATA 2015) werden bislang überwiegend in der Primarstufe umgesetzt. Auch wenn damit für den Sportunterricht in der Primarstufe vergleichsweise viele Konzepte vorliegen, gibt es kaum grundschulspezifische Überblicksdarstellungen (vgl. Neuber 2010). Einen vermittelnden Systematisierungsvorschlag legt Köppe (2003) vor: Auf der einen Seite sieht er Konzepte, die einer **subjektbezogenen Orientierung** folgen.

Ausgangspunkt dieser Ansätze ist ein verändertes Verständnis von Leiblichkeit und Bewegung, das auf ein „selbständiges Aufspüren eigener Bewegungsbedeutungen, Finden-lassen sozialer Formen des Spielens und Bewegens sowie Nachvollziehen von beobachteten Bewegungen" zielt (Köppe 2003, S. 68). Auf der anderen Seite stehen Konzepte mit einer **objektbezogenen Orientierung**. Sie setzen bei den Bewegungspraxen einer Gesellschaft an und umfassen traditionelle Bewegungsspiele, normierte Sportarten und Bewegungstrends. Im Folgenden werden vier ausgewählte fachdidaktische Konzepte vorgestellt, die prototypisch für die Praxis des Sportunterrichts in der Grundschule sind.

Psychomotorische Ansätze gehen von einer engen Verschränkung psychischer und physischer Prozesse aus, die sich auf die Persönlichkeitsentwicklung von Kindern auswirken. Bewegungshandeln wird dabei explizit als Entwicklungshandeln verstanden (Fischer 1996). Wesentliche Bezugspunkte einer psychomotorischen Entwicklungsförderung sind die Aspekte **Wahrnehmung** und **Bewegung** (vgl. Zimmer 2012). Das Ziel der psychomotorischen Arbeit ist die Entwicklung bzw. Stabilisierung einer harmonischen Persönlichkeit auf der Basis kindlicher Handlungsfähigkeit. Zugleich sollen auch motorische Schwächen und Störungen ausgeglichen werden (vgl. Zimmer 2003). Inhaltlich orientiert sich die Psychomotorik ausdrücklich am kindlichen Bewegungsspiel: „In einem psychomotorisch orientierten Sportunterricht geht es nicht um die Welt des Sports, in die die Kinder eingeführt (…) werden sollen. Hier geht es vielmehr um das *Kind*, das über Bewegung Gelegenheit erhält, sich selbst zu erproben, seinen Körper zu erfahren, seine Fähigkeiten zu erkennen und weiterzuentwickeln" (Zimmer 1996, S. 75). In methodischer Hinsicht wird eine offen-induktive Arbeitsweise bevorzugt, die im Sinne einer Hilfe zur Selbsthilfe verstanden wird.

Ästhetische Ansätze greifen subjektive Wahrnehmungen und Erfahrungen von Kindern auf, die über Gestaltungsprozesse zum Ausdruck gebracht werden. Im Mittelpunkt stehen die Begriffe **Wahrnehmung** und **Gestaltung**. Die zentrale Aufgabe einer ästhetischen Bewegungserziehung ist es, „durch vielfältige Bewegungsanlässe sinnliche Erfahrungen zu ermöglichen. In der erfahrenen Bewegung gewinnt das Kind ein Verhältnis zu sich selbst und zu seiner Umwelt. Die Bewegung wird zum individuellen Ausdrucksmittel seiner Körpersprache" (Bannmüller 1999, S. 15). Dabei orientiert sich die ästhetische Auseinandersetzung nicht nur an den Bewegungsmöglichkeiten des Kindes, sondern bezieht vielfältige Materialen und Medien ein; entsprechend häufig sind ästhetische Ansätze, z. B. zum Tanzen, auch fächerübergreifend angelegt (vgl. Fritsch 2007). Im Sinne der Erfahrungsbildung verfolgen sie teiloffen-induktive Vorgehensweisen, die durch Prinzipien wie ‚Widerständigkeit' und ‚Fremdheit' zum Aufbrechen routinisierter Wahrnehmungs- und Gestaltungsmuster beitragen sollen.

3.4 Fachdidaktische Konzepte

Sozial-ökologische Ansätze setzen beim Wandel kindlicher Lebenswelten an und betonen die Gestaltung bewegungsfreundlicher Räume. Weil Kinder heutzutage „keine kindgemäßen physischen Umgebungsbedingungen in ihrer Lebenswelt antreffen" ist der „Bewegungslehrer faktisch gezwungen [...], kindgemäße Bewegungsanlässe quasi künstlich wieder zu schaffen" (Hildebrandt 1993, S. 269). Im Mittelpunkt dieses Ansatzes stehen die Begriffe **Bewegung** und **Raum** (Dietrich 1998). Ziel sozial-ökologischer Konzepte ist eine Entwicklungsförderung durch Bewegung, zugleich aber auch das Ermöglichen einer Teilnahme am kulturellen Bewegungsleben. Es geht darum, „die Bedeutung der Bewegung für die kindliche Entwicklung zu beachten sowie Kinder zu befähigen, an ihrer gegenwärtigen und zukünftigen Bewegungskultur kompetent und verantwortungsvoll teilzunehmen" (Kretschmer 1997, S. 169). Unterrichtsthemen ergeben sich aus dem Bezug zur personalen, sozialen und materialen Umwelt. Methodisch orientieren sich sozial-ökologische Ansätze an erfahrungsoffenen Lernsituationen, z. B. in Form von Bewegungslandschaften, die differenziert zu betreuen sind. Die Arbeiten von Derecik (2011, 2015, 2018) zum **Schulraum als Bewegungsraum** können als Weiterentwicklung des sozial-ökologischen Ansatzes verstanden werden.

Schulraum als Bewegungsraum
Ahmet Derecik entwickelt seine Überlegungen zur Bedeutung von Bewegung, Spiel und Sport, aber auch von Kommunikation, Entspannung und Ruhe in der Grundschule ausgehend von sozialräumlichen **Aneignungskonzepten.** Räume sind danach nicht nur objektiv beschreibbare „Rahmenbedingungen" (absoluter Raumbegriff), sondern immer auch „(An-)Ordnungen von Lebewesen und sozialen Gütern" (Derecik 2011, S. 46) (relationaler Raumbegriff). Insofern haben Räume einen erheblichen Einfluss auf pädagogische Prozesse. Der **Raum** wird „als dritter Pädagoge" (Loris Malaguzzi) verstanden. Auf dieser Grundlage charakterisiert Derecik (2011) zunächst Schulhöfe als Bewegungs-, Spiel- und Sporträume sowie als Kommunikations- und Ruheräume, die große Bedeutung für das freie Bewegungsspiel, das Entstehen von Freundschaften sowie das Entwickeln von informellen Kompetenzen haben. Dabei unterscheidet er noch einmal zwischen den **Bedürfnissen von „Kindern" und „Kids"** (siehe Kap. 6). Die Kids befinden sich im Übergang von Kindheit zu Jugend, was sich in einem Mix aus kindlichen und jugendlichen Bewegungs- und Sportbedürfnissen äußert, die typisch für den Übergang von der Grundschule zur weiterführenden Schule sind.

Später weitet Derecik seine Untersuchungen auf das **Schulgebäude** aus, indem er Bewegungs- und Ruheräume innerhalb der Schule fokussiert (vgl. Derecik 2015). Dabei nimmt er nicht nur klassische Bewegungsräume, wie Turn- und Sporthallen, in den Blick, sondern fragt nach der **Bewegungsbedeutung der gesamten Schule,** also auch der Klassenräume, Flure, Pausenhallen, Cafeterien, Schulbüchereien etc. Vor dem Hintergrund seiner sozialräumlichen Aneignungstheorie kommt er zu dem Schluss, dass Schulräume pädagogisch verantwortete und adressatengerechte Sozialräume sein müssen, wenn sie zu einem ertragreichen Leben und Lernen in der Schule beitragen sollen. Für Lehrkräfte erläutert er zudem praktische **Gestaltungsprinzipien für Schulfreiräume,** z. B. eine bewusste Unterscheidung von Ruhe- und Bewegungsbereichen, eine Veränderbarkeit und Einfachheit von Räumen, eine großzügige Aufsichtsphilosophie oder eine konsequente Verzahnung von Unterricht und Ganztag (Derecik 2015, S. 51–88). Insgesamt leistet der Ansatz einen wichtigen Beitrag zur **Freiraumdebatte,** die als Gegenbewegung zu einer übermäßigen Pädagogisierung des Kinderalltags verstanden werden kann (Derecik 2018).

Sportorientierte Ansätze gehen davon aus, dass Sportarten und Bewegungstrends Bestandteile kindlicher Lebenswelten sind, die entsprechend im Schulsport aufgegriffen werden sollten. Ohne die Bedeutung offener Bewegungs- und Spielhandlungen zu negieren, werden normierte Sportarten als Chance verstanden, „in beliebigen Situationen auf einen beherrschten Bewegungsablauf (…) zurückzugreifen, um aktiv an diesem Sportgeschehen teilnehmen zu können" (Schmidt 2002, S. 173). Zentrale Begriff sind **Teilhabe** und **Sport.** Die zentrale Zielsetzung sportorientierter Konzepte in der Grundschule besteht in einem selbstbestimmten Umgang mit Spiel- und Sportsituationen. Schon Grundschulkinder sollten daher „sportliche Fähigkeiten und Fertigkeiten vermittelt bekommen, die ihnen die autonome Teilnahme am Sport, auch die eigenständige Gestaltung sportlicher Situationen ermöglichen" (Schulz 1999, S. 198). Inhaltliche Bezüge liegen vor allem in gesellschaftlich geprägten Sportarten. Methodisch orientieren sich die Konzepte an teiloffen-deduktiven Vorgehensweisen, die auch Aspekte des Lernens, Übens und Trainierens umfassen.

3.5 Konzepte im Überblick

Folgt man der Systematik von Köppe (2003), können **psychomotorische** und **ästhetische Ansätze** eindeutig der subjektbezogenen Orientierung zugeordnet werden. Im Mittelpunkt steht das Kind mit seinen Möglichkeiten der Erfahrung und Entwicklung. Der **sozial-ökologische Ansatz** nimmt eine Mittlerposition zwischen subjekt- und objektbezogenen Orientierungen ein, da bewegungskulturelle Praxen aufgegriffen werden, zugleich aber der Entwicklungsaspekt betont wird. Der **sportorientierte Ansatz** ist dagegen eher objektbezogen; zentral sind normierte Sportarten bzw. die Hinführung zu ihnen (vgl. Tab. 3.2). Auffällig ist, dass das **Bild vom Kind** in allen Konzepten auf ein weitgehend selbstständiges Wesen zielt, was mit modernen Vorstellungen von Kindheit korrespondiert. Entsprechend ausgeprägt ist der Moratoriumsaspekt in allen vier Konzepten, etwa in Bezug auf die Bedeutung des Spielens. Gleichwohl bleibt zu hinterfragen, wie frei die Mädchen und Jungen in der Gestaltung ihrer Gegenwart tatsächlich sind. Mitunter scheint es zumindest, als sei das Spielen an einer Bewegungslandschaft pädagogisch wertvoller als das Ausüben einer Spielsportart (vgl. Schulz 1999).

Tab. 3.2 Fachdidaktische Konzepte zum Sportunterricht in der Primarstufe im Überblick

	Psychomotorischer Ansatz	Ästhetischer Ansatz	Sozial-ökologischer Ansatz	Sportorientierter Ansatz
Vertreter	Renate Zimmer Klaus Fischer	Eva Bannmüller Ursula Fritsch	Knut Dietrich Jürgen Kretschmer	Norbert Schulz Werner Schmidt
Leitidee	Entwicklungsförderung durch Wahrnehmung und Bewegung	Welterfahrung durch Wahrnehmung und Gestaltung	Entwicklungsförderung und Erschließung der Bewegungskultur	Selbstbestimmter Umgang mit der Spiel- und Sportkultur
Sachbezug	Bewegung und Spiel	Bewegung, Spiel und Tanz	Alltägliche Bewegungs- und Spielmöglichkeiten	Spiel und Sport
Vermittlungsbezug	Offen-induktiv; Hilfe zur Selbsthilfe	Teiloffen-induktiv; Widerständigkeit und Fremdheit als Prinzipien	Offen-induktiv; Inszenierung von Rahmenbedingungen	Teiloffen-deduktiv; Vermittlung sportlicher Fähigkeiten und Fertigkeiten

Auch der **Auftrag der Schule** wird in den ausgewählten Konzepten unterschiedlich gesehen. Während psychomotorische und ästhetische Ansätze die Entwicklung des Kindes betonen, beziehen sozial-ökologische und vor allem sportorientierte Ansätze auch die Erschließung kultureller Praxen mit ein. Transitionsaspekte werden also unterschiedlich gewichtet. Vor dem Hintergrund der Erkenntnisse aus der Kindheitsforschung und nicht zuletzt mit Blick auf den **Doppelauftrag des Schulsports** sind beide Perspektiven relevant. Subjektbezogene Ansätze betonen die Entwicklungsförderung durch Bewegung, Spiel und Sport, während objektbezogene Ansätze die Erschließung der Bewegungs-, Spiel- und Sportkultur hervorheben (vgl. Küpper 2000). Für die **Praxis des Grundschulsports** sind ohnehin beide Perspektiven zugleich bedeutsam: „Jede ausschließlich subjektorientierte wie auch objektorientierte sportdidaktische Perspektive ist aus meiner Sicht als pädagogische Fehlform abzulehnen und besitzt keine Orientierungsfunktion für den Sportlehrer" (Köppe 2003, S. 70).

Reflexionsfragen
1. Inwiefern kann Kindheit sowohl als Lebensphase, als auch als Lebenslage verstanden werden?
2. Wovon hängt es ab, ob man Kindheit eher als Risiko oder eher als Chance versteht?
3. Warum spricht man vom „Verschwinden der Kindheit" im 21. Jahrhundert?
4. Was versteht man unter der Ausweitung des öffentlichen Erziehungs- und Bildungsauftrags?
5. Welchen Einfluss hat es, wenn man Kindheit als Moratorium oder als Transition versteht?
6. Stimmen Sie eher der Defizit- oder der Kompetenzhypothese zu? Warum?
7. Warum können alle vorgestellten fachdidaktischen Konzepte für sich in Anspruch nehmen, „kindgerecht" zu sein?
8. Wodurch unterscheiden sich psychomotorische Ansätze von sportorientierten Ansätzen? Welchem Ansatz stimmen Sie eher zu? Warum?
9. Worin liegen die Vor- und Nachteile des sozial-ökologischen Ansatzes?
10. Was versteht man unter dem „Raum als drittem Pädagogen"? ◄

Literatur

Bähr, I., Prohl, R., & Gröben, B. (2008). Prozesse und Effekte „Kooperativen Lernens" im Sportunterricht. *Unterrichtswissenschaft, 36*, 290–308.

Bannmüller, E. (1999). Der Zusammenhang von Bewegung und Wahrnehmung – Eine Grundlage für eine elementare Bewegungserziehung in der Grundschule. In G. Köppe & P. Elflein (Hrsg.), *Didaktische Perspektivenvielfalt bei Bewegung, Spiel und Sport in der Grundschule: Bd. 107. Schriften der Deutschen Vereinigung für Sportwissenschaft* (S. 15–22). Hamburg: Czwalina.

Behnken, I. (2003). Lebenswelten von Kindern als sozialökologische, biografische und kulturelle Kontexte für Lernprozesse. In A. Panagiotopoulou & H. Brügelmann (Hrsg.), *Grundschulpädagogik meets Kindheitsforschung – Zum Wechselverhältnis von schulischem Lernen und außerschulischen Erfahrungen im Grundschulalter* (S. 23–33). Opladen: Leske + Budrich.

Bellenberg, G., & Klemm, K. (2005). Die Grundschule im deutschen Schulsystem. In W. Einsiedler, M. Götz, H. Hacker, J. Kahlert, R. Keck, & U. Sandfuchs (Hrsg.), *Handbuch Grundschulpädagogik und Grundschuldidaktik* (2., überarbeitete Aufl., S. 30–38). Bad Heilbrunn: Klinkhardt.

Bründel, H., & Hurrelmann, K. (2017). *Kindheit heute. Lebenswelten der jungen Generation*. Weinheim: Beltz.

Derecik, A. (2011). *Der Schulhof als bewegungsorientierter Sozialraum. Eine sportpädagogische Untersuchung zum informellen Lernen an Ganztagsschulen*. Aachen: Meyer & Meyer.

Derecik, A. (2015). *Praxisbuch Schulfreiraum – Gestaltung von Bewegungs- und Ruheräumen in der Schule*. Wiesbaden: Springer VS.

Derecik, A. (2018). Übergeordnete Prinzipien zur Gestaltung von Freiräumen auf Schulhöfen und im Schulgelände. In K. Althoff & U. Gebken (Hrsg.), *Bewegung, Spiel und Sport für alle* (S. 106–113). Hildesheim: Arete.

Deutscher Sportbund (DSB) (Hrsg.). (2006). *DSB-Sprint-Studie – Eine Untersuchung zur Situation des Schulsports in Deutschland*. Aachen: Meyer & Meyer.

Dietrich, K. (1998). Spielräume zum Aufwachsen. *Sportpädagogik, 22*(6), 14–25.

Dreher, E. (2005). Entwicklungspsychologie des Kindes. In W. Einsiedler, M. Götz, H. Hacker, J. Kahlert, R. Keck, & U. Sandfuchs (Hrsg.), *Handbuch Grundschulpädagogik und Grundschuldidaktik* (2., überarbeitete Aufl., S. 146–154). Bad Heilbrunn: Klinkhardt.

Fischer, K. (1996). Psychomotorik: Bewegungshandeln als Entwicklungshandeln. *Sportpädagogik, 20*(5), 26–36.

Forschungsgruppe SpOGATA. (2015). *Evaluation der Bewegungs-, Spiel- und Sportangebote an Ganztagsschulen in Nordrhein-Westfalen: Bd. 15. Schriftenreihe des Willibald Gebhardt Instituts*. Aachen: Meyer & Meyer.

Fritsch, U. (2007). Ästhetische Erziehung. In R. Laging (Hrsg.), *Neues Taschenbuch des Sportunterrichts. Kompaktausgabe* (3., veränderte u. korrigierte Aufl., S. 36–46). Hohengehren: Schneider.

Gieß-Stüber, P., Neuber, N., Gramespacher, E., & Salomon, S. (2008). Mädchen und Jungen im Sport. In W. Schmidt (Hrsg.), *Zweiter Deutscher Kinder- und Jugendsportbericht – Schwerpunkt: Kindheit* (S. 63–83). Schorndorf: Hofmann.

Größing, S. (2001). *Einführung in die Sportdidaktik* (8., überarbeitete Aufl.). Wiebelsheim: Limpert.

Hartnuß, B., & Maykus, S. (2006). *Mitbestimmen, mitmachen, mitgestalten. Entwurf einer bürgerschaftlichen und sozialpädagogischen Begründung von Chancen der Partizipations- und Engagementförderung in ganztägigen Lernarrangements.* Berlin: BLK.

Heim, R. (2002). Sportpädagogische Kindheitsforschung – Bilanz und Perspektiven. *Sportwissenschaft, 32,* 284–302.

Hildebrandt, R. (1993). Lebensweltbezug – Leitmotiv für eine Neuorientierung der Bewegungserziehung in der Grundschule. *Sportwissenschaft, 23,* 259–275.

Hunger, I. (2020). Von der Last des Körpers. In P. Neumann & E. Balz (Hrsg.), *Grundschulsport – Empirische Einblicke und pädagogische Empfehlungen* (41., Schulsport Aufl., S. 145–157). Aachen: Meyer & Meyer.

Hunger, I., & Zimmer, R. (2004). Grundschule und Grundschulsport: feminisiert, kindorientiert, innoviert. In P. Elflein, I. Hunger, & R. Zimmer (Hrsg.), *Innovativer Sportunterricht – Theorie und Praxis* (S. 51–62). Hohengehren: Schneider.

Hurrelmann, K., & Quenzel, G. (2016). *Lebensphase Jugend – Eine Einführung in die sozialwissenschaftliche Jugendforschung* (13., überarbeitete Aufl.). Weinheim: Beltz & Juventa.

Kamper, S., & Seyda, M. (2008). Schulsportforschung exemplarisch – das Pilotprojekt ‚Tägliche Sportstunde an Grundschulen in NRW. In Dortmunder Zentrum für Schulsportforschung (Hrsg.), *Schulsportforschung – Grundlagen, Perspektiven und Anregungen* (S. 171–184). Aachen: Meyer & Meyer.

Kleindienst-Cachay, C., Frohn, J., & Kastrup, V. (2016). *Sportunterricht: Bd. 7. Kompetent im Unterricht der Grundschule.* Baltmannsweiler: Schneider.

Köppe, G. (2003). Zur Vielfalt sportdidaktischer Perspektiven oder: Woran soll sich der Schulsport in der Grundschule orientieren? In G. Köppe & J. Schwier (Hrsg.), *Handbuch Grundschulsport* (S. 63–75). Hohengehren: Schneider.

Kretschmer, J. (1997). Akzente kindgerechter Bewegungserziehung. In E. Balz & P. Neumann (Hrsg.), *Wie pädagogisch soll der Schulsport sein?* (S. 169–184). Schorndorf: Hofmann.

Kretschmer, J. (2006). Und sie bewegen sich doch. In A. Fritz, R. Klupsch-Sahlmann, & G. Ricken (Hrsg.), *Handbuch Kindheit und Schule – Neue Kindheit, neues Lernen, neuer Unterricht* (S. 84–96). Weinheim: Beltz.

Kuhn, P. (2007). *Was Kinder bewegt: Bd. 13. Beiträge zur Welt der Kinder.* Berlin: LIT.

Küpper, D. (2000). Grundschulpädagogik und Schulsport auf gemeinsamem Weg. In Landesinstitut für Schule und Weiterbildung NRW (Hrsg.), *Erziehender Schulsport – Pädagogische Grundlagen der Curriculumrevision in Nordrhein-Westfalen* (S. 151–159). Bönen: Kettler.

Neuber, N. (2010). Sportunterricht in der Primarstufe. In N. Fessler, A. Hummel, & G. Stibbe (Hrsg.), *Handbuch Schulsport* (S. 276–289). Schorndorf: Hofmann.

Neuber, N., & Salomon, S. (2015). Aufwachsen im Wandel. In W. Schmidt, N. Neuber, T. Rauschenbach, H.-P. Brandl-Bredenbeck, J. Süßenbach, & C. Breuer (Hrsg.), *Dritter Deutscher Kinder- und Jugendsportbericht: Kinder- und Jugendsport im Umbruch* (S. 24–49). Schorndorf: Hofmann.

Neuber, N., & Kaufmann, N. (2020). „Die sollen mir ja nicht auf der Nase ‚rumtanzen'" – Jungenförderung im Grundschulsport. In P. Neumann & E. Balz (Hrsg.), *Grundschulsport – Empirische Einblicke und pädagogische Empfehlungen* (41., Schulsport Aufl., S. 300–311). Aachen: Meyer & Meyer.

Neuber, N., & Pürgstaller, E. (2020). Spiel, Musik, Tanz, Bewegungstheater – Kulturelle Bildungsangebote im Grundschulsport. In P. Neumann & E. Balz (Hrsg.), *Grundschulsport – Empirische Einblicke und pädagogische Empfehlungen* (41., Schulsport Aufl., S. 312–322). Aachen: Meyer & Meyer.

Neumann, P. (2013). *Kompetenzorientierung im Sportunterricht an Grundschulen zwischen Anspruch und Wirklichkeit* (22., Schulsport Aufl.). Aachen: Meyer & Meyer.

Postmann, N. (1987). *Das Verschwinden der Kindheit*. Frankfurt: Fischer.

Rauschenbach, T. (2015). Gesellschaftliche Veränderungen: Umbrüche im Bildungswesen. In W. Schmidt, N. Neuber, T. Rauschenbach, H. P. Brandl-Bredenbeck, J. Süßenbach, & C. Breuer (Hrsg.), *Dritter Deutscher Kinder- und Jugendsportbericht – Kinder- und Jugendsport im Umbruch* (S. 50–77). Schorndorf: Hofmann.

Reinders, H. (2003). *Jugendtypen – Ansätze zu einer differentiellen Theorie der Adoleszenz*. Wiesbaden: VS.

Schmidt, W. (2002). *Sportpädagogik des Kindesalters* (2., neubearbeitete Aufl.). Hamburg: Czwalina.

Schmidt, W. (2015). Verstetigung sozialer Ungleichheiten. In W. Schmidt, N. Neuber, T. Rauschenbach, H.-P. Brandl-Bredenbeck, J. Süßenbach, & C. Breuer (Hrsg.), *Dritter Deutscher Kinder- und Jugendsportbericht – Kinder- und Jugendsport im Umbruch* (S. 78–101). Schorndorf: Hofmann.

Schmidt, W. (2019). *Kinder- und Jugendsportkultur (1988-2018) – Auf den Anfang kommt es an*. Hamburg: Czwalina.

Schmidt, W., & Süßenbach, J. (2003). Kindheiten, Kinder und Sport – Modernisierungstrends, Chancen und Risiken. In G. Köppe & J. Schwier (Hrsg.), *Handbuch Grundschulsport* (S. 3–29). Hohengehren: Schneider.

Schulz, N. (1999). Kindgemäßer Schulsport – kritisch-konstruktive Anmerkungen zur sportbezogenen Grundschuldidaktik. In W. Kleine & N. Schulz (Hrsg.), *Modernisierte Kindheit – sportliche Kindheit?: Bd. 20. Brennpunkte der Sportwissenschaft* (S. 183–201). St. Augustin: Academia.

Stange, H. (2006). Kindheit heute – Kindheit zwischen Chance und Risiko. In A. Fritz, R. Klupsch-Sahlmann, & G. Ricken (Hrsg.), *Handbuch Kindheit und Schule – Neue Kindheit, neues Lernen, neuer Unterricht* (S. 37–60). Weinheim: Beltz.

Sygusch, R., & Herrmann, C. (2013). *Primus – Psychosoziale Ressourcen im Kinder- und Jugendsport*. Hamburg: Czwalina.

Thiel, A., Teubert, H., & Kleindienst-Cachay, C. (2007). *Die ‚Bewegte Schule' auf dem Weg in die Praxis – Theoretische und empirische Analysen einer pädagogischen Innovation* (2. Aufl.). Hohengehren: Schneider.

Ungerer-Röhrich, U. (1984). *Eine Konzeption zum sozialen Lernen im Sportunterricht und ihre empirische Überprüfung* (Unveröffentlichte Dissertation) Darmstadt: TH Darmstadt.

Wagner, I., & Rulofs, B. (2017). Prävention sexualisierter Gewalt im außerschulischen Kinder- und Jugendsport als Modell für die Schulsport-entwicklung. *Sportunterricht, 66*(9), 275–279.

Worth, A., Opper, E., Niessner, C., Oriwol, D., Hanssen-Doose, A., & Woll, A. (2020). Motorische Leistungsfähigkeit von Kindern im Grundschulalter – ausgewählte Ergebnisse der Momo-Längsschnittstudie. In P. Neumann & E. Balz (Hrsg.), *Grundschulsport – Empirische Einblicke und pädagogische Empfehlungen* (41., Schulsport Aufl., S. 47–65). Aachen: Meyer & Meyer.

Zeiher, H. (1995). Die vielen Räume der Kinder. In U. Preuß-Lausitz (Hrsg.), *Kriegskinder, Konsumkinder, Krisenkinder – Zur Sozialisationsgeschichte seit dem Zweiten Weltkrieg* (4. Aufl., S. 176–195). Weinheim; Basel: Beltz.

Zimmer, R. (1996). Psychomotorik in der Grundschule. In M. Polzin (Hrsg.), *Bewegung, Spiel und Sport in der Grundschule – Fachliche und fächerübergreifende Orientierung* (S. 70–81). Frankfurt: AK Grundschule.

Zimmer, R. (2003). Wahrnehmen – Erleben – Bewegen. Psychomotorische Entwicklungsförderung. In G. Köppe & J. Schwier (Hrsg.), *Handbuch Grundschulsport* (S. 367–380). Hohengehren: Schneider.

Zimmer, R. (2012). *Handbuch Psychomotorik – Theorie und Praxis der psychomotorischen Förderung von Kindern* (13. Aufl.). Freiburg: Herder.

Züchner, I. (2013). Sportliche Aktivitäten im Aufwachsen junger Menschen. In M. Grgic & I. Züchner (Hrsg.), *Medien, Kultur und Sport. Was Kinder und Jugendliche machen und ihnen wichtig ist. Die MediKuS-Studie* (S. 89–138). Weinheim: Beltz Juventa.

Jugendliche als Zielgruppe im Sport 4

Zusammenfassung

In diesem Kapitel werden Grundbegriffe und Modelle der Lebensphase „Jugend" vorgestellt. Als zentrale Themen des Schulsports mit Jugendlichen werden Partizipation, Körperlichkeit, Geschlecht und Motivation herausgestellt. Auf dieser Basis werden exemplarisch vier fachdidaktische Konzepte für die Zielgruppe Jugendliche im Sport vorgestellt: Sport mit Jugendlichen, Trendsport im Schulsport, Handlungs- und Entscheidungsfähigkeit im Schulsport sowie Entwicklungsorientierter Schulsport. Ein Exkurs zur Partizipation im Schulsport rundet das Kapitel ab.

4.1 Einführung

Nach der Kindheit ist das **Jugendalter** die zweite Phase im Leben eines Menschen. In keinem anderen Lebensabschnitt treten körperliche Veränderungen, soziokulturelle Anforderungen und individuelle Entscheidungen derart gebündelt auf wie im Jugendalter. Die Entwicklung der Persönlichkeit ist zwar über die gesamte Lebensspanne hinweg eng mit der Entwicklung der Gesellschaft verwoben, „aber in der Jugendphase erreicht dieses Beziehungsverhältnis eine einzigartige Dichte" (Hurrelmann 2004, S. 7). Insofern ist das **Verständnis vom „Jugendlichen"** nicht nur durch biologische Reifungsprozesse, sondern immer auch durch soziale Anforderungen und Erwartungen bestimmt. In kaum einem anderen Bereich ist das so offenkundig, wie in Bezug auf die Körperlichkeit im Jugendalter. Auf der einen Seite verändert sich der juvenile Körper im Laufe der Pubertät massiv (vgl. Fend 2001). Auf der anderen Seite werden jungen Menschen über soziale Medien, aber auch über ihre Gleichaltrigengruppen mit Anforderungen an einen „schönen" Körper konfrontiert, die viele von ihnen kaum erfüllen können. Aktuell werden **Körperbilder** immer wichtiger, die weniger funktional sind als vielmehr einem bestimmten Körperideal entsprechen sollen, das funktional „aussieht" (vgl. Bindel et al. 2020).

Das führt nicht selten zu Problemen, bietet aber auch pädagogische Chancen, zumal sich Bedürfnisse und Interessen, Fähigkeiten und Fertigkeiten von Heranwachsenden ganz unterschiedlich schnell entwickeln. Tatsächlich wird das Jugendalter in der fachdidaktischen Diskussion als Phase besonders großer **Heterogenität** bezeichnet, „da sich unterschiedliche Voraussetzungen und Entwicklungsstände [in diesem Alter] ‚verschärfen'" (Frohn 2013, S. 167). Insofern ist das Jugendalter auch ein besonders spannendes Alter – nicht zuletzt im Sport. Die Frage ist nur, wie wir mit dieser **Phase großer Veränderungen,** heterogener Interessen und Entwicklungsverläufe im Sportunterricht umgehen können (siehe Kap. 6). Um der Zielgruppe der Jugendlichen im Sport gerecht zu werden, scheint es zunächst erforderlich, sich das eigene Verständnis von „Jugend" vor Augen zu führen. Auf dieser Grundlage ist es dann möglich, sich für einen eigenen fachdidaktischen **Weg „zu den Jugendlichen"** zwischen aktuellen Trendsportbedürfnissen und juvenilen Entwicklungsaufgaben zu entscheiden (vgl. Neuber und Kaundinya 2010).

4.2 Grundbegriffe

Der **Begriff des Jugendlichen** steht zunächst für den Angehörigen einer Altersgruppe. Je nach Lesart beginnt das Jugendalter im 12. oder 14. Lebensjahr und geht bis zum 18., nach dem Kinder- und Jugendhilfegesetz (KJHG) sogar bis zum 27. Lebensjahr. Wie das Kindesalter wird auch das Jugendalter neben biologischen Einflüssen auch vom gesellschaftlichen Umfeld bestimmt. Ob „Jugend" als Reichtum oder Belastung, als Hoffnungsträger oder Untergang, als Motor gesellschaftlicher Veränderung oder Vorbote sittlichen Verfalls betrachtet wird, hängt neben dem Standpunkt des Betrachters vor allem von den konkreten soziokulturellen Rahmenbedingungen ab (vgl. Hurrelmann und Quenzel 2016, S. 9–52). Insofern ist „Jugend" immer Zweierlei: „Sie ist einmal eine subjektive biographische **Lebensphase,** in der Aufgaben der inneren Entwicklung, des Lernens, der Identitätsbildung anstehen; zum anderen ist sie eine gesellschaftlich bestimmte **Lebenslage,** abhängig von gesellschaftlichen Bedingungen und Erwartungen" (Münchmeier 1998, S. 5).

4.2 Grundbegriffe

▶ **Jugendalter** Das Jugendalter ist die zweite Phase im Leben eines Menschen. Üblicherweise wird sie in Pubertät (Einsetzen der biologischen Geschlechtsreife) und Adoleszenz (Soziokulturelle Entwicklung zum Erwachsenen) unterschieden. Insofern ist das Jugendalter durch biologische Entwicklungsfaktoren und soziale Rahmenbedingungen bestimmt (vgl. Hurrelmann und Quenzel 2016).

Im Übergang vom Kind zum Erwachsenen kommt dem **Jugendschutzgesetz** (JuSchG) besondere Bedeutung zu. Es regelt u. a. den Besuch von Gaststätten und Tanzveranstaltungen, Filmveranstaltungen und „jugendgefährdenden Orten" sowie den Konsum von Alkohol und Tabakwaren. Je nach Alter der Heranwachsenden sind diese Fragen unterschiedlich geregelt; als Erziehungsberechtigter sollte man das Gesetz seinen wesentlichen Aspekten kennen. Zur Beschreibung der jeweiligen Jugendgeneration werden regelmäßig **Jugendstudien** durchgeführt. Zu den bekanntesten gehören AID:A – Aufwachsen in Deutschland (Rauschenbach und Bien 2012), die Shell-Jugendstudien (z. B. Shell Deutschland 2019) sowie die Sinus-Jugendstudien (z. B. Calmbach et al. 2016). Darüber hinaus gibt die Bundesregierung alle vier Jahre den **Kinder- und Jugendbericht** in Auftrag, der jeweils zu spezifischen Schwerpunkten „über die Lebenssituation junger Menschen" berichtet (z. B. BMFSFJ 2017). Der **Kinder- und Jugendsportbericht** wird dagegen von der Krupp-Stiftung in unregelmäßigen Abständen in Auftrag gegeben (vgl. Neuber 2019a). In der Zusammenschau ergeben die Studien und Berichte ein halbwegs aktuelles Bild von den jeweils aktuellen **Jugendgenerationen.**

▶ **Literaturtipp**
Calmbach, M., Borgestedt, S., Borchard, I., Thomas, P. M. & Flaig, B. B. (2016). *Wie ticken Jugendliche 2016? Lebenswelten von Jugendlichen im Alter von 14- bis 17 Jahren in Deutschland*. Wiesbaden: Springer.
Die Sinus-Lebensweltstudien werden seit 2007 regelmäßig vom Sinus Marktforschungsinstitut durchgeführt. Auf der Basis qualitativer und oft auch partizipativer Methoden haben sie das Sinus-Lebensweltmodell U18 entwickelt, das eine gute Annäherung an die jeweilige Jugendgeneration verspricht. In der angegebenen Studie werden neben der allgemeinen Beschreibung der Jugendgeneration u. a. digitale Medien, Mobilität und Umweltschutz aus der Sicht von Jugendlichen in den Blick genommen.

4.3 Grundlagen

Der **Begriff der Jugend** ist – ähnlich wie der Kindheitsbegriff – mit dem Beginn der Neuzeit verbunden. So gab es in der vorindustriellen Phase keine gesellschaftlich gewährte Jugendphase; junge und alte Menschen übten weitgehend dieselben Tätigkeiten im Tagesablauf aus. Mit Beginn der Industrialisierung kam es zu außerhäuslichen Produktionsformen, was eine Trennung von Arbeit und Freizeit mit sich brachte. Damit wurde der entscheidende Schritt zur Abgrenzung einer gesonderten Lebenssphäre für Kinder getan (Kap. 3). In der ersten Hälfte des 20. Jahrhunderts nahm die Komplexität beruflicher Anforderungen rapide zu, sodass eine schulische Ausbildung notwendig und nach und nach verpflichtend wurde. Die Kindheit teilte sich in eine frühere und eine spätere Phase auf, wobei die spätere die **Bezeichnung „Jugend"** erhielt. Mit zunehmender gesellschaftlicher Differenzierung hat sich daraus nach 1950 „bis heute ein mindestens zehn, in immer mehr Fällen 15 oder sogar 20 Jahre umfassender Lebensabschnitt entwickelt, der nicht mehr in erster Linie den Charakter eines ‚Übergangs' vom Kind zum Erwachsenen hat, sondern eine **eigenständige Lebensphase** markiert" (Hurrelmann 2004, S. 21).

Die genaue Dauer der Jugendphase lässt sich nur noch schwer bestimmen. Übereinstimmung herrscht in Bezug auf die zunehmende **Ausdehnung der Jugendphase.** Der Übergang von der Kindheit zum Jugendalter wird um die biologische Geschlechtsreife (Pubertät) herum noch vergleichsweise einheitlich definiert, wobei sich der Beginn immer weiter nach vorne verlagert und näherungsweise mit zwölf Jahren angegeben wird (Flammer und Alsaker 2002, S. 18–22). Für den **Übergang zum Erwachsenenalter** lässt sich dagegen kein allgemein gültiger Zeitpunkt angeben. Die Jugendphase besitzt „keinen einheitlichen Abschluss, zeichnet sich durch viele Ungleichzeitigkeiten und asynchrone Entwicklungen aus, wird als Phase vielfacher **Teilübergänge,** unterschiedlicher rechtlicher und politischer Mündigkeitstermine sowie verschiedener **Teilreifen** in sexueller, politischer und sozialer Hinsicht aufgefasst" (Ferchhoff 1999, S. 68). Der Übergang zum Erwachsenenstatus zergliedert sich daher in eine heterogene Abfolge einzelner **Statuspassagen,** die jeweils eigenen sozialen und zeitlichen Regeln folgen (vgl. Abb. 4.1).

Das **Aufwachsen von Jugendlichen** unterliegt einem permanenten Wandel. In den vergangenen zehn, fünfzehn Jahren ist es ungewisser und widersprüchlicher geworden, zugleich bietet die „Multioptionsgesellschaft" jungen Menschen eine Vielzahl an Handlungsmöglichkeiten im soziokulturellen Bereich, etwa bei Mode, Musik und individuellen Stilen (vgl. Maschke et al. 2013). Zudem hat die Digitalisierung zu einer enormen **Dynamisierung juveniler Lebenswelten** beigetragen, die auch

4.3 Grundlagen

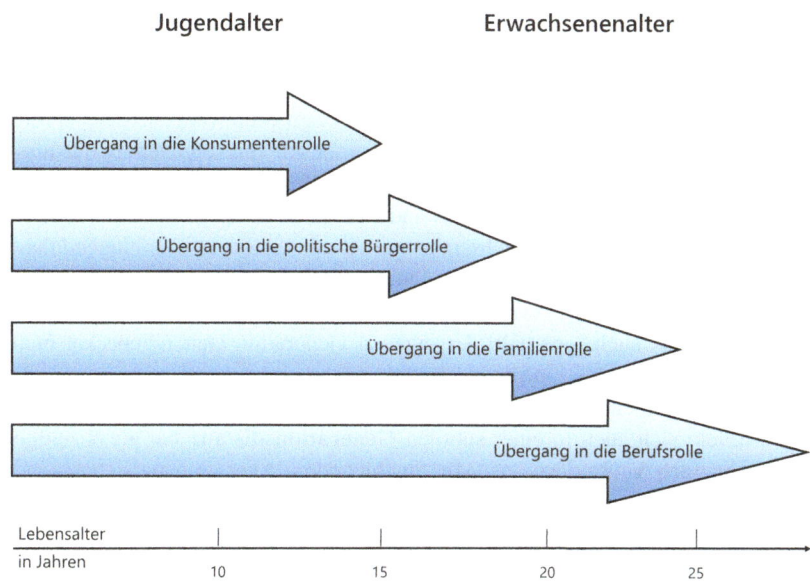

Abb. 4.1 Zeitliche Übergänge vom Jugend- zum Erwachsenenalter. (Mod. nach Hurrelmann 2004, S. 39)

zu Verunsicherung führen kann (vgl. Neuber und Salomon 2015). Darüber hinaus kann eine zunehmende **Pädagogisierung der Jugend** festgestellt werden. Mit der Einführung der Ganztagsschule wird der Schulalltag Jugendlicher länger und dichter; die Leistungserwartungen steigen. Außerdem wird das schulische Lernen zunehmend durch außerschulische Lernorte, wie Kirchen oder Sportvereine, mit eigenen Bildungsintentionen ergänzt. Insgesamt kann damit auch für das Jugendalter eine massive **Ausweitung des öffentlichen Erziehungs- und Bildungsauftrags** festgestellt werden (vgl. Rauschenbach 2015).

Mit dem Wandel des Aufwachsens sind ambivalente **Merkmale der Jugend** verbunden, die von Jugendlichen ein ständiges „Switchen" zwischen Handlungsoptionen verlangen. Wopp (2007, S. 105) spricht in diesem Zusammenhang von der **Sowohl-als-auch-Generation.** So gehört zu den Merkmalen der heutigen Jugendgeneration ein Spannungsverhältnis von **Orientierungslosigkeit und pragmatischer Ordnungssuche.** Einerseits sind Heranwachsende heute mit Problemen konfrontiert, für die die Erwachsenengeneration keine Lösungen hat, z. B. Globalisierung und Klimawandel. Anderseits entwickeln sie soziale und kulturelle Orientierungen nicht selten pragmatisch selbst und überschreiten dabei auch gesellschaftliche Konventionen (Calmbach et al. 2016). Auf der Suche nach verlässlichen Orientierungen agieren Jugendliche als **Individualisten und soziale Netzwerker** zugleich. Die Shell-Jugendstudien sprechen von der „Generation der Egotaktiker", weil junge Menschen pragmatisch ihre eigenen Bedürfnisse in den Vordergrund stellen und sich aus der Vielfalt der Angebote das jeweils passende heraussuchen (Shell Deutschland 2015). Zugleich gehört die (digitale) Vernetzung heutiger Heranwachsender zu ihren Stärken. Die Jugendphase zeichnet sich weiterhin durch ein Spannungsverhältnis zwischen **traditionellen Vermittlungsketten und Peerlernen** aus. Lernen findet sowohl zwischen den Generationen als auch innerhalb der eigenen Generation statt (Zinnecker et al. 2002).

Dieses ambivalente Verhältnis zwischen konventionellen und neuen Lernwegen drückt sich auch in einer subtilen **Generationsdistanz** bei gleichzeitiger **Sehnsucht nach Vorbildern** aus. Mit zunehmendem Alter grenzen sich Jugendliche von der Generation ihrer Eltern ab, zugleich bezeichnen sie das Verhältnis zu ihren Eltern mehrheitlich als positiv und sehen sie als Vorbilder für das eigene Leben (Neuber und Salomon 2015). Ein weiteres Merkmal der Jugendphase liegt in einer auffälligen **Politikverdrossenheit** bei gleichzeitigem **Engagement im Kleinen**. Im Vergleich zu früheren Jugendgenerationen sinkt das Interesse Jugendlicher an der „großen" Politik, sie sind aber vielfach bereit, sich in konkreten Projekten zu engagieren. Aktuell zeigt sich das insbesondere am Engagement für den Klimaschutz (vgl. Shell Deutschland 2019). Auch das Engagement Jugendlicher für den Sport, etwa als Gruppenhelfer oder Jugendleitern, ist als konkret umrissenes Engagement zu sehen. **Sportive Lebensstile** und ein **Leben im Cyberspace** schließen sich dabei nicht aus. Ein Großteil der Heranwachsenden treibt regelmäßig Sport, wobei Jungen in allen Altersgruppen etwas häufiger sportlich aktiv sind als Mädchen (vgl. Abb. 4.2). Sport ist damit längst zu einer „jugendspezifischen Altersnorm" geworden (Zinnecker 1993). Zugleich bilden digitale Medien bei den „digital natives" einen festen Bestandteil ihres Alltagslebens und stehen nicht im Widerspruch zum sportlichen Engagement (Calmbach et al. 2016).

Insgesamt lässt die Heterogenität juveniler Lebensstile heute kaum noch eindeutige Zuordnungen zu – „die" Jugend gibt es nicht. In der pädagogischen Jugendforschung hat sich daher ein Modell durchgesetzt, das das Jugendalter aus unterschiedlichen Zeitperspektiven begreift und konzeptualisiert (vgl. Reinders 2003). Einerseits wird „Jugend" danach als **Moratorium** verstanden, d. h. als eigenständiger Lebensabschnitt zwischen Kindheit und Erwachsenenalter, der über ein soziokulturelles Eigengewicht verfügt. Die zentrale Kategorie dieses Ansatzes

4.3 Grundlagen

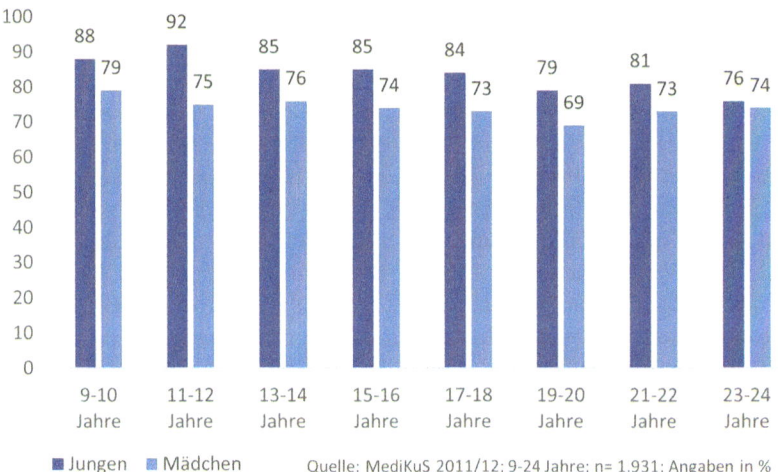

Abb. 4.2 Anteil sportlich aktiver Heranwachsender nach Altersgruppen und Geschlecht. (Mod. nach Züchner 2013, S. 103)

ist die autonome Lebensgestaltung der Jugendlichen in Abgrenzung zur älteren Generation. Aus dieser Autonomie und „der damit einhergehenden tendenziellen Freistellung von Kontrolle entwickelt sich ein Schonraum, der zu einer partiellen Entpflichtung wird und somit den **Gegenwartsbezug** dieser Phase hervorhebt" (Reinders und Butz 2001, S. 916). Im Mittelpunkt steht die Entfaltung im Hier und Jetzt, das individuelle Alltagserleben und die Alltagsbewältigung. Als handlungsleitend dafür können gegenwartsorientierte **Entfaltungsbedürfnisse,** wie Bewegung und Sport, Kontakt und Kommunikation oder Risiko und Grenzüberschreitung, angesehen werden (Neuber 2007, S. 86–92). Wesentliche Bezugsgröße ist die Gruppe der Gleichaltrigen (vgl. Tab. 4.1).

Tab. 4.1 Modelle des Jugendalters. (Mod. nach Reinders 2003)

Moratoriumsmodell	Transitionsmodell
Gegenwartsorientierung	Zukunftsorientierung
Eigenständige Lebensphase	Übergangsphase zum Erwachsenenalter
Peergoup	Familie, Schule
Entfaltungsbedürfnisse, Interessen	Entwicklungsaufgaben, Selbstkonzept

Andererseits wird Jugend als **Transition** verstanden, d. h. als Übergangsphase vom Kindes- zum Erwachsenenalter. Die Adoleszenz dient danach vor allem der Vorbereitung auf das ökonomisch und sozial selbstständige Erwachsenenleben. Jugend bedeutet in diesem Modell: „sich für später zu qualifizieren, sich auf das spätere Leben (vor allem auf Arbeit und Beruf) vorzubereiten. Ziel von Jugend ist vor allem die Herausbildung einer stabilen Persönlichkeit und einer integrierten Identität" (Münchmeier 1998, S. 3). Maßgeblich dafür ist eine ausdrückliche **Zukunftsorientierung,** die den Entwicklungsaspekt der Jugend hervorhebt. Wesentliche Bezugsgruppen sind Eltern und Lehrkräfte. Als Ansatz mit dem größten Geltungsbereich erweist sich das Konzept der **Entwicklungsaufgaben,** die von Heranwachsenden in einem bestimmten Lebensabschnitt bewältigt werden müssen (vgl. Abb. 4.3). Zu den zentralen Entwicklungsaufgaben des Jugendalters gehören das Finden einer eigenen Identität, die Akzeptanz des eigenen Körpers sowie das Entwickeln sozialer Kontakte zu anderen Jugendlichen (Neuber 2007, S. 178–184). Andere Ansätze, nicht zuletzt in der Sportwissenschaft, fragen im Sinne einer „gelungenen Sozialisation" nach der Selbstkonzeptentwicklung von Jugendlichen (vgl. Gerlach und Herrmann 2015). Neuere Arbeiten zu Zeitperspektiven von Jugendlichen verbinden die Gegenwarts- und Zukunftsperspektive mit dem Blick auf die Vergangenheit der jungen Menschen (vgl. Konowalczyk 2017).

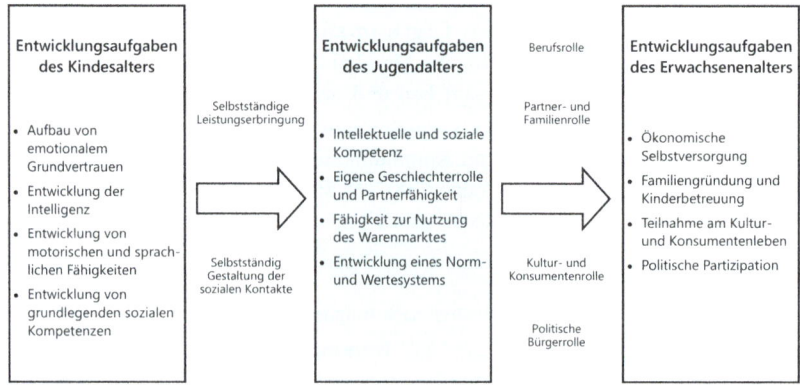

Abb. 4.3 Entwicklungsaufgaben des Jugendalters in Relation zu den Lebensphasen Kindheit und Erwachsenenalter sowie dazwischenliegende Statusübergänge. (Mod. nach Hurrelmann und Quenzel 2016, S. 40)

4.3 Grundlagen

Die zentrale Schulstufe für Jugendliche ist die **Sekundarstufe I.** Je nach bildungspolitischer Ausrichtung umfasst sie die Jahrgangsstufen 5 bzw. 7 bis 9 bzw. 10. Sie bildet damit die längste Phase im Schulsystem. Zudem ist die Sekundarstufe I mit Hauptschule, Realschule, Sekundarschule, Gymnasium, Gesamtschule u. a. m. stark ausdifferenziert. Zu den unterschiedlichen institutionellen Rahmenbedingungen kommt die enorme **Heterogenität der Schülerinnen und Schüler** mit ihren jeweils unterschiedlichen Entwicklungsverläufen und -tempi (vgl. Hurrelmann und Quenzel 2016). Im Vergleich zur Grundschule rücken die **Orientierung am außerschulischen Sport** sowie die **Betonung leistungsthematischer Situationen** in den Vordergrund. Vor diesem Hintergrund scheint der Umgang mit der Heterogenität der Schülerinnen und Schüler in der Sekundarstufe I schwieriger zu sein als in der Grundschule (Frohn 2013, S. 169–171). Die Vielfalt nicht zuletzt der sportlichen Interessen ist aber auch eine Chance für den Sportunterricht und den außerunterrichtlichen Schulsport. Arbeitsgemeinschaften, Ganztagsangebote und **Partizipation der Jugendlichen,** etwa als Sporthelferin oder Sporthelfer, bieten ein erhebliches pädagogisches Potenzial.

Partizipation im Schulsport
Die Partizipation von Jugendlichen in Schule und Unterricht ist von jeher ein zentrales Thema der Pädagogik. Nur wenn es gelingt, Schülerinnen und Schüler angemessen zu beteiligen, werden sie sich ihre Lerngegenstände zu eigen machen und „signifikant" lernen (Rogers 1974). In Zeiten kriselnder Demokratien sind authentische Gelegenheiten für das **Demokratielernen** wichtiger denn je. Aufgrund der Authentizität und hohen Bedeutung für junge Menschen bietet der Sport dafür einiges Potenzial. In Anlehnung an das dreifache Verständnis von Demokratie als Herrschafts-, Gesellschafts- und Lebensform (Himmelmann 2005) hat Eikel (2007) für die Schule das Konzept der **Demokratischen Partizipation** entwickelt, das aus den Facetten „Mitbestimmung und Mitentscheidung", „Mitsprache und Aushandlung" sowie „Mitgestaltung und Engagement" besteht. Das Konzept haben Menze, Derecik und Neuber (2019) zu einem **Grundlagenmodell demokratischer Partizipationsförderung im Sport** weiterentwickelt: Während sie die drei von Eikel benannten Facetten als Begründungsmuster für partizipative Prozesse verstehen („Warum"), identifizieren sie konkrete Orte für Partizipation im Sportunterricht („Was") und formulieren unter Rückgriff auf Messmer (2013) Strategien zur Förderung von Partizipation im Sportunterricht („Wie") (vgl. Abb. 4.4).

Der Ansatz der Demokratischen Partizipation wurde bereits mehrfach im Sport angewandt. So überträgt Wienkamp (2009) das Modell auf die **Partizipation von Sporthelferinnen und Sporthelfern** in NRW, wobei sich zeigt, dass sich die Jugendlichen in unterschiedlichen Bereichen, wie Arbeitsgemeinschaften und Schulsportfesten, für ihre Mitschülerinnen und -schüler engagieren. Derecik, Kaufmann und Neuber (2013) untersuchen auf der Grundlage des Modells Partizipationsmöglichkeiten in Bewegungs-, Spiel- und Sportangeboten im Ganztag. Partizipation erweist sich dabei zunächst eher als Ausnahme, denn als Regel in den Angeboten. Zwischen Fremd- und Selbstbestimmung bieten sich jedoch zahlreiche, abgestufte Beteiligungsmöglichkeiten für junge Menschen. Gramespacher und Schwarz (2018) zeigen anhand ausgewählter Projekte, wie die Integration von zugewanderten Mädchen und Jungen über das Fußballspiel gefördert werden kann, wenn ältere Jugendliche als Fußballassistenten Verantwortung für sie übernehmen. Insgesamt wird damit das **Partizipationspotenzial des Schulsports** deutlich, der von vielen Jugendlichen als authentische Lerngelegenheit geschätzt wird (vgl. Neuber 2019b).

Abb. 4.4 Grundlagenmodell zur demokratischen Partizipationsförderung im Sport. (Mod. nach Menze et al. 2019, S. 250)

4.3 Grundlagen

Neben den Themen der Heterogenität und Partizipation kommt dem Körperthema in der Sekundarstufe I besondere Bedeutung zu. Die Entwicklungsaufgabe „**Den Körper bewohnen lernen**" (Fend 2001) ergibt sich einerseits aus den körperlichen Veränderungsprozessen in der Adoleszenz und andererseits aus dem Erleben soziokultureller Erwartungen (vgl. Neuber 2007, S. 139–144). Als konkret erfahrbarer Teil des Selbst ist der Körper eine zentrale **Quelle der eigenen Identität,** die für die Entwicklung eines stabilen und positiven Selbstkonzepts eine bedeutende Rolle spielt (Kottmann 2004, S. 23). In der engen Verknüpfung von Körpereinschätzung und Selbstakzeptanz liegen allerdings auch Gefahren. Miethling und Krieger (2004) verweisen in diesem Zusammenhang auf die **körperliche Exponiertheit** im Sportunterricht, der Heranwachsende sich nicht entziehen können, sowie auf das Phänomen der **Doppelten Verletzbarkeit,** das vorliegt, wenn körperliche und psychische Verletzungen zugleich auftreten, z. B. wenn ein Schüler für eine schmerzhaft missglückte Aktion ausgelacht wird. Wiesche (2020) stellt die Bedeutung schambesetzter Momente von Körperlichkeit im Sportunterricht heraus, die nicht selten seien. Nicht zuletzt mit Blick auf die aktuelle Debatte zur Prävention sexualisierter Gewalt in der Schule bedarf es in diesem Punkt einer erhöhten Sensibilität der Lehrkräfte (vgl. Wagner und Rulofs 2017).

Auch die Entwicklung der Geschlechtsidentität gehört zu den zentralen Entwicklungsaufgaben des Jugendalters. Dementsprechend ist der Umgang mit **Mädchen und Jungen** ein Dauerthema der didaktischen Diskussion zur Sekundarstufe I. Im Sinne einer geschlechtsbezogenen Förderung wurde in den 1980er Jahren fast flächendeckend ein **koedukativer Sportunterricht** eingeführt. Der Erfolg des gemeinsamen Unterrichts wird allerdings bis heute intensiv diskutiert (siehe Kap. 5). Im Gegensatz zur Grundschule gehen die motorischen Fähigkeiten und Fertigkeit von Mädchen und Jungen mit Beginn der Pubertät zumindest in kraft- und ausdauerbezogenen Bereichen auseinander (vgl. Gieß-Stüber et al. 2008). Auch die **sportbezogenen Interessen** von Mädchen und Jungen unterscheiden sich. Die fünf wichtigsten Freizeitsportarten von 13–17 jährigen Mädchen sind Reiten, Laufen, Fußball, Schwimmen und Volleyball. Bei den Jungen stehen mit Fußball, Basketball, Tennis, Handball und Fahrradfahren die Spielsportarten stärker im Fokus (Züchner 2013, S. 110). Während Mädchen den Sportvereinen verstärkt den Rücken kehren, bleiben Jungen ihren Vereinen vergleichsweise treu, wenngleich auch bei ihnen die Bindungsraten abnehmen (vgl. Züchner 2013).

Damit wird ein letztes sportbezogenes Thema des Jugendalters angesprochen: die **Sportmotivation.** Obwohl der Sportunterricht aus Schülersicht zu den beliebtesten Fächern in der Schule zählt, sinkt seine Beliebtheit mit zunehmendem

Alter, wobei Mädchen deutlich häufiger „keine Lust" zum Sportunterricht haben als Jungen (Bräutigam 2013, S. 85–91). Teilweise führt das zum Phänomen der **Schulsportverweigerung**. Gebken und Wolters (2005) fassen darunter alle ablehnenden Verhaltensweisen vom Stören, Auf-der-Bank-Sitzen und Sportzeug-Vergessen bis zum Fernbleiben. Bei der Betrachtung der Ursachen zeigen sie neben außerunterrichtlichen Gründen (z. B. körperliche Veränderungen) auch Fragen der Unterrichtsgestaltung auf. Frohn (2013, S. 174) hebt in diesem Zusammenhang insbesondere auf inhaltliche Vielfalt, Mehrperspektivität, positives Lernklima, persönliche Zuwendung und Verständigung ab und plädiert für eine gewisse Gelassenheit auf Seiten der Lehrkräfte. Die Sportmotivation kann allerdings auch besonders stark ausgeprägt sein. Hier bieten sich Ansätze der **Talentsichtung und -förderung** an, die neben der motorischen Förderung auch soziale Aspekte umfassen (vgl. Neuber und Pfitzner 2019).

4.4 Fachdidaktische Konzepte

Trotz der großen Heterogenität gibt es auffallend wenig fachdidaktische Konzepte zur Sekundarstufe I. Bei der Durchsicht der Fachliteratur „muss man den Eindruck gewinnen, dass die Sekundarstufe I in der fachdidaktischen Diskussion nicht die angestammte Mitte des Schulsports repräsentiert, sondern auf ungebührliche Weise vernachlässigt wird" (Balz 2004, S. 10–11). Vielleicht – so spekuliert Balz weiter – liege das daran, dass diese Schulstufe wegen ihrer Unübersichtlichkeit und Uneinheitlichkeit kaum systematisch zu bearbeiten ist. Dabei bieten die zuvor dargestellten **Modelle des Jugendalters** ein Analyseraster für eine adressatenspezifische Sportdidaktik in der Sekundarstufe I. Moratoriumsbezogene Konzepte beziehen sich dabei eher auf **juvenile Bedürfnisse im Sport** und greifen aktuelle Bewegungstrends und Sportartenvorlieben auf. Transitionsbezogene Konzepte orientieren sich eher am Bildungsauftrag der Schule und fragen nach Möglichkeiten einer **Entwicklungsförderung durch Sport**. Unter dieser Perspektive lassen sich tatsächlich einige spezifische Ansätze identifizieren (vgl. Neuber und Kaundinya 2010). Zwar stellen sie keine umfassenden Konzepte dar, sie stehen aber für ein bestimmtes Verständnis von Jugend, das in ihrer jeweiligen Idee vom Schulsport zum Ausdruck kommt. In diesem Sinne bieten sie idealtypische Orientierung.

Im Bereich der moratoriumsbezogenen Ansätze ist zunächst der **Sportunterricht mit Jugendlichen** zu nennen (Wopp 2007). Schule soll dabei nicht als Gegenwelt zum juvenilen Alltag verstanden werden, sondern als lebensweltlich orientierte Erfahrungsschule. Wesentliche Zieldimensionen des Ansatzes sind:

4.4 Fachdidaktische Konzepte

Die Vielfalt des Sports erlebbar machen, Strategien des Sich-Zurechtfindens vermitteln und Modernisierungsprozesse des Sports mitgestalten können. Inhaltlich wie auch methodisch orientiert sich das Konzept an der Autonomie von Jugendlichen, wenn Bewegungsthemen des Sportunterrichts unter Beteiligung der Schülerinnen und Schüler gefunden werden oder wenn in Anlehnung an den Trendsport für ein Lernen durch Versuch und Irrtum plädiert wird. Der Lehrkraft kommt dabei die Aufgabe zu, die Jugendlichen als Chaospilot „durch den Dschungel des Lebens" zu begleiten (Wopp 2007, S. 118). Dabei sollen die Kompetenzen der Heranwachsenden aufgegriffen und erweitert werden und die „Einfachheit des Lernens und Übens" im Mittelpunkt stehen. Zugleich betont Wopp die Bedeutung „erwachsenenfreier Zonen", die von Jugendlichen im Sinne des Moratoriumgedankens autonom genutzt werden können.

Ausgehend von einer Gegenüberstellung der Vor- und Nachteile von **Trendsport im Schulsport** plädieren auch Laßleben und Neumann (2004) für eine Öffnung des Sportunterrichts in der Sekundarstufe I. Im Sinne einer lebensweltlichen Orientierung fordern sie, Schülerinnen und Schülern „eine Teilnahme am Trendsport exemplarisch zu ermöglichen und sie zu einer kritischen Einschätzung zu befähigen" (Laßleben und Neumann 2004, S. 85). Dabei argumentieren sie insofern schulstufenspezifisch, als sie juvenile Freizeitbedürfnisse, aber auch Entwicklungsaufgaben aufgreifen. Im Hinblick auf die Vermittlung orientieren sie sich an der „Logik des Trendsports" und setzen z. B. auf die Selbstorganisationskompetenz von Jugendlichen, ein Lernen durch Versuch und Irrtum sowie das Aufgreifen von trendsportspezifischen Ritualen (Laßleben und Neumann 2004, S. 92–94). Hier wird wiederum die Autonomie von „Jugend" angesprochen. Während sich das Konzept von Wopp jedoch eindeutig an der Idee des juvenilen Moratoriums orientiert, greifen Laßleben und Neumann auch Transitionsaspekte auf, wenn sie z. B. Entwicklungsaufgaben des Jugendalters thematisieren.

▶ **Literaturtipp**
Bindel, T. (2017). Informeller Jugendsport – institutionelle Inanspruchnahme und Wandel eines deutungsoffenen Geschehens. *Diskurs Kindheits- und Jugendforschung*, 12 (4), 417–426.
Tim Bindel greift das Phänomen des informellen, d. h. selbstorganisierten Jugendsports auf. Dabei zeigt er einerseits, dass Trendsportarten Gefahr laufen, ihren autonomen Kern zu verlieren, wenn sie im Sportunterricht zum Thema gemacht werden. Zum anderen verdeutlicht er, dass die aktuelle Fitnessbewegung mit Trends, wie Cross-Fit oder Freeletics, die spielerisch-experimentelle Ebene bisheriger Trendsportarten verlässt und auf Körperpräsentation setzt.

Stärker transitionsorientiert ist das Konzept der **Handlungs- und Entscheidungsfähigkeit im Schulsport** von Balz (2004). Ausgangspunkt dieses Ansatzes ist die „Gelenkfunktion" der Sekundarstufe I zwischen der Primarstufe, in der die Grundlagen des Schulsports gelegt werden, und der Sekundarstufe II, in der eine wissenschaftspropädeutische Spezialisierung erfolgt. Dementsprechend sollen Schülerinnen und Schüler „bis zum Abschluss der zehnten Jahrgangsstufe zunehmend in der Lage sein, ihre eigenen sportlichen Bewegungsformen zu finden und verantwortlich zu praktizieren" (Balz 2004, S. 12). Die dafür notwendige Handlungs- und Entscheidungsfähigkeit soll insbesondere durch ein Lernen aus Erfahrung und Einsicht entstehen und jedem Heranwachsenden ein „begründetes Urteil" ermöglichen. Zu vermuten ist, dass dieser Lernprozess durch einen mehrperspektivischen, erziehenden Sportunterricht angeregt werden soll, der auf eine breite Palette von Bewegungs-, Spiel- und Sportangeboten zurückgreifen kann. Das Konzept bezieht damit durchaus Moratoriumsaspekte ein, insgesamt ist es mit der Leitidee der Entscheidungsfähigkeit aber eher transitionsorientiert angelegt.

Auch der **Entwicklungsorientierte Schulsport** von Kottmann (2004) folgt dem Transitionsgedanken. Grundlage des Konzepts sind Entwicklungsaufgaben und Entwicklungsprobleme des Jugendalters. Im Mittelpunkt steht die Identitätssuche Heranwachsender, die in Bezug auf das Körper- und Selbstkonzept, die Werteorientierung sowie die sozialen Beziehungen zu Gleichaltrigen thematisiert wird. Insgesamt zeigt sich die Pubertät danach „für viele Jugendliche (und die davon betroffenen Bezugsgruppen wie Eltern und Lehrkräfte) als problembeladen und konfliktträchtig" (Kottmann 2004, S. 30). Im Sportunterricht kommen diese Probleme mitunter radikal zum Ausdruck, können aber auch in besonderer Weise pädagogisch aufgegriffen werden. Zielsetzungen eines entwicklungsorientierten Sportunterrichts liegen u. a. in der Vermittlung eines realistischen Körperbilds, in der kritischen Auseinandersetzung mit gesellschaftlichen Körperidealen und der Reflexion geschlechtstypischen Verhaltens im Sport. Methodische Hinweise werden an dieser Stelle nicht gegeben, allerdings wird die besondere Bedeutung der Lehrkraft, etwa im Hinblick auf die Sensibilität im Umgang mit dem Körperthema, hervorgehoben.

4.5 Konzepte im Überblick

Insgesamt veranschaulichen die exemplarisch ausgewählten Konzepte das Spektrum von moratoriumsbezogenen Ansätzen, die die Autonomie von Jugendlichen betonen, über Mischformen, die beide Modelle des Jugend-

4.5 Konzepte im Überblick

alters integrieren, bis hin zu transitionsorientierten Ansätzen, in denen die Entwicklungsperspektive im Sinne einer „gelungenen Sozialisation" dominiert. Eindeutig moratoriumsbezogen ist der Ansatz **Sport mit Jugendlichen,** der sich ausschließlich an der Gegenwart juvenilen Sportengagements orientiert. Das Konzept **Trendsport im Schulsport** greift ebenfalls jugendliche Bewegungs- und Sportaktivitäten auf, integriert aber auch Transitionsaspekte, indem etwa die Reflexion der Trendsportarten zu den Zielen gehört. Das Konzept der **Handlungs- und Entscheidungsfähigkeit im Schulsport** folgt eher dem Transitionsgedanken, lässt moratoriumsbezogene Sporterfahrungen aber gelten. Der **Entwicklungsorientierte Schulsport** schließlich ist überwiegend transitionsbezogen, indem er die Förderung von juvenilen Entwicklungsaufgaben explizit in den Mittelpunkt stellt (vgl. Tab. 4.2).

Das **Bild vom Jugendlichen** umfasst das Spannungsfeld vom autonomen, selbstverantwortlichen jungen Menschen einerseits bis zum erziehungs- und entwicklungsbedürftigen Heranwachsenden andererseits. Entsprechenden wird auch die implizite **Aufgabe der Schule** unterschiedlich ausgelegt. Während die moratoriumsorientierten Ansätze die Rolle der Lehrkräfte eher als Lernbegleiter

Tab. 4.2 Fachdidaktische Konzepte zum Sportunterricht im Jugendalter im Überblick

	Sport mit Jugendlichen	**Trendsport im Schulsport**	**Handlungs- und Entscheidungsfähigkeit**	**Entwicklungsorientierter Schulsport**
Vertreter	Christian Wopp	Alexander Laßleben & Peter Neumann	Eckart Balz	Lutz Kottmann
Leitidee	Vielfalt des Sports erleben und sich zurechtfinden	Trendsport erleben und kritisch reflektieren	Handlungs- und Entscheidungsfähigkeit im Sport	Förderung von Entwicklungsaufgaben durch Sport
Sachbezug	Bewegungsthemen unter Beteiligung der Schüler/innen	Trendsportarten	Bewegung, Spiel und Sport	Körpererfahrung; Bewegung, Spiel und Sport
Vermittlungsbezug	Lernen durch Versuch und Irrtum; Lehrer als Lernbegleiter	Selbstorganisation; Lernen durch Versuch und Irrtum	Mehrperspektivität; Erfahrungs- und Handlungsorientierung	Sensibilität für die Entwicklung Jugendlicher; Thematisierung von Entwicklungsaufgaben

und -berater verstehen, tritt bei den transitionsorientierten Ansätzen das Verständnis von Erziehung und Vermittlung in den Vordergrund. Weitere Ansätze zum (Schul-)Sport im Jugendalter, etwa zum sozialen Lernen (Bähr 2013), zur Wagniserziehung (Neumann 2013) oder zur lebensstilorientierten Gesundheitsförderung (Neuber und Wentzek 2005), ließen sich entsprechend ergänzen. Entscheidend ist an dieser Stelle der Bezug von Modellen des Jugendalters auf den Sportunterricht in der Sekundarstufe I. Die Verbindung von Jugendforschung und Schulsportforschung verspricht nicht nur ein hilfreiches Analyseraster, sondern auch einen zeitgemäßen, adressatenspezifischen Zugang zum Sportunterricht mit Jugendlichen in der Sekundarstufe I (vgl. Neuber 2007).

Reflexionsfragen
1. Warum ist der Jugendbegriff praktisch schwer zu fassen?
2. Inwiefern befindet sich das Aufwachsen von Jugendlichen im Wandel?
3. Was ist die Stärke des Sinus-Lebensweltenmodells U 18?
4. Wie kommt es zur Ausdehnung der Jugendphase?
5. Warum wird die aktuelle Jugendgeneration als pragmatische Generation bezeichnet?
6. Inwiefern ist der Sportunterricht mit Jugendlichen moratoriums- und transitionsorientiert zugleich?
7. Warum gibt es in der Sportwissenschaft mehr transitionsbezogene Studien als moratoriumsbezogene Studien?
8. Worin liegt die besondere Bedeutung der Partizipation für das Gelingen des Sportunterrichts in der Sekundarstufe?
9. Worin liegt der zentrale Unterschied zwischen dem Konzept „Schulsport mit Jugendlichen" (Wopp) und dem Konzept „Entwicklungsorientierter Schulsport" (Kottmann)?
10. Worin liegen die Vor- und Nachteile der Inszenierung von Trendsportarten im Sportunterricht? ◄

Literatur

Bähr, I. (2013). Soziales Lernen. In P. Neumann & E. Balz (Hrsg.), *Sportdidaktik – Pragmatische Fachdidaktik für die Sekundarstufe I und II* (S. 102–112). Berlin: Cornelsen Scriptor.

Balz, E. (2004). Schulsport 5–10: Einführung. In Wuppertaler Arbeitsgruppe (Hrsg.), *Schulsport in den Klassen 5–10* (S. 7–19). Schorndorf: Hofmann.

Bindel, T., Ruin, S., & Theis, C. (2020). Körperästhetik – auch ein Thema für den Schulsport. *Sportunterricht, 69*, 65–70.

BMFSFJ (Bundesministerium für Familie, Senioren, Frauen und Jugend). (2017). *15. Kinder- und Jugendbericht – Bericht über die Lebenssituation junger Menschen und die Leistungen der Kinder- und Jugendhilfe in Deutschland*. Berlin: BMFSFJ.

Bräutigam, M. (2013). Schülerforschung. In E. Balz, M. Bräutigam, W.-D. Miethling, & P. Wolters (Hrsg.), *Empirie des Schulsports* (S. 65–94). Aachen: Meyer & Meyer.

Calmbach, M., Borgestedt, S., Borchard, I., Thomas, P. M., & Flaig, B. B. (2016). *Wie ticken Jugendliche 2016? Lebenswelten von Jugendlichen im Alter von 14- bis 17 Jahren in Deutschland*. Wiesbaden: Springer.

Derecik, A., Kaufmann, N. & Neuber, N. (2013). *Partizipation in der offenen Ganztagsschule – Pädagogische Grundlagen und empirische Befunde zu Bewegungs-, Spiel- und Sportangeboten: Bd. 3. Bildung und Sport*. Wiesbaden: Springer VS.

Eikel, A. (2007). Demokratische Partizipation in der Schule. In A. Eikel & G. de Haan (Hrsg.), *Demokratische Partizipation in der Schule. Ermöglichen, fördern, umsetzen* (S. 7–42). Schwalbach: Wochenschau.

Fend, H. (2001). *Entwicklungspsychologie des Jugendalters – Ein Lehrbuch für pädagogische und psychologische Berufe* (2. Aufl.). Wiesbaden: Springer.

Ferchhoff, W. (1999). *Jugend an der Wende vom 20. Zum 21. Jahrhundert. Lebensformen und Lebensstile* (2. Aufl.). Opladen: Leske+Budrich.

Flammer, A., & Alsaker, F. D. (2002). *Entwicklungspsychologie der Adoleszenz. Die Erschließung innerer und äußerer Welten im Jugendalter*. Berlin: Huber.

Frohn, J. (2013). Heterogenität als Herausforderung für den Sportunterricht in der Sekundarstufe I. In P. Neumann & E. Balz (Hrsg.), *Sportdidaktik. Pragmatische Fachdidaktik für die Sekundarstufe I und II* (S. 167–176). Berlin: Cornelsen.

Gebken, U., & Wolters, P. (2005). Schulsportverweigerer. *Sportpädagogik, 29,* 4–9.

Gerlach, E., & Herrmann, C. (2015). Effekte der Sportteilnahme. In W. Schmidt, N. Neuber, T. Rauschenbach, H.-P. Brandl-Bredenbeck, J. Süßenbach, & C. Breuer (Hrsg.), *Dritter Deutscher Kinder- und Jugendsportbericht: Kinder- und Jugendsport im Umbruch* (S. 345–369). Schorndorf: Hofmann.

Gieß-Stüber, P., Neuber, N., Gramespacher, E., & Salomon, S. (2008). Mädchen und Jungen im Sport. In W. Schmidt, R. Zimmer, & K. Völker (Hrsg.), *Zweiter Deutscher Kinder- und Jugendsportbericht – Schwerpunkt: Kindheit* (S. 63–83). Schorndorf: Hofmann.

Gramespacher, E., & Schwarz, R. (2018). *Bildungspotentiale des Fußballs: Soziokulturelle Projekte und Analysen*. Wiesbaden: Springer.

Himmelmann, G. (2005). *Demokratie Lernen als Lebens-, Gesellschafts- und Herrschaftsform. Ein Lehr- und Arbeitsbuch*. Schwalbach: Wochenschau.

Hurrelmann, K. (2004). *Lebensphase Jugend – Eine Einführung in die sozialwissenschaftliche Jugendforschung* (7., vollständig überarbeitete Aufl.). Weinheim; München: Juventa.

Hurrelmann, K. & Quenzel, G. (2016). *Lebensphase Jugend – Eine Einführung in die sozialwissenschaftliche Jugendforschung* (13., überarbeitete Aufl.). Weinheim; Basel: Beltz & Juventa.

Konowalczyk, S. (2017). *Zeitperspektiven von Jugendlichen – Pädagogische Grundlagen und empirische Befunde im Kontext des Sports: Bd. 11. Bildung und Sport*. Wiesbaden: Springer VS.

Kottmann, L. (2004). Aufgaben und Probleme in der Entwicklung von Jugendlichen. In Wuppertaler Arbeitsgruppe (Hrsg.), *Schulsport in den Klassen 5–10: Bd. 143. Beiträge zur Lehre und Forschung im Sport* (S. 20–34). Schorndorf: Hofmann.

Laßleben, A., & Neumann, P. (2004). Trendsport in den Klassen 5–10 als Facette der Lebenswirklichkeit. In Wuppertaler Arbeitsgruppe (Hrsg.), *Schulsport in den Klassen 5–10: Bd. 143. Beiträge zur Lehre und Forschung im Sport* (S. 85–98). Schorndorf: Hofmann.

Maschke, S., Stecher, L., Coelen, T., Ecarius, J., & Gusinde, F. (2013). *Appsolutely smart. Die Studie Jugend. Leben.* Bielefeld: Bertelsmann.

Menze, L., Derecik, A., & Neuber, N. (2019). Demokratische Partizipationsförderung – Vom programmatischen Aufruf zur Praxis des Ganztagssports. *Sportunterricht, 68,* 248–252.

Miethling, W.-D., & Krieger, C. (2004). *Schüler im Sportunterricht.* Schorndorf: Hofmann.

Münchmeier, R. (1998). „Entstrukturierung" der Jugendphase – Zum Strukturwandel des Aufwachsens und zu den Konsequenzen für die Jugendforschung und Jugendtheorie. *Aus Politik und Zeitgeschichte, 31,* 3–13.

Neuber, N. (2007). *Entwicklungsförderung im Jugendalter. Theoretische Grundlagen und empirische Befunde aus sportpädagogischer Perspektive: Bd. 35. Wissenschaftliche Schriftenreihe des Deutschen Olympischen Sportbundes.* Schorndorf: Hofmann.

Neuber, N. (2019a). Kinder- und Jugendsport im Umbruch – Ergebnisse des Dritten Deutschen Kinder- und Jugendsportberichts. In T. Rauschenbach, J. van der Gathen-Huy, K. Grosse, & E. Sass (Hrsg.), *Kinder- und Jugendarbeit – Potenziale erkennen, Zukunft gestalten* (S. 195–207). Dortmund: Forschungsverbund DJI/TU Dortmund.

Neuber, N. (2019b). Demokratie und Schulsport – eine vielversprechende Beziehung? *Sportpädagogik, 43*(2), 52–54.

Neuber, N., & Wentzek, C. (2005). Lebensstilorientierte Gesundheitsförderung im Jugendalter – ein bewegungsorientiertes Pilotprojekt mit Auszubildenden. *Prävention – Zeitschrift für Gesundheitsförderung, 28*(1), 22–25.

Neuber, N., & Kaundinya, U. (2010). Fachdidaktische Konzepte zum Schulsport in der Sekundarstufe I – Bestandsaufnahme und Perspektiven. *Sportunterricht, 59,* 66–75.

Neuber, N., & Salomon, S. (2015). Aufwachsen im Wandel. In W. Schmidt, N. Neuber, T. Rauschenbach, H.-P. Brandl-Bredenbeck, J. Süßenbach, & C. Breuer (Hrsg.), *Dritter Deutscher Kinder- und Jugendsportbericht: Kinder- und Jugendsport im Umbruch* (S. 24–49). Schorndorf: Hofmann.

Neuber, N., & Pfitzner, M. (2019). Begabungsförderung im Sport – schulische und außerschulische Perspektiven. *Journal für Begabtenförderung, 18*(1), 27–36.

Neumann, P. (2013). Didaktische Erläuterungen und Empfehlungen zur Perspektive „Wagnis". In P. Neumann & E. Balz (Hrsg.), *Sportdidaktik – Pragmatische Fachdidaktik für die Sekundarstufe I und II* (S. 83–90). Berlin: Cornelsen Scriptor.

Rauschenbach, T. (2015). Umbrüche im Bildungswesen. In W. Schmidt, N. Neuber, T. Rauschenbach, H. P. Brandl-Bredenbeck, J. Süßenbach, & C. Breuer (Hrsg.), *Dritter Kinder- und Jugendsportbericht. Kinder- und Jugendsport im Umbruch* (S. 50–77). Schorndorf: Hofmann.

Rauschenbach, T., & Bien, W. (2012). *Aufwachsen in Deutschland. AID: A – Der neue DJI-Survey.* Weinheim: Beltz & Juventa.

Reinders, H. (2003). *Jugendtypen – Ansätze zu einer differentiellen Theorie der Adoleszenz.* Opladen: Leske + Budrich.

Reinders, H., & Butz, P. (2001). Entwicklungswege Jugendlicher zwischen Transition und Moratorium. *Zeitschrift für Pädagogik, 47*(6), 913–928.

Rogers, C. R. (1974). *Lernen in Freiheit – Zur Bildungsreform in Schule und Universität.* München: Kösel.

Shell Deutschland. (Hrsg.). (2015). *Jugend 2015 –Die pragmatische Generation. Entwicklung einer Generationsgestalt: Bd. 17. Shell Jugendstudie.* Frankfurt: Fischer.

Shell Deutschland. (Hrsg.). (2019). *Jugend 2019 – Eine Generation meldet sich zu Wor: Bd. 18. Shell Jugendstudie.* Weinheim: Beltz.

Wagner, I., & Rulofs, B. (2017). Prävention sexualisierter Gewalt im außerschulischen Kinder- und Jugendsport als Modell für die Schulsportentwicklung. *Sportunterricht, 66*(9), 275–279.

Wienkamp, F. (2009). Sporthelfer in NRW – eine qualitative Studie zur Partizipation im Schulsport. In U. Gebken & N. Neuber (Hrsg.), *Anerkennung als sportpädagogischer Begriff: Bd. 8. Jahrbuch Bewegungs- und Sportpädagogik in Theorie und Forschung* (S. 183–193). Hohengehren: Schneider.

Wiesche, D. (2020). Schambesetzte Momente von Körperlichkeit im Sportunterricht. *Sportunterricht, 69,* 71–75.

Wopp, C. (2007). Lebenswelt, Jugendkulturen und Sport in der Schule. In R. Laging (Hrsg.), *Neues Taschenbuch des Sportunterrichts. Kompaktausgabe* (3., veränderte und korrigierte Aufl., S. 104–122). Hohengehren: Schneider.

Zinnecker, J. (1993). Jugendforschung in Deutschland – eine Zwischenbilanz. *Erziehungswissenschaft, 8,* 96–113.

Zinnecker, J., Behnken, I., Maschke, S., & Stecher, L. (2002). *Null zoff & voll busy – Die erste Jugendgeneration des neuen Jahrhunderts.* Opladen: Leske + Budrich.

Züchner, I. (2013). Sportliche Aktivitäten im Aufwachsen junger Menschen. In M. Grgic & I. Züchner (Hrsg.), *Medien, Kultur und Sport. Was Kindern und Jugendliche machen und ihnen wichtig ist – Die MediKuS-Studie* (S. 89–137). Weinheim: Beltz & Juventa.

Mädchen und Jungen als Zielgruppe im Sport 5

> **Zusammenfassung**
>
> In diesem Kapitel werden Grundbegriffe und Theorien zur Förderung von Mädchen und Jungen im Sport vorgestellt. Ausgehend vom System der Zweigeschlechtlichkeit werden Erwartungen an und Verhaltensweisen von Kindern und Jugendlichen im Sport umrissen und vor dem Hintergrund verschiedener Geschlechtertheorien eingeordnet. Auf dieser Grundlage werden vier fachdidaktische Konzepte zur geschlechtsbezogenen Förderung vorgestellt: Reflexive Koedukation im Sportunterricht, Geschlechtssensibler Schulsport, Mädchenparteiliche Ansätze im Sportunterricht und Jungenförderung im Sportunterricht. Ein Exkurs zum Variablenmodell im Sport rundet das Kapitel ab.

5.1 Einführung

Das Geschlecht gehört zu den zentralen Vielfaltsdimensionen im Sport. Im außerschulischen Sport ist die **Geschlechtertrennung** eher die Regel als die Ausnahme. Das vereinssportliche Spiel- und Wettkampfsystem unterscheidet fast durchgängig nach Sportangeboten für Mädchen und für Jungen. Lediglich im Vor- und Grundschulalter gibt es gemischtgeschlechtliche Gruppen in größerem Umfang. Dahinter stehen scheinbar naturgemäße, biologische Unterschiede, die allerdings bis zum Beginn der Pubertät weitgehend vernachlässigt werden können (vgl. Gieß-Stüber et al. 2008). Dann kommt es tatsächlich zu deutlichen

Unterschieden in der **sportlichen Leistungsfähigkeit** von Mädchen und Jungen sowie Frauen und Männern, die vor allem hormonell bedingt sind und unterschiedliche konditionelle Voraussetzungen zur Folge haben (vgl. Weineck 2019). Aus Gründen der **Geschlechtergerechtigkeit** ist eine Trennung im Wettkampfwesen dann also durchaus nachvollziehbar.

Im Schulsport steht die Wettkampfidee allerdings nicht derartig im Vordergrund. Vielmehr sollen hier neben motorischen Fähigkeiten auch emotionale, soziale und kognitive Kompetenzen von Mädchen und Jungen gefördert werden. Dafür bietet der **gemeinsame Sportunterricht** eine Vielzahl an Chancen, zugleich aber auch Grenzen, wenn die unterschiedlichen Bedürfnisse und Interessen, Erfahrungen und Voraussetzungen von Mädchen und Jungen, sportbegeisterten und sportabstinenten Kindern und Jugendlichen nicht angemessen berücksichtigt werden. Insofern sind Sportlehrkräfte gut beraten, das eigene **Verständnis von Geschlecht** zu reflektieren (vgl. Frohn 2014). Das Thema „Geschlecht" ist nicht ohne politische „Fallstricke", nicht zuletzt, weil in der Öffentlichkeit nach wie vor intensiv um die Benachteiligung von Frauen in Beruf und Gesellschaft diskutiert wird. Im Folgenden geht es allerdings nicht um politische Diskurse, sondern um die **Förderung von Mädchen und Jungen** im Sport, d. h. es wird eine explizit pädagogische Perspektive eingenommen.

5.2 Grundbegriffe

Das Thema Sport und Geschlecht wird von unterschiedlichen Theorien und Begriffen bestimmt. Eine erste zentrale Unterscheidung betrifft die Begriffe „Sex" und „Gender".

▶ **Sex und Gender** Während **Sex** zumeist biologisch verstanden wird und „weiblich" und „männlich" als naturgegeben auslegt, wird mit **Gender** eine soziale, ökonomische und kulturelle Sicht auf das Geschlecht eingenommen, die nicht als gegeben, sondern als immer wieder neu konstruiert verstanden wird (vgl. Diketmüller 2009).

Entsprechend bezieht sich der Begriff **Doing Gender** auf das prozesshafte Herstellen von Geschlechterverhältnissen in Interaktionsprozessen: „Geschlecht ist nicht etwas, das wir ‚haben' oder ‚sind', sondern was wir tun" (Hagemann-White 1984, zit. nach Biermann 2019, S. 7). Mit **Undoing Gender** wird dagegen die „Dekonstruktion" oder „Entdramatisierung" von Geschlecht bezeichnet, die dann zum Tragen kommt, wenn das Geschlecht nicht die entscheidende Dimension in einer Situation ist, sondern z. B. soziale oder kulturelle Aspekte. **Genderkompetenz** beruht auf der Fähigkeit, Prozesse des „Doing" und „Undoing Gender" erkennen, reflektieren und ausbalancieren zu können sowie allen Geschlechtern gleichberechtigte Entfaltungsmöglichkeiten einzuräumen (Frohn und Grimminger 2011). Der Begriff **Gender-Mainstreaming** beschreibt eine politische Strategie, die darauf abzielt, bei allen Entscheidungen die Auswirkungen auf Frauen und Männer zu berücksichtigen und – z. B. bei Stellenbesetzungen – für gleichberechtigte Chancen zu sorgen (Biermann 2019). In einem anderen theoretischen Zugang wird nach den Bedingungen der geschlechtsbezogenen Identitätsentwicklung gefragt. Unter sexueller oder **geschlechtsbezogener Identität** wird das Bild verstanden, das eine Person in Bezug auf das eigene Geschlecht von sich selbst hat (Maccoby 2000), wobei es neben traditionellen Entwürfen von Weiblichkeit und Männlichkeit u. a. auch homosexuelle, bisexuelle und transsexuelle Vorstellungen von Geschlecht gibt (Oldemeier 2019).

Auch in Bezug auf den (Sport-)Unterricht gibt es einige Grundbegriffe. **Monoedukation** bezeichnet einen nach Geschlechtern getrennten Unterricht, wie er über weite Teile des 19. und 20. Jahrhunderts üblich war.

▶ **Koedukation** Mit den Reformbestrebungen der 1970er Jahre wurde dieses Prinzip in Deutschland weitgehend von der Koedukation abgelöst, dem gemeinsamen Unterricht von Mädchen und Jungen. Mädchen und Jungen sollen dabei lernen, „selbstbestimmt miteinander so zu handeln, dass dies zu einem für beide Geschlechter befriedigenden Miteinander" und damit letztlich zu einer **gleichberechtigten Teilhabe** der Geschlechter führt (Diketmüller 2009, S. 253).

Nach anfänglicher Euphorie zeigte sich allerdings, dass Mädchen und Jungen oft eher nebeneinander her als gezielt miteinander unterrichtet werden, was mit dem Begriff der **Koinstruktion** umschrieben wird. Mittlerweile hat sich daher die Idee eines **Geschlechtssensiblen Unterrichts** etabliert, die zum Ziel hat, Geschlechterunterschiede zu entdramatisieren, zugleich aber „aufmerksam für geschlechtsbezogene Zuschreibungen zu sein, diese im eigenen Handeln zu vermeiden und bei Bedarf aufzugreifen" (Frohn und Süßenbach 2012, S. 4). Im Zweifel kann das auch bedeuten, bewusst für das eine oder andere Geschlecht einzutreten, was mit den Begriffen der **Mädchen- und Jungenparteilichkeit** beschrieben wird (Diketmüller 2009).

5.3 Grundlagen

Neben dem Alter, der familiären, sozialen und kulturellen Herkunft und dem Bewegungsstatus ist das Geschlecht eines Kindes eine zentrale Vielfaltsdimension, die nicht zuletzt das Sportengagement beeinflusst (siehe Kap. 6). Die meisten Kulturen folgen einem **System der Zweigeschlechtlichkeit,** d. h. der Aufteilung in „weiblich" und „männlich" bzw. Mädchen und Jungen, Frauen und Männer (Trautner 2008). Auf den ersten Blick scheint diese Aufteilung durch biologische Unterschiede, wie hormonelle Voraussetzungen, Körperbau und äußere Geschlechtsmerkmale, vorherbestimmt zu sein. Auf den zweiten Blick wird jedoch deutlich, dass die Unterscheidung in zwei Geschlechter ebenso sozial erzeugt und durch **historische Traditionen** und **kulturelle Deutungsmuster** aufrechterhalten wird: „Wir deuten Symbole (Bewegungen, Stimme, Mimik etc.) als ‚männlich' oder ‚weiblich'. Daraus leiten sich auch Erwartungen an das Handeln und Verhalten der Person ab" (Gieß-Stüber 1999, S. 174). Als „typisch weiblich" wird danach z. B. einfühlsam, fleißig und sozial verstanden, während „typisch männlich" mit Attributen, wie durchsetzungsfähig, rational und stark, verbunden wird. Diese **Geschlechterstereotype** haben sich trotz des enormen sozialen Wandels der vergangenen Jahrzehnte kaum verändert – wie ein Blick in die Spielzeug- und Kindermodenabteilungen zeigt, in denen uns trotz aller Emanzipationsbestrebungen nach wie vor eine „Rosarot- und eine Hellblau-Welle" entgegenschlägt (Biermann 2019, S. 8).

Selbst die zunehmende **Auflösung der Geschlechtergrenzen** im Rahmen der LGT*BQ-Debatten der 2010er Jahre konnte daran kaum etwas ändern (Oldemeier 2019). Zwar ist die Ehe für homosexuelle Paare mittlerweile für die meisten Menschen ebenso selbstverständlich wie die Eintragung eines dritten Geschlechts in Personalakten. Das ändert jedoch wenig an der **Dominanz des zweigeschlechtlichen Systems,** sei es in der Schule, auf dem Arbeitsmarkt oder im Sport. Gender-Mainstreaming-Strategien im öffentlichen Dienst konzentrieren sich zumeist auf die Förderung von Frauen, die in Führungspositionen oft unterrepräsentiert sind. Eine Förderung von Migrantinnen und Migranten oder Menschen mit erschwerten Zugangsbedingungen zum Bildungssystem findet dagegen kaum statt. Selbst in der Wissenschaft werden Probanden in aller Regel nach „weiblich" und „männlich" unterschieden (vgl. Biermann 2019). Es verwundert daher nicht, wenn auch das **Aufwachsen von Mädchen und Jungen** massiv von dieser bipolaren Sicht auf das Geschlecht beeinflusst wird. So erfahren Mädchen und Jungen bereits im Säuglings- und Kleinkindalter, dass „aus der Tatsache ihres biologischen Geschlechts Unterschiede in Erwartungen

5.3 Grundlagen

und Verhalten seitens der Umgebung abgeleitet werden" (Gieß-Stüber 1999, S. 170). Diese zumeist impliziten Erwartungen sind dabei recht verschieden.

Die **Erwartungen an Mädchen** sind zunächst vergleichsweise eindeutig und integrieren aktive und passive Anteile moderner Vorstellungen von Weiblichkeit: „Mädchen lernen inzwischen unterschiedliche Frauenrollen kennen. Neben der Identifikation mit der traditionellen **Weiblichkeitsrolle** bleibt ihnen auch die Möglichkeit der **Rollendistanz**..." (Gieß-Stüber 1999, S. 176). Am Beispiel des Sports zeigt sich bspw., dass Mädchen ganz selbstverständlich traditionell weiblich besetzte Sportarten, wie Turnen, Tanzen und Reiten, ausüben können und sich zugleich „männliche" Sportarten, wie Fußball, Handball und Kampfsport, erschlossen haben (vgl. Kugelmann 2010). Die Vielfalt möglicher Verhaltenserwartungen wird durch eine Vielzahl an weiblichen Vorbildern im Vor- und Grundschulalter unterstützt, die den Mädchen in Kindertagesstätte und Schule begegnen. Durch die **Feminisierung des Bildungssystems** erleben Mädchen hier oft Rollenmodelle, mit denen sie sich leicht identifizieren können (vgl. Hagemann-White 1984). Mit zunehmendem Alter werden die Erwartungen, mit denen Mädchen konfrontiert werden, jedoch widersprüchlicher: „Sie arbeiten sich an kulturellen Leitvorstellungen zum Familienleben, Beruf und Gemeinwohlbildung […] ab und versuchen, für sich den Widerspruch zwischen **traditionellen Bildern** der Hausfrau, Ehefrau und ‚guten' Mutter und **modernen Leitbildern** der ‚berufstätigen Mutter' oder der ‚gleichberechtigten Partnerin und Karrierefrau' in ihren Selbstentwürfen aufzulösen" (Schierbaum 2019, S. 62).

Die **Erwartungen an Jungen** sind von Anfang an widersprüchlich. Auf der einen Seite wird von ihnen rationales Verhalten, die Kontrolle „negativer" Emotionen, wie Angst oder Trauer, sowie draufgängerische Stärke und Durchsetzungskraft erwartet. Damit geht ein männlicher **Überlegenheitsanspruch** einher, der viele Lebensbereiche von Jungen durchdringt (Neuber 2014a, S. 18–22). Auf der anderen Seite wird von ihnen Sensibilität und Einfühlungsvermögen, Rücksichtnahme und Kooperation erwartet. Viele Eltern wollen heute „alles andere, als dass ihre Jungen typische Männer werden" (Rohrmann 2001, S. 61). Diese **Ambivalenz des „neuen Jungen"** lässt sich ebenfalls am Beispiel des Sports aufzeigen: Während traditionell männlich besetzte Sportarten gemeinhin akzeptiert werden, begegnen Jungen immer noch mehr oder weniger subtile Vorbehalte, wenn sie zum Ballett oder zum Reiten gehen. Hinzu kommt ein massiver Mangel an **männlichen Vorbildern** in Kindheit und Jugend. Jungen können ihre geschlechtliche Identität daher oft nur in Abgrenzung vom Weiblichen, durch eine **doppelte Negation,** bilden. Weibliche Bezugspersonen zeigen dem Jungen, „was er nicht sein darf, um ein Mann zu werden. So wird sein Geschlecht als

Nicht-nicht-Mann bestimmt" (Hagemann-White 1984, S. 92). Eine positive Identifikation mit männlichen Vorbildern ist dagegen im Bildungssystem seltener möglich. Allerdings gilt das **Jugendalter als „zweite Chance"**, in dem Jungen über Freundschaften und außerschulische Aktivitäten, z. B. im Sportverein, vermehrt auch männliche Vorbilder finden können (Böhnisch 2013).

▶ **Literaturtipp**
Schnack, D. und Neutzling, R. (2018). *Kleine Helden in Not – Jungen auf der Suche nach Männlichkeit* (2., vollständig überarbeitete Neuaufl.). Reinbek: Rowohlt.
Das Buch ist erstmalig 1990 erschienen und gehört zu den Klassikern der Jungenpädagogik. Nach Jahren der Mädchenförderung lenkte es erstmalig den Blick auf die *Perspektive der Jungen*. Ihr Aufwachsen mit all seinen Ängsten und Problemen, aber auch Hoffnungen und Freuden wird thematisiert. Legendär ist bspw. die Szene im Kindergarten zur Weihnachtszeit, als der kleine Junge aus nachvollziehbaren Gründen Angst vor dem großen Mann mit weißem Bart und rotem Mantel hat, die Mutter aber nur sagt: „Nun stell dich mal nicht so an!".

Vor dem Hintergrund unterschiedlicher Erwartungshaltungen liegt es nahe, dass sich das **Verhalten von Mädchen und Jungen** unterscheidet. Tatsächlich bewegen sich Mädchen tendenziell kleinräumiger und ruhiger, während Jungen eher ein raumgreifendes, risikoreiches Verhalten an den Tag legen, das auch direkte körperliche Konfrontationen nicht scheut (vgl. Gieß-Stüber et al. 2008). Die Spiele von Mädchen haben eher „sozialen als Wettkampf-Charakter [und] sie sind weniger auf öffentlichen Plätzen zu finden" (Kugelmann 2007, S. 301). In der Schule sind Mädchen angepasster und halten sich tendenziell besser an die **Regeln der Schule** als Jungen. Im Vergleich zu ihnen setzen sich Jungen häufiger in Szene, „bevorzugen risikoreichere Unternehmungen und wilde Balgereien, neigen in höherem Maße zu direkter Konfrontation und zeigen häufiger als Mädchen Dominanzverhalten" (Maccoby 2000, S. 354). Im angelsächsischen Raum hat sich dafür der Begriff des **rough-and-tumble play** etabliert. Im Gegensatz zu realen Kämpfen sind diese „Spielkämpfe" im Wesentlichen konfliktfrei, spielerisch und rücksichtsvoll (Richartz 2015). Trifft das körperorientierte, austestende Verhalten von Jungen auf die vergleichsweise starren Strukturen der Schule, sind allerdings Konflikte vorprogrammiert. In der Geschlechterforschung wird dabei von regelüberschreitendem, **anomischem Verhalten** gesprochen, das mit mangelnder Regulationsfähigkeit in Verbindung gebracht wird (vgl. Strobel-Eisele 2015).

Diese Verhaltensunterschiede spiegeln sich auch im **Sportengagement** von Mädchen und Jungen wider, wenngleich Bewegungs-, Spiel- Sportangebote bei beiden Geschlechtern beliebt sind. Insgesamt gehören Bewegung und Sport zu den beliebtesten Aktivitäten im Leben von Kindern und Jugendlichen (Züchner 2013), wobei Jungen in allen Altersphasen ein etwas höheres Sportengagement zeigen als Mädchen (vgl. Abb. 5.1). Der **Sportunterricht** ist für Mädchen und Jungen das beliebteste Fach in der Schule, wobei etwa drei Viertel der Jungen und die Hälfte der Mädchen den Sportunterricht als Lieblingsfach nennen. Unterschiedliche Bewegungsvorlieben bestehen im Hinblick auf die Orientierung an geselligen Aktivitäten (Mädchen) und wettkampfbezogenen Aktivitäten (Jungen). Allgemeine Einschätzungen über den Sportunterricht und die Sportnoten unterscheiden sich nur geringfügig, wobei die Jungen tendenziell zufriedener sind (DSB 2006). Der **Sportverein** ist für Mädchen und Jungen zunächst gleichermaßen interessant. Während sich Mädchen vergleichsweise vielseitig orientieren (Turnen, Reiten, Tanzen, Kampfsport, Ballsportarten, nicht zuletzt auch Fußball), konzentrieren sich Jungen nach wie vor mehrheitlich auf Ball- und Kampfsportarten (Gieß-Stüber et al. 2008). Mit zunehmendem Alter verlassen deutlich mehr Mädchen den Sportverein als Jungen und wenden sich **selbstorgansierten und kommerziellen Angeboten**

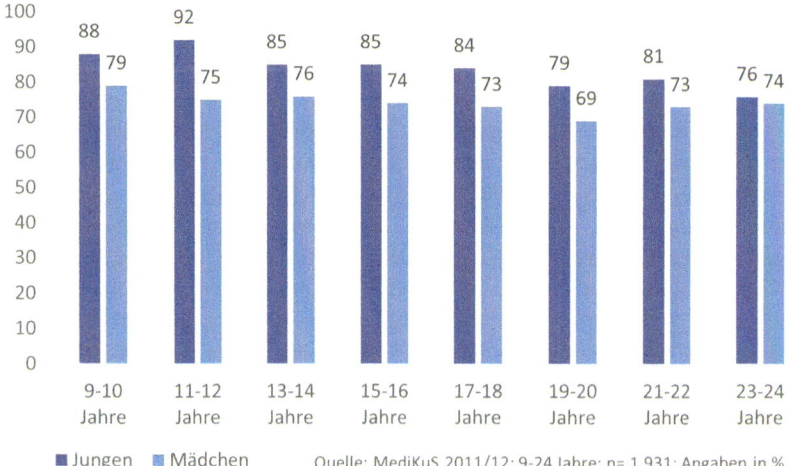

Abb. 5.1 Anteil sportlich aktiver Mädchen und Jungen nach Altersgruppen. (Mod. nach Züchner 2013, S. 103)

zu, die sich allerdings auch bei Jungen im Jugendalter zunehmender Beliebtheit erfreuen (vgl. Schmidt et al. 2015).

Trotz dieser Unterschiede im Sportengagement unterscheiden sich die allgemeinen Entwicklungsverläufe von Mädchen und Jungen im Kindesalter zunächst wenig. So verläuft die **motorische Entwicklung** bis zum Einsetzen der Pubertät ganz ähnlich. Ausnahmen, etwa in Bezug auf feinmotorische Aufgaben und rhythmisches Bewegen zugunsten der Mädchen oder Wurffähigkeiten und Ballspiele zugunsten der Jungen, sind vor allem sozialisationsbedingt zu erklären. Mit Einsetzen der Pubertät sind dann allerdings Unterschiede in der motorischen Leistungsfähigkeit von Mädchen und Jungen zu verzeichnen (vgl. Weineck 2019). Auch die **psychische Entwicklung** von Mädchen und Jungen verläuft zunächst weitgehend identisch. Allerdings können traditionell männlich besetzte Bewegungsfelder, wie der Wettkampfsport, zu einer Fehleinschätzung eigener Fähigkeiten führen. Mädchen neigen in diesem Fall tendenziell zur Unterschätzung, Jungen hingegen zur Überschätzung (vgl. Gieß-Stüber et al. 2008). Auch in anderen Entwicklungsfeldern gibt es im Verlauf der Entwicklung Unterschiede zwischen Mädchen und Jungen. Bei der Betrachtung ist zu berücksichtigen, dass es sich dabei in der Regel um **Durchschnittswerte** handelt; die individuelle Entwicklung kann davon im Einzelfall deutlich abweichen. Gleichwohl gibt es statistisch relevante Unterschiede zwischen den Geschlechtern.

So bestehen Unterschiede im Bereich der **Gesundheit** (Stier und Winter 2013), in dem Jungen z. T. deutlich anfälliger sind als Mädchen, etwa in Bezug auf ADHS oder Stottern (vgl. Abb. 5.2). Auch der Blick in die Statistiken zur **Jugendkriminalität** (Dollinger und Schabdach 2013) ergibt ein massives Ungleichgewicht zuungunsten der Jungen (vgl. Abb. 5.3). Besonders auffällig ist die Benachteiligung im **Bildungssystem,** in dem die Jungen mittlerweile in fast allen Bereichen deutlich hinter den Mädchen zurückliegen (vgl. Berlin-Institut 2015): Während knapp 61 % der vorzeitig eingeschulten Kinder in der Grundschule Mädchen sind, sind rund 64 % der verspätetet eingeschulten Kinder Jungen. Deutschlandweit sind 53 % der Gymnasiasten Mädchen, während 56 % der Hauptschüler und 64 % der Förderschüler Jungen sind (Statistisches Bundesamt 2016). Ein Blick auf die diagnostizierten Förderbedarfe in Nordrhein-Westfalen zeigt, dass die Jungen in allen **Förderschwerpunkten** vor den Mädchen liegen, am deutlichsten in den Bereichen „Emotionale und soziale Entwicklung" (84 %), „Sprache" (70 %) und „Körperliche und motorische Entwicklung" (63 %) (MSW NRW 2015). Auch bei den Schulabschlüssen in Deutschland zeigt sich ein ähnlich alarmierendes Bild (vgl. Abb. 5.4). Insgesamt kann von einer strukturellen Benachteiligung der **Jungen im Bildungssystem** ausgegangen werden (vgl. Neuber 2020).

5.3 Grundlagen

Krankheitsbilder und Störungen	♂ : ♀
Aufmerksamkeits- und Hyperaktivitätsstörungen	3-9:1
Stottern	2-10:1
Generelles Risiko an psychischen Störungen zu erkranken	2-3:1
Fehlbildungen/Erkrankungen der Geschlechtsorgane	10,8:1
Blutkrankheiten	1,7:1
Cerebrale Bewegungsstörungen	1,4:1
Erkrankungen des Nervensystems	1,2:1
Hüftgelenksanomalien	1,2:4
Intellektuelle Minderentwicklung	1,6:1
Störungen der emotionalen und sozialen Entwicklung	1,6:1
Anfallsleiden	1,2:1
Fehlbildungen/Erkrankungen der Ohren	1,6:1
Sprach- und Sprechstörungen	1,7:1
Motorische Entwicklungsstörungen	2,5:1

Abb. 5.2 Diagnostizierte Fälle im Rahmen der Krankheits-Früherkennungsmaßnahmen U3 bis U9 im Verhältnis von Jungen und Mädchen (Neuber und Salomon 2008, S. 18). (Mod. nach Neutzling 2006)

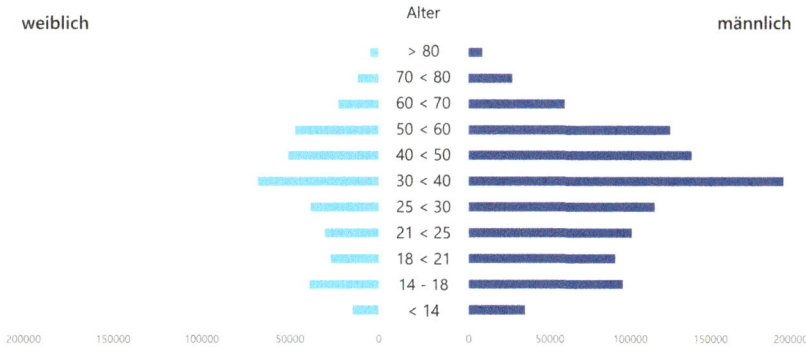

Abb. 5.3 Tatverdächtige in Deutschland nach Frauen und Männern unterschieden. (Mod. nach BKA 2018, S. 28)

Zur Beschreibung und Analyse von Geschlechterverhältnissen im Sport kann auf Theorien der Geschlechterforschung zurückgegriffen werden. Dabei werden drei Phasen unterschieden (vgl. Kreienbaum und Urbaniak 2006, S. 38–40; Hartmann-Tews 2006; Biermann 2019): In den 1970er und 80er Jahren trugen

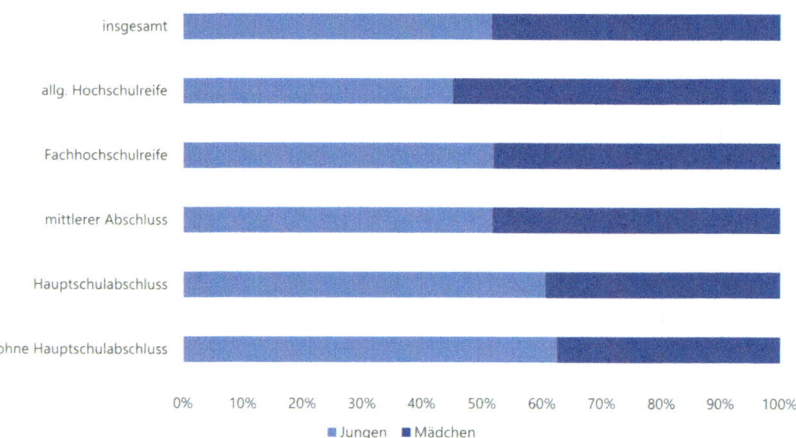

Abb. 5.4 Schulabschlüsse von Mädchen und Jungen (Mod. nach Statistisches Bundesamt, 2020)

sozialisationstheoretische Defizitansätze dazu bei, einseitig biologistische Sichtweisen von Geschlecht zu überwinden. Im Vordergrund stand die Analyse von Erziehungspraktiken und Sozialisationsbedingen, die zur Benachteiligung von Mädchen im Sport beitrugen. Diese Perspektive wurde Ende der 1980er Jahre von **identitätstheoretischen Differenzansätzen** abgelöst. Dabei wurden unterschiedliche Stile und Praktiken der Geschlechter, insbesondere von Mädchen und Frauen, untersucht, die „nicht mehr als Abweichung von der Norm diskutiert, sondern [als] Anderssein" aufgewertet wurden (Hartmann-Tews 2006, S. 46). Themen waren bspw. Identitätskonstruktionen von Spitzensportlerinnen oder der „Weiblichkeitszwang" von Sportlerinnen im Vergleich zu Sportlern (Kugelmann 1996), aber auch die Identitätsentwicklung von Jungen im Sport (Neuber 2006). Ende der 1990er Jahre begann die Phase der **konstruktivistischen Interaktionsansätze,** die davon ausgehen, „dass die Geschlechterunterscheidung basierend auf geschlechtsspezifischer Arbeitsteilung sozial erzeugt und durch historische Eingebundenheit und den Kontext des kulturellen Deutungssystems bestimmt ist (,doing gender')" (Gieß-Stüber 1999, S. 174). Themen im Sport waren etwa ungleiche Arbeits- und Machtverteilungen im Leistungssport oder in ehrenamtlichen Führungen, aber auch Geschlechterbilder in den Medien (Rulofs und Hartmann-Tews 2006). Insgesamt stehen damit drei theoretische **Perspektiven auf das Thema „Sport und Geschlecht"** zur Verfügung.

In der Praxis kommt der **Person der Sportlehrerin bzw. des Sportlehrers** besondere Bedeutung zu. Sportlehrkräfte sind konkrete, bewegungsbezogene Vorbilder für Mädchen und Jungen, an denen sie sich orientieren, von denen sie sich aber auch abgrenzen können. Dafür ist eine **gendersensible Haltung** notwendig, die auf einem Selbstverständnis von der Gleichwertigkeit der Geschlechter beruht, Geschlechterverhältnisse reflektiert, auf geschlechterbezogene Konflikte reagiert und aktiv Partei für Mädchen oder Jungen ergreift, wenn das nötig ist (vgl. Frohn und Grimminger 2011).

▶ **Genderkompetenz von Sportlehrkräften** Insgesamt bedarf es damit einer Genderkompetenz von Sportlehrkräften, was bedeutet, „um Prozesse des doing gender zu wissen, geschlechtsbezogene Zuschreibungen in den Körper-, Bewegungs- und Sportpraxen sowohl bei sich als auch bei den Schülerinnen und Schülern zu erkennen, zu reflektieren und zu hinterfragen und beiden Geschlechtern vielfältige sportbezogene Entwicklungsmöglichkeiten und Gestaltungsfreiräume zu eröffnen" (Frohn und Grimminger 2011, S. 157).

Auf dieser Grundlage können Sportlehrkräfte **genderkompetent unterrichten** (vgl. Palzkill und Scheffel 2017).

▶ **Literaturtipp**
Frohn, J. (2014). Zur Relevanz von Gender bei Sportlehrkräften. In D. Kuhlmann & E. Balz (Hrsg.), *Sportlehrkräfte stärken! Bereiche – Befunde – Beispiele* (S. 67–78). Schorndorf: Hofmann.
Ausgehend von allgemeinen Überlegungen zu „Gender und Schule" gibt Judith Frohn einen guten Überblick insbesondere über die Untersuchungen zur Rolle von Sportlehrerinnen in der Schule und verweist zu Recht auf ein Forschungsdefizit zum Thema „Sportlehrer". Abschließend gibt sie einige Empfehlungen, wie sich Sportlehrkräfte in Bezug auf ihren Umgang mit dem Thema Geschlecht im Schulsport gemeinsam weiterentwickeln können.

5.4 Fachdidaktische Konzepte

Die vorliegenden Konzepte zur Förderung von Mädchen und Jungen im Schulsport entwickelten sich seit den 1970er Jahren im Gefolge der politischen und geschlechterwissenschaftlichen Debatten. Dementsprechend setzten erste

Ansätze auf einen **koedukativen Sportunterricht** (z. B. Brodtmann und Kugelmann 1984; Kröner und Pfister 1985; Alfermann 1992). Ausgehend von der Idee des gemeinsamen Sporttreibens sollte die gleichberechtigte Teilhabe von Mädchen und Jungen im Sport durch die Kompensation tatsächlicher oder vermeintlicher Schwächen erreicht werden: „So sollten insbesondere die Defizite der Mädchen ausgeglichen und soziales Verhalten von Jungen gefördert werden" (Diketmüller 2009, S. 247). Nachdem der koedukative Sportunterricht nicht zu dem gewünschten Aufbrechen der tradierten Geschlechterrollen führte, wurden zunächst **mädchenparteiliche Angebote** entwickelt, die zumindest phasenweise auf eine **Teilzeittrennung** der Geschlechter setzten (z. B. Gieß-Stüber 1993; Kröner 1993; Scheffel 1996). Mit einer gewissen zeitlichen Verzögerung entstanden auch **jungenparteiliche Ansätze** (Schmerbitz und Seidensticker 1997; Richartz 2000; Neuber 2003). Beide Zugänge zielten darauf, die unterschiedlichen Bewegungskulturen von Mädchen und Jungen zum Thema des Sportunterrichts zu machen, waren in ihren Anfängen jedoch oft noch recht defizitorientiert angelegt. Erst mit Beginn der 2000er Jahre setzte sich die Idee eines **Geschlechtssensiblen Schulsports** durch. Vor diesem Hintergrund werden exemplarisch vier Konzepte zur Förderung von Mädchen und Jungen im Sportunterricht vorgestellt.

Das Konzept der Reflexiven Koedukation entstand Anfang der 1990er Jahre als Reaktion auf die nur teilweise überzeugenden Versuche, Mädchen und Jungen gemeinsam zu unterrichten. Bis dahin war Koedukation überwiegend organisatorisch umgesetzt, nicht aber pädagogisch reflektiert worden (vgl. (Kreienbaum und Urbaniak 2006). Entsprechend sollen Mädchen und Jungen durch die **Reflexive Koedukation im Sportunterricht** lernen, „gleichberechtigt und miteinander so zu handeln, dass dies zu einem für beide Geschlechter befriedigenden Miteinander führt" (Diketmüller 2009, S. 253). Dafür ist es notwendig, dass geschlechtsbezogene **Konflikte im Sportunterricht** erkannt und bearbeitet werden. Inhaltlich bieten sich dafür sowohl geschlechtstypische Themen, wie Kampfsport oder Tanzen, als auch geschlechtsneutrale Themen, wie Rollsport oder Trendspiele, an (Voss 2002). Insgesamt sollen damit **plurale Erfahrungen von Geschlecht** ermöglicht und reflektiert werden. Methodisch setzt die Reflexive Koedukation bei Prinzipien, wie Selbstbestimmung und Problemorientierung, an, verzichtet aber auch nicht auf das bewusste Inszenieren von Konflikten (Konfrontationsmethode), um Geschlechterstereotype aufbrechen zu können (vgl. Diketmüller 2009).

Der **Geschlechtssensible Schulsport** greift die Ideen der Reflexiven Koedukation auf und entwickelt sie weiter. Die einzelnen Ansätze sind nicht immer ganz trennscharf, eine entscheidende Neuerung besteht aber darin,

5.4 Fachdidaktische Konzepte

geschlechtsbezogene Unterschiede nicht nur im Sinne einer **Dramatisierung** hervorzuheben, sondern sie ebenso im Sinne einer **Entdramatisierung** auszublenden, wenn sie für das Unterrichtsgeschehen nicht relevant sind. Es geht also darum, „Geschlechterdifferenzen und Geschlechterverhältnisse situationsangemessen in den Vordergrund oder auch in den Hintergrund zu rücken" (Frohn und Süßenbach 2012, S. 5). Inhaltlich orientiert sich der Geschlechtssensible Schulsport an den Überlegungen zur Reflexiven Koedukation. Eine besondere Bedeutung kommt der **Genderkompetenz der Lehrkräfte** zu, die gefordert sind, eine Balance zwischen Dramatisierung und Entdramatisierung von Geschlechteraspekten zu finden (vgl. Frohn und Grimminger 2011). Ein methodischer Dreischritt besteht in Anlehnung an Budde (2011) darin, zunächst Geschlechterdifferenzen hervorzuheben, dann Unterschiede innerhalb der Geschlechtergruppen zu betonen, bevor Geschlechterdifferenzen entdramatisiert werden und Unterricht individualisiert wird. Teilweise ist dabei aber auch eine Parteinahme für einzelne Geschlechter nötig.

Ausgehend von den Erfahrungen missglückter Koedukationsbemühungen entwickelten sich mit Beginn der 1990er Jahre **Mädchenparteiliche Ansätze im Sportunterricht**. Angesichts „alltäglicher Diskriminierungen von Mädchen im Schulsport, angesichts der alltäglichen Anmache und körperlichen Übergriffe durch Jungen im koedukativen Sportunterricht, angesichts der alltäglichen Selbstverachtung und Rückzugsstrategien von Mädchen und Frauen im Sport…", waren die Ansätze explizit feministisch ausgerichtet (Kugelmann 2007, S. 91). Parteilichkeit bedeutete eine „**bewusste Hinwendung**" zu (Scheffel 1991, S. 41) und Unterstützung von Mädchen im Schulsport. „Mädchen sollten im Sportunterricht ermutigt und empowert werden, ihre Stärken zu erkennen und zu entwickeln, sich Raum zu nehmen, sich von fremden Wertvorstellungen zu lösen und sich gegen gewalttätige Übergriffe zu wehren" (Diketmüller 2009, S. 251). Typische **mädchenparteiliche Themen** setzen bei den „Defizite[n] weiblicher Sozialisation" an (Kugelmann 2007, S. 92) und zielen bspw. auf Selbstbewusstsein, Selbstvertrauen, Wilde Spiele, Essstörungen, Raumaneignung, aus der Reihe tanzen u. a. m. Spezifische methodische Hinweise für mädchenparteiliche Angebote werden kaum gegeben; im Wesentlichen orientieren sie sich an den Prinzipien der Reflexiven Koedukation (Scheffel 1996).

Auch die Konzepte zur **Jungenförderung im Sportunterricht** waren zunächst vergleichsweise defizitorientiert (vgl. Schmerbitz und Seidensticker 1997). Allerdings meldeten sich bald kritische Stimmen zu Wort. So monierte Richartz (2000, S. 319) die starre Orientierung am „anderen Mannsein" und machte sportbezogene Männlichkeitsentwürfe aus der Perspektive von Jungen zum Thema. Es folgten Ansätze zum Leistungsthema (Grabs et al. 2005)

Tab. 5.1 Begriffspaare des Variablenmodells im Sport (Neuber 2014b, S. 153)

Gewinnen	Verlieren
Kooperation	Konkurrenz
Sensibilität	Kraft
Spannung	Entspannung
Wagnis	Risiko
Nähe	Distanz
Regeln anerkennen	Regeln überschreiten
Ausdruck	Präsentation

sowie zum Umgang mit Emotionen im Sport (Marienfeld 2011). Am weitesten elaboriert ist das **Variablenmodell im Sport** (Neuber und Salomon 2010; Neuber 2014b). Es zielt darauf, dass Jungen die Möglichkeit bekommen, unterschiedliche Bewegungsbedürfnisse ausleben, zugleich aber auch neue Perspektiven ausprobieren zu können und dadurch ein vielseitiges, eigenes Verständnis von Männlichkeit zu entwickeln. Dazu greift das Variablenmodell auf das **Prinzip der Mehrperspektivität** zurück, das sich in ambivalenten Bewegungsfeldern, wie Kooperation vs. Konkurrenz, Sensibilität vs. Kraft oder Nähe vs. Distanz, äußert (vgl. Tab. 5.1). Methodisch setzt das Konzept auf ein erfahrungs- und prozessorientiertes Lernen, das das gesamte Spektrum von geschlossenen bis zu offenen Aufgabenstellungen nutzt (vgl. Neuber 2014a).

> **Variablenmodell im Sport**
> Das Variablenmodell „**Balanciertes Junge- und Mannsein**" wurde ursprünglich im Rahmen einer Studie zur Jungengesundheit entwickelt (Winter und Neubauer 1998). Ausgehend von Interviews mit Jungen formulierten die Autoren acht Spannungsfelder gelingenden Jungeseins, z. B. Konzentration und Integration, Präsentation und Selbstbezug oder Leistung und Entspannung. Ausgangspunkt des Konzeptes ist ein **komplementäres Verständnis von Männlichkeit**, das sowohl aktive, leistungsbezogene, als auch passive, reflexive Aspekte integriert. Dabei geht es ausdrücklich nicht um Defizite und Probleme, die Jungen haben bzw. machen, sondern um ihre Stärken und Wünsche (Winter und Neubauer 2001). In seiner Ursprungsversion hat das Variablenmodell kaum Bezüge zum Sport. Will man die Bedürfnisse von Jungen aufgreifen, kommt man am Sport jedoch nicht vorbei (Blomberg und Neuber 2014).

Allerdings ist der **Sport ein ambivalentes Feld,** das sich sowohl durch traditionelle, leistungssportbezogene Männlichkeitsvorstellungen als auch durch eine Vielzahl an alternativen Identifikationsmöglichkeiten auszeichnet (Neuber 2006).

In der **Praxis der Jungenförderung** geht es darum, diese vielfältigen, teilweise widersprüchlichen Identifikationsmöglichkeiten, wie Leistung und Erfolg, Härte und Disziplin oder Hierarchie und Freundschaft, aufzugreifen und in ihren ambivalenten Zusammenhängen erfahrbar zu machen (Grabs et al. 2005). Dabei wird zunächst bei den **Bedürfnissen von Jungen** nach wilden Balgereien und „richtigem" Sport angesetzt. Gleichzeitig sollen aber auch andere Facetten männlichen Verhaltens, wie Vertrauen und Kooperation, erfahrbar gemacht werden. Dadurch sollen Jungen die Möglichkeit bekommen, unterschiedliche Bewegungsbedürfnisse ausleben, zugleich aber auch neue Perspektiven ausprobieren zu können und dadurch ein vielseitiges, eigenes **Verständnis von Männlichkeit** zu entwickeln. Dazu greift das Variablenmodell auf acht Variablenpaare zurück (vgl. Tab. 5.1), die auch empirisch geprüft sind (Salomon 2015). Vor dem Hintergrund der vergleichsweise defizitorientierten Ansätze zur Mädchenparteilichkeit könnte das mehrperspektivische Variablenmodell auch ein Konzept zur Mädchenförderung sein – wobei das eine oder andere Variablenpaar wahrscheinlich anders ausfallen würde.

5.5 Konzepte im Überblick

Die fachdidaktischen Konzepte zur Förderung von Mädchen und Jungen im Sportunterricht sind in verschiedenen Phasen der Geschlechterdiskussion entstanden und greifen entsprechend auf unterschiedliche theoretische Ansätze zurück (vgl. Tab. 5.2). Nachdem der koedukative (Sport-)Unterricht zunächst eher organisatorisch als pädagogisch differenziert umgesetzt wurde, entwickelte sich zu Beginn der 1990er Jahre die **Reflexive Koedukation im Sportunterricht.** Mädchen und Jungen sollten dadurch nicht nur plurale Erfahrungen ihres Geschlechts im Sport machen, sondern im Sinne einer gleichberechtigten Teilhabe auch geschlechtsbezogene Konflikte erkennen und im Idealfall einvernehmlich lösen (Diketmüller 2009). Dafür bedient sich das Konzept sowohl geschlechtstypischer, als auch geschlechtsneutraler Inhalte. Methodisch setzt die Reflexive Koedukation auf Selbstbestimmung und Problemlösung, wobei letztere

Tab. 5.2 Fachdidaktische Konzepte zur Förderung von Mädchen und Jungen im Sport im Überblick

	Reflexive Koedukation im Sportunterricht	Geschlechtssensibler Schulsport	Mädchenparteiliche Ansätze im Sportunterricht	Jungenförderung im Sportunterricht
Vertreter	Rosa Diketmüller Anja Voss	Judith Frohn Jessica Süßenbach	Claudia Kugelmann Heidi Scheffel	Nils Neuber Sebastian Salomon
Leitidee	Plurale Erfahrungen von Geschlecht; Konflikte erkennen und lösen; Gleichberechtigte Teilhabe	Balance zwischen Dramatisierung und Entdramatisierung von Geschlecht	Ermutigung und Empowerment von Mädchen; bewusste Hinwendung zu Mädchen	Balanciertes Jungesein: Bewegungsbedürfnisse ausleben und Perspektiverweiterung
Sachbezug	Geschlechtstypische und geschlechtsneutrale Themen	Geschlechtstypische und geschlechtsneutrale Themen	Mädchenparteiliche Themen, wie Räume aneignen, aus der Reihe tanzen, Ringen und Kämpfen	Variablenmodell, z. B. Kooperation vs. Konkurrenz, Sensibilität vs. Kraft, Nähe vs. Distanz
Vermittlungsbezug	Selbstbestimmung, Problemorientierung; Konfrontationsmethode	Geschlechterdifferenzen, Differenzen zwischen den Geschlechtern, Entdramatisierung von Geschlecht auf der Basis von Genderkompetenz	Erfahrungsorientierung, Problemorientierung, Selbstgestaltung, Mitbestimmung	Prozessorientierte Methodik zwischen Offenheit und Geschlossenheit; Mehrperspektivität, Erfahrungsorientierung

auch durch bewusst inszenierte Konflikte angeregt werden kann (vgl. Voss 2002). Der **Geschlechtssensible Schulsport** greift die Ideen der Reflexiven Koedukation auf und entwickelt sie weiter. Eine zentrale Neuerung besteht im Ausbalancieren von Dramatisierung und Entdramatisierung der Kategorie Geschlecht im Sportunterricht (vgl. Frohn und Süßenbach 2012). Dazu bedient sich der Ansatz ähnlicher Inhalte wie die Reflexiven Koedukation, geht aber methodisch bewusster mit dem Hervorheben bzw. Ausblenden geschlechtstypischer Unterschiede um, die teilweise besonders betont werden, teilweise aber auch unwichtig sind. Grundlegend für dieses Ausbalancieren ist die Genderkompetenz der Sportlehrkräfte (Palzkill und Scheffel 2017).

In Gefolge der defizitären Koedukationsversuche der 1980er Jahre entwickelten sich auch parteiliche Konzepte zur Förderung von Mädchen und Jungen, die im Sinne einer „Teilzeit-Trennung" (Gieß-Stüber 1993) in geschlechterhomogenen Gruppen durchgeführt werden. Zunächst entstanden **Mädchenparteiliche Ansätze im Sportunterricht,** die sich durch eine bewusste Hinwendung zu den im „normalen" Unterricht benachteiligten Mädchen auszeichneten (Scheffel 1991). Die Zielsetzung der Ansätze besteht in der Ermutigung und im Empowerment der Mädchen. Inhaltlich orientieren sich die Arbeiten an „mädchenparteilichen Themen", wie Räume aneignen, aus der Reihe tanzen oder Ringen und Kämpfen (vgl. Kugelmann 2007). Methodisch greifen sie auf Prinzipien, wie Problemorientierung, Selbstgestaltung und Mitbestimmung, zurück. Mit einiger zeitlicher Verzögerung entwickelten sich Ende der 1990er Jahre erste Konzepte zur **Jungenförderung im Sport.** Das Variablenmodell „Balanciertes Jungesein im Sport" setzt bei den Bewegungsbedürfnissen der Jungen an, zielt zugleich aber auf eine Perspektiverweiterung, sodass die Jungen im Sport unterschiedliche Facetten von Männlichkeit erleben können (Neuber und Salomon 2010). Inhaltlich bedient sich das Konzept ambivalenter Variablenpaare wie Kooperation vs. Konkurrenz, Sensibilität vs. Kraft oder Nähe vs. Distanz. Die Methodik ist erfahrungs- und prozessorientiert und nutzt das gesamte Aufgabenspektrum von geschlossen bis offen (vgl. Neuber 2014a).

Reflexionsfragen
1. Inwiefern spiegelt sich die „Dominanz des zweigeschlechtlichen Systems" auch im Sport?
2. Wodurch unterscheiden sich die Erwartungen an Mädchen und Jungen in Sport und Gesellschaft?
3. Warum ist „anomisches Verhalten" von Jungen in der Schule nicht zwangsläufig negativ einzuschätzen?
4. Wodurch lassen sich Unterschiede zwischen Mädchen und Jungen im Bildungssystem erklären?
5. Inwiefern unterscheiden sich identitätstheoretische und sozialkonstruktivistische Ansätze der Geschlechtsforschung?
6. Warum wird seit einiger Zeit ein „Undoing Gender" gefordert?
7. Was, glauben Sie, kommt in der Praxis des Schulsports häufiger vor: Koedukation oder Koinstruktion? Warum?

8. Was spricht für eine „Teilzeittrennung" von Mädchen und Jungen im Sportunterricht?
9. Inwiefern kann man davon ausgehen, dass der Gendersensible Schulsport eine Weiterentwicklung der Reflexiven Koedukation ist?
10. Warum ist es für Sportlehrerinnen und Sportlehrer nicht immer einfach, sich gendersensibel zu verhalten? ◄

Literatur

Alfermann, D. (1992). Koedukation im Sportunterricht. *Sportwissenschaft, 22,* 323–343.
Berlin-Institut für Bevölkerung und Entwicklung. (2015). *Schwach im Abschluss – Warum Jungen in der Bildung hinter Mädchen zurückfallen – und was dagegen zu tun wäre.* Berlin: Selbstverlag.
Biermann, C. (2019). Geschlecht und Schule – Rückblick auf 50 Jahre Wissenschaft und Praxis. *Schüler-Jahresheft 2019 „Mädchen",* 6–9.
Blomberg, C., & Neuber, N. (Hrsg.). (2014). *Männliche Selbstvergewisserung im Sport – Beiträge zur geschlechtssensiblen Förderung von Jungen: Bd. 6. Bildung und Sport.* Wiesbaden: Springer VS.
Böhnisch, L. (2013). *Männliche Sozialisation – Eine Einführung* (2., überarbeitete Aufl.). Weinheim: Beltz & Juventa.
Brodtmann, D., & Kugelmann, C. (1984). Mädchen und Jungen im Schulsport. *Sportpädagogik, 8*(2), 8–16.
Budde, J. (2011). Gendersensible Schule. In H. Faulstich-Wieland (Hrsg.), *Umgang mit Heterogenität und Differenz* (S. 99–119). Baltmannsweiler: Scheider.
Bundeskriminalamt (BKA). (Hrsg.). (2018). *Polizeiliche Kriminalstatistik,* 3 (S. 28). https://www.bka.de/SharedDocs/Downloads/DE/Publikationen/PolizeilicheKriminalstatistik/2018/pks2018Jahrbuch3TV.pdf?__blob=publicationFile&v=9. Zugegriffen: 24. Febr. 2020.
Deutscher Sportbund (Hrsg.). (2006). *DSB-Sprint-Studie. Eine Untersuchung zur Situation der Schulsports in Deutschland.* Aachen: Meyer und Meyer.
Diketmüller, R. (2009). Geschlecht als didaktische Kenngröße – Geschlechtersensibel unterrichten im mono- und koedukativen Schulsport. In H. Lange & S. Sinning (Hrsg.), *Handbuch Sportdidaktik* (2. Aufl., S. 245–259). Balingen: Spitta.
Dollinger, B., & Schabdach, M. (2013). *Jugendkriminalität.* Wiesbaden: Springer VS.
Frohn, J. (2014). Zur Relevanz von Gender bei Sportlehrkräften. In D. Kuhlmann & E. Balz (Hrsg.), *Sportlehrkräfte stärken! Bereiche – Befunde – Beispiele* (S. 67–78). Schorndorf: Hofmann.
Frohn, J., & Grimminger, E. (2011). Zum Umgang mit Heterogenität im Sportunterricht – Genderkompetenz und interkulturelle Kompetenz von Sportlehrkräften. In E. Balz, M. Bräutigam, W.-D. Miethling, & P. Wolters (Hrsg.), *Empirie des Schulsports* (S. 154–173). Aachen: Meyer & Meyer.

Frohn, J., & Süßenbach, J. (2012). Gendersensibler Schulsport – Den unterschiedlichen Bedürfnissen von Mädchen und Jungen im Sport mit Genderkompetenz begegnen. *Sportpädagogik, 36*(6), 2–7.

Gieß-Stüber, P. (1993). „Teilzeit-Trennung" als mädchenparteiliche Maßnahme – Bericht über einen Unterrichtsversuch in einer Gesamtschule. In N. Schulz & H. Allmer (Hrsg.), *Schulsport heute – Aspekte einer zeitgemäßen Konzeption* (S. 166–186). Sankt Augustin: Academia.

Gieß-Stüber, P. (1999). Kinder als Subjekte in einer zweigeschlechtlich strukturierten Lebenswelt. In W. Kleine & N. Schulz (Hrsg.), *Modernisierte Kindheit – sportliche Kindheit?: Bd. 20. Brennpunkte der Sportwissenschaft* (S. 167–182). St. Augustin: Academia.

Gieß-Stüber, P., Neuber, N., Gramespacher, E., & Salomon, S. (2008). Mädchen und Jungen im Sport. In W. Schmidt (Hrsg.), *Zweiter Deutscher Kinder- und Jugendsportbericht – Schwerpunkt: Kindheit* (S. 63–83). Schorndorf: Hofmann.

Grabs, R., Kringe, M., & Neuber, N. (2005). *Nur die Leistung zählt!? – Leisten, Leistung und Erfolg in der sportlichen Jungenarbeit* (hrsg. von der Sportjugend NRW). Duisburg: Eigenverlag.

Hagemann-White, C. (1984). *Sozialisation Weiblich – Männlich?* Opladen: Leske + Budrich.

Hartmann-Tews, I. (2006). Soziale Konstruktion von Geschlecht im Sport und in den Sportwissenschaften. In I. Hartmann-Tews & B. Rulofs (Hrsg.), *Handbuch Sport und Geschlecht– Status Quo und Perspektiven für Forschung, Lehre und Sportpraxis: Bd. 158. Beiträge zur Lehre und Forschung im Sport* (S. 40–53). Schorndorf: Hofmann.

Kreienbaum, M. A., & Urbaniak, T. (2006). *Jungen und Mädchen in der Schule – Konzepte der Koedukation*. Berlin: Cornelsen.

Kröner, S. (1993). *Annäherungen an eine andere Bewegungskultur*. Pfaffenweiler: Centaurus.

Kröner, S., & Pfister, G. (Hrsg.). (1985). *Nachdenken über Koedukation im Sport*. Ahrensburg: Czwalina.

Kugelmann, C. (1996). Koedukation im Sportunterricht – 20 Jahre Diskussion und kein Ende. *Sportwissenschaft, 26,* 272–289.

Kugelmann, C. (2007). Koedukation im Sportunterricht oder: Mädchen und Jungen gemeinsam in Spiel, Sport und Bewegung unterrichten. In R. Laging (Hrsg.), *Neues Taschenbuch des Sportunterrichts – Kompaktausgabe* (S. 78–103). Hohengehren: Schneider.

Kugelmann, C. (2010). Mädchen und Bewegung. Weibliche Teilhabe am Sport – zwischen Tradition und Fortschritt. In M. Matzner (Hrsg.), *Handbuch Mädchen-Pädagogik* (S. 349–360). Weinheim: Beltz.

Maccoby, E. E. (2000). *Psychologie der Geschlechter. Sexuelle Identität in den verschiedenen Lebensphasen*. Stuttgart: Klett-Cotta.

Marienfeld, U. (2011). *Die Bedeutung von Emotionen und deren Ausdrucksformen für die soziale Konstruktion von Männlichkeiten im Schulsport*. Baltmannsweiler: Schneider.

MSW NRW (Ministerium für Schule und Weiterbildung des Landes Nordrhein-Westfalen). (2015). Das Schulwesen in Nordrhein-Westfalen aus quantitativer Sicht 2014/2015 (Statistische Übersicht Nr. 388). http://www.schulministerium.nrw.de/docs/bp/Ministerium/Service/Schulstatistik/Amtliche-Schuldaten/Quantita_2014.pdf. Zugegriffen: 8. Febr. 2016.

Neuber, N. (2003). Früh übt sich, was ein Meister werden will!? – Zum Umgang mit Leistung und Erfolg in der bewegungsorientierten Jungenarbeit. *Motorik, 26,* 106–116.

Neuber, N. (2006). Männliche Identitätsentwicklung im Sport. In I. Hartmann-Tews & B. Rulofs (Hrsg.), *Handbuch Sport und Geschlecht – Status Quo und Perspektiven für Forschung, Lehre und Sportpraxis: Bd. 158. Beiträge zur Lehre und Forschung im Sport* (S. 125–138). Schorndorf: Hofmann.

Neuber, N. (2014a). *Supermann kann Seilchen springen – Bewegung, Spiel und Sport mit Jungen* (2., durchgesehene Aufl.). Dortmund: modernes lernen.

Neuber, N. (2014b). Jungenförderung im Sport – von der Jungenarbeit im Sportunterricht zum Variablenmodell im Sport. In C. Blomberg & N. Neuber (Hrsg.), *Männliche Selbstvergewisserung im Sport – Beiträge zur geschlechtssensiblen Förderung von Jungen: Bd. 6 Bildung und Sport* (S. 145–162). Wiesbaden: Springer VS.

Neuber, N. (2020). Wenn zwei das Gleiche tun ist es noch lange nicht dasselbe – Jungenförderung als Herausforderung für Sportlehrkräfte. In A. Bund (Hrsg.), *Sport in Europa*. Hamburg: Czwalina (i. Dr.).

Neuber, N., & Salomon, S. (2008). „Immer kernig und gesund!?" – Bewegungsorientierte Gesundheitsförderung von Jungen. *Haltung und Bewegung, 28*(2), 16–24.

Neuber, N., & Salomon, S. (2010). Jungen fördern. *Sportpädagogik, 34*(2), 2–8.

Oldemeier, K. (2019). Weiblich, männlich, trans*, divers – Wenn das Empfinden nicht zum zugewiesenen Geschlecht passt. *Schüler-Jahresheft 2019 „Mädchen",* 91–93.

Palzkill, B., & Scheffel, H. (2017). Geschlechterkompetenz im Sportunterricht. In I. Glockentöger & E. Adelt (Hrsg.), *Gendersensible Bildung und Erziehung in der Schule. Grundlagen – Handlungsfelder – Praxis* (S. 173–186). Münster: Waxmann.

Richartz, A. (2000). Sport und die Suche nach Männlichkeit – Jungen auf dem beschwerlichen Weg zur Geschlechtsidentität. *Sportunterricht, 49,* 314–321.

Richartz, A. (2015). Raufen und Toben – Was Spielkämpfen ist und wozu es dient. In C. Blomberg & N. Neuber (Hrsg.), *Männliche Selbstvergewisserung im Sport – Beiträge zur geschlechtssensiblen Förderung von Jungen: Bd. 6. Bildung und Sport* (S. 165–184). Wiesbaden: Springer VS.

Rohrmann, T. (2001). *Echte Kerle – Jungen und ihre Helden.* Reinbek: Rowohlt.

Rulofs, B., & Hartmann-Tews, I. (2006). Zur sozialen Konstruktion von Geschlecht in der medialen Vermittlung von Sport. In I. Hartmann-Tews & B. Rulofs (Hrsg.), *Handbuch Sport und Geschlecht – Status Quo und Perspektiven für Forschung, Lehre und Sportpraxis: Bd. 158. Beiträge zur Lehre und Forschung im Sport* (S. 230–242). Schorndorf: Hofmann.

Salomon, S. (2015). Operationalisierung des Variablenmodells „Balanciertes Junge-Sein im Sport" – Empirische Überprüfung und Instrumententwicklung. In C. Blomberg & N. Neuber (Hrsg.), *Männliche Selbstvergewisserung im Sport – Beiträge zur geschlechtssensiblen Förderung von Jungen: Bd. 6. Bildung und Sport* (S. 225–244). Wiesbaden: Springer VS.

Scheffel, H. (1991). MädchenJungenSpiel. Was ist das Gemeinsame am gemeinsamen Spiel von Jungen und Mädchen? In B. Palzkill, H. Scheffel, & G. Sobiech (Hrsg.), *Bewegungs(t)räume – Frauen, Körper, Sport* (S. 86–95). München: Frauenoffensive.

Scheffel, H. (1996). *MädchenSport und Koedukation. Aspekte einer feministischen Sportpraxis.* Butzbach-Griedel: Afra.

Schierbaum, A. (2019). Was Mädchen sich zutrauen – Sich bewähren zwischen widersprüchlichen Erwartungen. *Schüler-Jahresheft 2019 „Mädchen"*, 58–59.

Schmerbitz, H., & Seidensticker, W. (1997). Sportunterricht und Jungenarbeit. *Sportpädagogik, 21*(6), 25–37.

Schmidt, W., Neuber, N., Rauschenbach, T., Brandl-Bredenbeck, H.-P., Süßenbach, J., & Breuer, C. (Hrsg.). (2015). *Dritter Deutscher Kinder- und Jugendsportbericht: Kinder- und Jugendsport im Umbruch*. Schorndorf: Hofmann.

Schnack, D., & Neutzling, R. (2018). *Kleine Helden in Not – Jungen auf der Suche nach Männlichkeit* (2., vollständig überarbeitete Neuaufl.). Reinbek: Rowohlt.

Statistisches Bundesamt (DSatis). (2016, 20. Mai). Daten zu Bildung, Forschung und Kultur. https://www.destatis.de/DE/ZahlenFakten/GesellschaftStaat/BildungForschungKultur/BildungForschungKultur.html.

Statistische Bundesamt (DStatis). (2020, 24. Februar). Schulen. Absolventen/Abgänger nach Abschlussart und Geschlecht. https://www.destatis.de/DE/Themen/Gesellschaft-Umwelt/Bildung-Forschung-Kultur/Schulen/Tabellen/liste-absolventen-abgaenger-abschlussart.html.

Stier, B., & Winter, R. (Hrsg.). (2013). *Jungen und Gesundheit – Ein interdisziplinäres Handbuch für Medizin, Psychologie und Pädagogik*. Stuttgart: Kohlhammer.

Strobel-Eisele, G. (2015). Verzögerte soziale Anpassung von Jungen – Befunde zum anomischen Verhalten von Jungen in der Grundschule. In C. Blomberg & N. Neuber (Hrsg.), *Männliche Selbstvergewisserung im Sport – Beiträge zur geschlechtssensiblen Förderung von Jungen: Bd. 6. Bildung und Sport* (S. 185–200). Wiesbaden: Springer VS.

Trautner, H. M. (2008). Entwicklung der Geschlechtsidentität. In R. Oerter & L. Montada (Hrsg.), *Entwicklungspsychologie* (6., vollständig überarbeitete Aufl., S. 625–651). Weinheim: Beltz.

Voss, A. (2002). Koedukativer Sportunterricht pro und kontra. Empirische Befunde zur Sicht von Lehrerinnen und Lehrern. In C. Kugelmann & C. Zipprich (Hrsg.), *Mädchen und Jungen im Sportunterricht. Beiträge zum geschlechtssensiblen Unterrichten: Bd. 125. Schriften der Deutschen Vereinigung für Sportwissenschaft* (S. 61–71). Hamburg: Czwalina.

Weineck, J. (2019). *Optimales Training – Leistungsphysiologische Trainingslehre unter besonderer Berücksichtigung des Kinder- und Jugendtrainings* (17., neuüberarbeitete Aufl.). Balingen: Spitta.

Winter, R., & Neubauer, G. (1998). *Kompetent, authentisch und normal? – Sexualaufklärungsrelevante Gesundheitsprobleme, Sexualaufklärung und Beratung von Jungen: Bd. 14. Forschung und Praxis der Sexualaufklärung und Familienplanung*. Köln: BZgA.

Winter, R., & Neubauer, G. (2001). *Dies und Das – Das Variablenmodell „balanciertes Junge- und Mannsein" als Grundlage für die pädagogische Arbeit mit Jungen und Männern*. Tübingen: Neuling.

Züchner, I. (2013). Sportliche Aktivitäten im Aufwachsen junger Menschen. In M. Grgic & I. Züchner (Hrsg.), *Medien, Kultur und Sport. Was Kindern und Jugendliche machen und ihnen wichtig ist – Die MediKuS-Studie* (S. 89–137). Weinheim; Basel: Beltz Juventa.

Heterogene Zielgruppen im Sport 6

> **Zusammenfassung**
>
> In diesem Kapitel werden Grundbegriffe und Grundlagen zum Umgang mit heterogenen Zielgruppen im Sport vorgestellt. Ausgehend von ausgewählten Heterogenitätsdimensionen werden Möglichkeiten und Grenzen des Umgangs mit Vielfalt im Schulsport umrissen, bevor mit der Sozialen Integration durch Sport, der Interkulturellen Bewegungserziehung, der Bewegungsförderung in der Schule sowie dem Inklusiven Sportunterricht exemplarisch vier fachdidaktische Konzepte beschrieben werden. Ein Exkurs zur Sportpädagogik der Anerkennung rundet das Kapitel ab.

6.1 Einführung

Das Heterogenitätsthema hat nach wie vor Konjunktur. Spätestens mit der Ratifizierung des „Übereinkommens über die Rechte der Menschen mit Behinderungen" (UN-Behindertenrechtskonvention) im Jahr 2009 haben sich die **Inklusionsbemühungen im deutschen Bildungssystem** vervielfacht (vgl. Klemm 2015). Die Konvention macht deutlich, dass alle Menschen ein uneingeschränktes und selbstverständliches **Recht auf Teilhabe** am gesellschaftlichen Leben besitzen. Im Schulsystem, das neben der individuellen Förderung traditionell auch auf die Selektion ihrer Schülerinnen und Schüler setzt, ist das eine große Herausforderung – auch und gerade im Sport. Dabei ist der **Umgang mit Vielfalt** immer schon ein sportbezogenes Thema. Im Sportunterricht treffen ganz unterschiedliche Schülerinnen und Schüler aufeinander: „Sportbegeisterte und eher lustlose, Expertinnen und Experten für bestimmte Sportarten und vielseitig Interessierte, Geselligkeit präferierende und wettkampforientierte Schülerinnen und Schüler, Sich-Präsentieren-Wollende und eher Zurückhaltende. Hinzu kommt die (vom Lehrplan vorgesehene) Vielfalt der Bewegungsfelder und Inhaltsbereiche, bei deren Thematisierung sich immer wieder ‚neue Verschiedenheiten' der Schülerinnen und Schüler zeigen" (Frohn und Pfitzner 2011, S. 3).

Bei aller Vielfalt ist der Sport ein **ambivalentes Erfahrungsfeld.** Als „Spiegel der Gesellschaft" drücken sich im Sport die kulturellen Werte und Normen einer Gesellschaft aus (Beckers 1993). Für den Sport in modernen westlichen Gesellschaften bedeutet das eine ausgeprägte Leistungsorientierung – ganz gleich, ob es sich um Wettkampf-, Gesundheits- oder Schulsport handelt. Sportlich erfolgreiche Schülerinnen und Schüler haben damit gute Chancen, **Anerkennung und soziale Zugehörigkeit** zu erfahren. Weniger erfolgreiche Kinder und Jugendliche – wie der in der Sportdidaktik legendäre „kleine Dicke" – laufen dagegen Gefahr, **Missachtung und soziale Ausgrenzung** sozusagen „am eigenen Leibe" zu erleben, was die Demütigung besonders massiv macht (vgl. Grimminger 2015). Gleichwohl bietet der Sportunterricht aufgrund seiner hohen Beliebtheit und Interaktionsdichte, seiner unmittelbaren Rückmeldungen und Authentizität im Sinne einer **Sportpädagogik der Anerkennung** gute Möglichkeiten für das Lernen in und mit heterogenen Lerngruppen (vgl. Neuber und Gebken 2009). Allerdings muss man sich der Möglichkeiten und Grenzen eines diversitätssensiblen Sportunterrichts bewusst sein.

6.2 Grundbegriffe

So vielfältig, wie das Feld der heterogenen Zielgruppen ist, so vielfältig sind auch die Begrifflichkeiten. **Heterogenität** bedeutet „Ungleichartigkeit" oder Differenz. In einer heterogenen Lerngruppe sind also Teilnehmerinnen und Teilnehmer mit unterschiedlichen Voraussetzungen und Verhaltensweisen. Das Gegenteil von Heterogenität ist **Homogenität,** d. h. Gleichheit. Homogene Lerngruppen unterscheiden sich wenig in ihren Voraussetzungen und Verhaltensweisen (vgl. Sturm 2016).

▶ **Heterogenitätsdimensionen** Heterogenität oder „Vielfalt" (Prengel 2019) kann sich in ganz unterschiedlichen Aspekten äußern. Zu den zentralen Heterogenitätsdimensionen zählen u. a. Alter, Geschlecht, familiäre, soziale und kulturelle Herkunft sowie im Sport auch der Bewegungsstatus (Neuber und Gebken 2009).

Eng mit dem Heterogenitätsbegriff verbunden ist der Begriff der **Diversität** oder englisch „Diversity", der ursprünglich ein soziologischer Begriff ist, mit dem etwa in der Personalentwicklung der Vielfalt von Mitarbeiterinnen und Mitarbeitern begegnet werden soll (Budde 2017). Mittlerweile wird der Begriff auch im bildungswissenschaftlichen Feld für die „Thematisierung gesellschaftlicher Differenzverhältnisse" gebraucht (Geier und Mecheril 2017). In diesem Sinne wird auch von einem **diversitätssensiblen Unterricht** gesprochen, wenn Unterschiede in einer Lerngruppe angemessen thematisiert werden (z. B. Tiemann 2015).

Mit **Integration** wird „die Eingliederung eines Individuums, einer Gruppe oder eines gesellschaftlichen Teilsystems in einen jeweils umfassenderen sozialen Zusammenhang bezeichnet" (Imbusch und Rucht 2005, S. 20–21). Dabei kann noch einmal zwischen sozialer, kultureller, politischer und struktureller Integration unterschieden werden (Mutz und Burrmann 2015). Der Inklusionsbegriff geht über eine „Eingliederung" hinaus.

▶ **Inklusion** bedeutet „die Überwindung der sozialen Ungleichheit, der Aussonderung und Marginalisierung, indem alle Menschen in ihrer Vielfalt und Differenz, mit ihren Voraussetzungen und Möglichkeiten, Dispositionen und Habitualisierungen wahrgenommen, wertgeschätzt und anerkannt werden" (Ziemen 2009, zit. nach Pfitzner 2017, S. 285).

Exklusion bedeutet demgegenüber den Ausschluss aus einem anerkennenden Umfeld bzw. einer Gruppe. Der Begriff der **Partizipation** meint zunächst die Teilnahme an einem bestimmten Angebot, z. B. die Mitgliedschaft in einem Verein. Im politischen Sinne kommt die Qualität der Beteiligung – Mitsprache, Mitbestimmung, Mitgestaltung – hinzu (vgl. Menze et al. 2019). Auch der Teilhabebegriff setzt auf die Qualität der Beteiligung. **Gleichberechtigte Teilhabe** bedeutet, dass alle Mitglieder einer Gruppe unabhängig von ihren Voraussetzungen „auf Augenhöhe" an einem Angebot partizipieren. In Anlehnung an Heimlich (2014) kann Teilhabe noch einmal in Teilnahme, Teilgabe und Teilsein untergliedert werden.

6.3 Grundlagen

Das Thema „Heterogenität" in der Schule ist nicht neu. Auch wenn im deutschen Schulsystem versucht wird, durch die Aufteilung der Schülerinnen und Schüler in der Sekundarstufe homogene Lerngruppen zu schaffen, wird schnell deutlich, dass sich auch in Klassen einer Schulform Heranwachsende befinden, „die unterschiedlich alt sind, die aus verschiedenen ökonomischen, kulturellen und familiären Welten kommen, die sich verschieden entwickeln, die mit verschiedenen Arbeitsweisen und auf verschiedenen Niveaus lernen" (Prengel 2013, S. 210). **Heterogene Lerngruppen** sind also eher die Regel als die Ausnahme in der Schule. Das gilt in besonderer Weise für den Sportunterricht. Im **Unterrichtsfach Sport** kommt neben den zentralen Heterogenitätsdimensionen, wie Alter, Geschlecht, kognitive Leistungsfähigkeit, familiäre und soziale Herkunft oder ethnische und kulturelle Zugehörigkeit, die körperliche Dimension besonders zum Tragen. Dazu gehören der **Bewegungsstatus** (Bewegungsmangel vs. Bewegungsvielfalt), das sportliche Leistungsniveau („Sportstarke" vs. „Sportschwache") und nicht zuletzt die sportliche Motivation („Sportbegeisterte" vs. „Sportdistanzierte") (Frohn und Pfitzner 2011). Spätestens mit der Verabschiedung der UN-Behindertenrechtskonvention hat sich das Heterogenitätsspektrum noch um die Facette „Behinderung" bzw. **sonderpädagogischer Förderbedarf** erweitert (vgl. Abb. 6.1).

Eine heterogene Lerngruppe besteht aus Schülerinnen und Schülern, die sich im Hinblick auf *gemeinsame* Merkmale, wie Alter, Geschlecht, Konzentrationsfähigkeit oder Bewegungsfreude, *unterscheiden*. Insofern sind **Heterogenität**

Abb. 6.1 Heterogenitätsdimensionen im Schulsport. (Mod. nach Cwierdzinski und Fahlenbock 2004, S. 62)

und Homogenität „dialektisch aufeinander bezogen und miteinander verbunden, da sich das eine nicht ohne das andere beschreiben lässt" (Sturm 2016, S. 16). Zugleich ist die Ausprägung der **Merkmalsunterschiede** nicht immer leicht zu bestimmen. Während das Alter eines Kindes vergleichsweise objektiv mit einer Zahl bezeichnet werden kann, ist die soziale Herkunft schwieriger zu bestimmen und immer von **sozialen Zuschreibungen** abhängig. Heterogenität ist also kein Fakt, „sondern nur ein Konstrukt, d. h. eine Bezeichnung, die von außen – von einem Beobachter – zugeschrieben wird" (Trautmann und Wischer 2011, S. 39). Die Merkmale einer Person, wie z. B. „lernbehindert" oder „sportstark", sind damit nicht naturgegeben, sondern gesellschaftlich bestimmt und dienen nicht selten der „Legitimation von Ungleichheit bzw. als Grundlage für gesellschaftliche Bevorteilung und Benachteiligung" (Trautmann und Wischer 2011, S. 48). In diesem Sinne geht es hier um die **Herstellung von Heterogenität,** die von didaktischen Umsetzungsfragen im Sinne eines **Umgangs mit Heterogenität** zu unterscheiden ist.

Vor dem Hintergrund dieser Unterscheidung lassen sich ausgewählte Heterogenitätsdimensionen skizzieren. Auf den ersten Blick ist das **Alter** der Schülerinnen und Schüler relativ einfach zu bestimmen. Üblicherweise wird zwischen Kindern im Vor- und Grundschulalter sowie Jugendlichen in der Pubertät und Adoleszenz unterschieden. Aber schon bei den genauen Altersgrenzen wird es schwierig; so beginnt das Jugendalter historisch gesehen immer früher und endet immer später (siehe Kap. 4). Auch das **soziale Alter** kann sehr unterschiedlich sein; während die einen noch Kinderspiele spielen, nehmen die anderen schon an jugendkulturellen Freizeitaktivitäten teil. Böhnisch (2008) schlägt daher die Übergangskategorie „Kids" für die Kinder vor, die sich zwischen Kindheit und Jugend befinden. Auch die **familiäre Herkunft** ist nur auf den ersten Blick einfach zu bestimmen. Die charakteristische Form familiären Zusammenlebens ist nach wie vor die „Kernfamilie", die aus zwei verheirateten Eltern und ein bis zwei leiblichen Kindern besteht (Neuber und Salomon 2015). Gleichwohl sind die **Familienmodelle** in den vergangenen zwei Dekaden erheblich in Bewegung gekommen. Aktuell leben 39 % der 6- bis 11-jährigen Kinder in Zwei-Kind-Kernfamilien, 20 % in Drei- und Mehr-Kind-Kernfamilien, 17 % in Ein-Kind-Kernfamilien, 17 % mit einem alleinerziehenden Elternteil, 5 % in nicht ehelichen Lebensgemeinschaften, 4 % in Stieffamilien und 1 % in Drei-Generationen-Familien (Schneekloth und Pupeter 2013, S. 81–82).

Die **Soziale Herkunft** hat nach wie vor erheblichen Einfluss auf die Bildungs- und Lebenschancen von Kindern und Jugendlichen. Tatsächlich ging es Heranwachsenden in Deutschland noch nie so gut wie heute. Davon profitieren jedoch nicht alle jungen Menschen gleichermaßen: „Während ein Teil der

Heranwachsenden auf eine einigermaßen sorgenfreie Zukunft blicken kann, mit Netz und doppeltem Boden über ihre Eltern abgesichert ist, kommt hierzulande immerhin fast jeder dritte junge Mensch aus einem Elternhaus, das entweder von Armut bedroht ist, in dem die Eltern keiner Erwerbstätigkeit nachgehen oder aber selbst keine ausreichenden Schulabschlüsse vorweisen können" (BMFSFJ 2013, S. 54). Vieles spricht dafür, dass die „soziale Schere" zwischen Gewinnern und Verlierern des Aufwachsens weiter auseinander geht.

▶ **Soziale Ungleichheit,** verstanden als eingeschränkter Zugang zu allgemein verfügbaren Gütern und Positionen, lässt sich sowohl an Befunden zu Bildungskarrieren festmachen, als auch durch massive Unterschiede in den Bereichen Gesundheit und Freizeit belegen (vgl. Schmidt 2015).

Schmidt und Süßenbach (2009) zeigen mit ihrem **Selektionsschwellenkonzept,** das Parameter wie Gesundheit, Sprache, Motorik, Schulkarriere und Schulabschluss verbindet, dass der „Teufelskreis" der **sozialen Benachteiligung** sehr früh beginnt und sich zunehmend potenziert (vgl. Abb. 6.2).

Auch die Ethnische oder **Kulturelle Herkunft** hat einen großen Einfluss auf die Bildungschancen junger Menschen. Etwas mehr als ein Fünftel der Wohnbevölkerung in Deutschland hat einen **Migrationshintergrund,** d. h. sie selbst oder mindestens ein Elternteil besitzen nicht von Geburt an die deutsche Staatsbürgerschaft (Statistisches Bundesamt 2017). Vor dem Hintergrund der Altersverteilung in der deutschen Bevölkerung ist der Migrationsanteil in der Schule mit mehr als einem Drittel deutlich höher. Die Schule „ist deshalb ein Setting, in dem die ethnische, kulturelle und religiöse Vielfalt der deutschen Gesell-

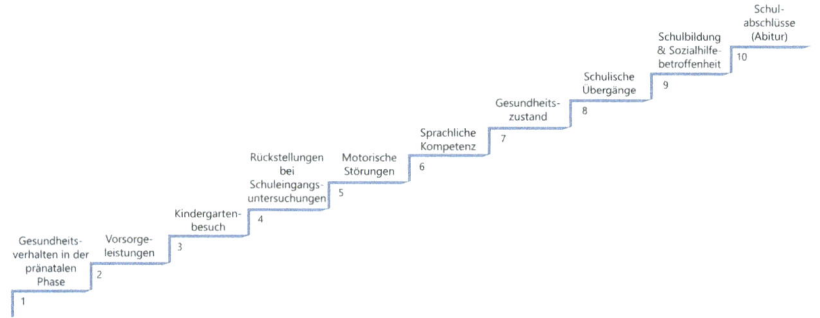

Abb. 6.2 Selektionsschwellenkonzept der sozialen Benachteiligung. (Mod. nach Schmidt und Süßenbach 2009, S. 74)

schaft schon heute besonders deutlich zu beobachten ist" (Mutz und Müller 2017, S. 266). Kinder und Jugendliche mit Zuwanderungsgeschichte sind keineswegs sportdistanziert, sondern zu großen Teilen sehr aktiv. Allerdings gibt es große **Unterschiede zwischen den Gruppen.** So sind türkischstämmige Mädchen aus einem sozial benachteiligten Umfeld besonders selten Mitglied eines Sportvereins, türkisch stämmige Jungen dagegen besonders häufig (Mutz und Burrmann 2015). Umso größer sind die **Chancen des Schulsports,** alle Kinder und Jugendlichen zu erreichen. Neben dem Sportunterricht kommen in dieser Hinsicht auch Arbeitsgemeinschaften große Bedeutung zu, weil sie gerade von migrantischen Mädchen als „Schulveranstaltung" ganz selbstverständlich besucht werden können. Außerunterrichtliche Angebote bieten nicht zuletzt auch gute Einstiegschancen für **geflüchtete Kinder und Jugendliche** (vgl. Gebken 2018).

Eine Heterogenitätsdimension, die besonders für den Sportunterricht relevant ist, ist der **Bewegungsstatus,** d. h. die Frage, auf wie viele Bewegungsangebote Kinder und Jugendliche zurückgreifen können. Eng damit verknüpft ist die Frage der **motorischen Leistungsfähigkeit.** Eine gut entwickelte Motorik ist die Grundlage für jegliches Bewegungshandeln, aber „auch für die physische, psychische und soziale Gesundheit" (Worth et al. Doose und Woll 2020, S. 48). Obwohl viele Kinder und Jugendliche Mitglied eines Sportvereins sind, erreichen nur 17 % der Jungen und 13 % der Mädchen den von der WHO empfohlenen Bewegungsumfang von mindestens einer Stunde pro Tag (Albrecht et al. 2016, S. 385). Andererseits hat sich der zu Beginn der 2000er Jahre festgestellte Rückgang der motorischen Leistungsfähigkeit im Kindes- und Jugendalter nicht fortgesetzt (Worth et al. 2020, S. 62). Insofern ist die Befundlage zum Bewegungsstatus nach wie vor uneinheitlich. Unstrittig ist, dass die **soziale Schere** in Bezug auf das Bewegungsverhalten auseinandergeht. Heranwachsende aus sozial unterprivilegierten Schichten haben deutlich weniger Chancen auf ein angemessenes und ihren Interessen entsprechendes Bewegungsangebot, was auch darin deutlich wird, dass sie deutlich seltener Mitglied eines Sportvereins sind als Heranwachsende aus der Mittelschicht (Züchner 2013). Die fehlenden sportbezogenen Vorerfahrungen haben zudem negative Auswirkungen auf das **Erleben des Sportunterrichts** in der Schule (vgl. Möhwald et al. 2020).

Mit der Ratifizierung der UN-Behindertenrechtskonvention 2009 haben sich die Inklusionsbestrebungen in Deutschland massiv verstärkt. Wurden Schülerinnen und Schüler mit so genanntem **Sonderpädagogischen Förderbedarf** bis dahin oft in Förderschulen unterrichtet, besuchen sie nun zunehmend Regelschulen. Die zahlenmäßig größten Förderschwerpunkte liegen in den Bereichen „Lernen" (38,8 %), „Geistige Entwicklung" (16,0 %), „Emotionale und soziale Entwicklung" (15,2 %) und „Sprache" (11,1 %). Andere, wie

Förderschwerpunkte*

- Lernen
- Geistige Entwicklung
- Emotionale und soziale Entwicklung (ESE)
- Sprache
- Weitere

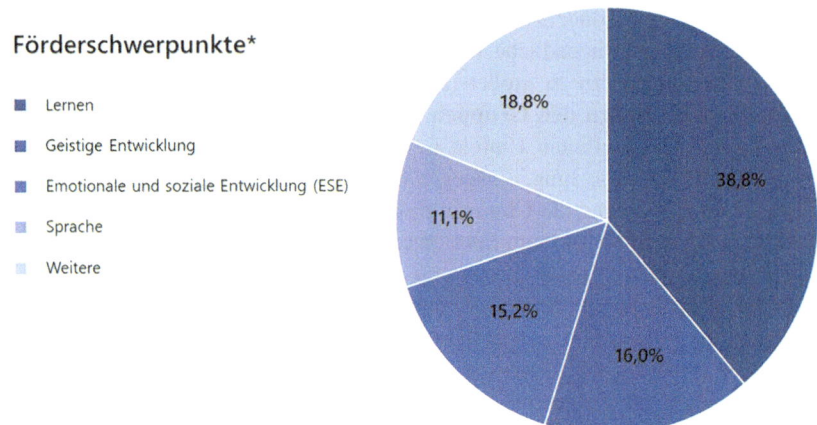

Abb. 6.3 Sonderpädagogischer Förderbedarf an Schulen in Deutschland. (Mod. nach Klemm 2015, S. 32)

Sehen, Hören, körperliche und motorische Entwicklung sowie chronisch Kranke, liegen jeweils unter 10 % (vgl. Abb. 6.3). Die **Förderquoten,** also der Anteil der Heranwachsenden, bei denen Förderbedarfe diagnostiziert werden, sind je nach Bundesland verschieden, liegen aber ungefähr bei 6,5–7,5 %. Davon wird der größere Anteil allerdings nach wie vor an Förder- und nicht an Regelschulen unterrichtet (Klemm 2015). Die ausschließliche Orientierung an den diagnostizierten Förderbedarfen wird **Inklusion im engeren Sinne** genannt. Die zunehmende Öffnung von Regelschulen für Förderschüler führt zwangsläufig zu Unruhe im Schulsystem, zumal die Umsetzung oft nur unzureichend vorbereitet wird. Gleichwohl ist die die politische Zielsetzung der UN-Behindertenrechtskonvention radikaler und zielt im Sinne einer **Inklusion im weiteren Sinne** auf die Anerkennung *aller* Menschen in ihrer Vielfalt und Differenz (vgl. Pfitzner 2017).

Die Ausführungen zu den ausgewählten Heterogenitätsdimensionen zeigen, dass das Vielfaltsthema ausgesprochen komplex ist. Bei genauerer Betrachtung wird deutlich, dass einzelne Dimensionen kaum getrennt voneinander betrachtet werden können. So gibt es bspw. zahlreiche Bezüge zwischen dem Geschlecht, der sozialen und kulturellen Herkunft sowie dem Bewegungsstatus (Albrecht et al. 2016). Vor diesem Hintergrund bildet sich zunehmend die Idee einer **Intersektionalität** heraus. Darunter wird verstanden, dass Heterogenitätsdimensionen „nicht additiv bzw. isoliert voneinander konzeptualisiert werden können, sondern in ihren Überkreuzungen […] oder Interdependenzen analysiert werden müssen" (Walgenbach und Pfahl 2017, S. 141). So nachvollziehbar dieser Ansatz ist, so schwierig ist er in der Forschung und letztlich auch in der Praxis umzusetzen. In diesem Sinne kommen Trautmann und Wischer (2011, S. 63) nach einer umfangreichen **Analyse des Heterogenitätsthemas** zu dem bodenständigen Fazit: „Jeder Mensch ist einzigartig und jede Lerngruppe bunt und vielfältig!". Gleichwohl heißt es, im Bewusstsein von Komplexität und wechselseitiger Abhängigkeit einzelner Vielfaltsfacetten handlungsfähig zu bleiben, auch wenn das mitunter zu paradoxen Anforderungssituationen führt.

Eine Grundfigur für die Arbeit mit heterogenen Zielgruppen ist Anerkennung des Spannungsverhältnisses von **Gleichheit und Differenz.** Das bedeutet einerseits, Chancengleichheit als demokratisches Prinzip anzuerkennen und auch im Rahmen von Schule und Unterricht anzuwenden, d. h. alle Schülerinnen und Schüler im Sinne der Gerechtigkeit gleich zu behandeln. Andererseits und *zugleich* bedeutet es, die Vielfalt der Schülerinnen und Schüler anzuerkennen und sie im Sinne der Gerechtigkeit eben nicht alle gleich zu behandeln, da sie mit ganz unterschiedlichen Voraussetzungen in die Schule kommen. Annedore Prengel (2019) beschreibt dieses Paradox in ihrer **Pädagogik der Vielfalt.** Zur Umsetzung plädiert sie für eine mehrperspektivische Anerkennung der Schülerinnen und Schüler sowie ihrer schulischen Leistungen, was auch die Anerkennung unterschiedlicher Lernwege impliziert. Grundsätzlich sieht sie fünf **Perspektiven auf Schülerleistungen:** Die grundsätzliche Perspektive der Anerkennung der Menschenrechte für alle, die Anerkennung der Mitgliedschaft in einer Lerngruppe, die Perspektive der Anerkennung jeder einzelnen Person, die Perspektive der fairen Konkurrenz sowie die Perspektive der Anerkennung von Stärken und Schwächen durch Vergleiche mit Normen (Prengel 2019, S. 212–214). Insgesamt spricht sie sich für eine **Kultur der Anerkennung** in der Schule aus, die auch für die Sportpädagogik interessant ist.

▶ **Literaturtipp**
Prengel, A. (2019). *Pädagogik der Vielfalt – Verschiedenheit und Gleichberechtigung in Interkultureller, Feministischer und Integrativer Pädagogik* (4. Aufl.). Wiesbaden: Springer VS.
Annedore Prengel veröffentlichte ihre „Pädagogik der Vielfalt" erstmals 1993, nachdem sie zunächst Probleme gehabt hatte, einen Verlag für dieses „befremdliche" Thema zu finden. Heute gehören ihre Ausführungen zu den Heterogenitätsdimensionen „Interkulturalität", „Geschlecht" und „Behinderung" zu den Klassikern

der Vielfaltsdebatte. Nicht zuletzt ihre Überlegungen zum Spannungsverhältnis von Gleichheit und Differenz sind nach wie vor sehr lesenswert.

Sportpädagogik der Anerkennung
Das Konzept einer **Pädagogik der Anerkennung,** das erstmalig 2002 von Hafeneger et al. (2013) in die pädagogische Diskussion eingebracht wurde, geht davon aus, dass Menschen soziale Zugehörigkeit und Anerkennung erleben müssen, um eine stabile Identität ausbilden zu können. Häufig wird dabei auf die Gesellschaftstheorie von Axel Honneth verwiesen, der mit Liebe, Recht und Solidarität drei grundsätzliche Formen intersubjektiver Anerkennung definiert (Honneth 1994, S. 148–211). Die Grundidee der Pädagogik der Anerkennung besteht darin, eine **Subjektbildung in Anerkennungsverhältnissen** zu ermöglichen. Dazu sollen die Individuen mit ihren Erfahrungen, ihren Ängsten und Hoffnungen, ihrem lebenspraktischen Wissen ernst genommen werden. Auf dieser Grundlage sollen Individuen dazu befähigt werden, gesellschaftlich bedingte Wahrnehmungs-, Denk- und Handlungsmuster zu erkennen und zu reflektieren (vgl. Scherr 2013). Der Zugang über die **Auseinandersetzung mit kulturellen Mustern** ist nicht neu (vgl. Beckers 2001). Neu ist die ausdrückliche Anerkennung von Subjekten, auf deren Grundlage sowohl „das Fremde" als auch „das Eigene" anerkannt werden kann (vgl. Holzbrecher 2013).

Für die Gestaltung von **Anerkennungsverhältnissen in der Schule** bedeutet das, dass sie die Gleichheit und Verschiedenheit ihrer Schülerinnen und Schüler zugleich anerkennen muss (siehe Kap. 7). Gerade das Schulsystem mit seinem universalistischen Anspruch führt in der Regel nicht zur Anerkennung von Vielfalt, „sondern zur Diskriminierung ‚des anderen', dessen ‚Defizite' im Verhältnis zur ‚Norm' damit erst deutlich" werden (Holzbrecher 2013, S. 172). An die Stelle von einseitiger Homogenisierung sollte jedoch eine **Wertschätzung des Heterogenen** treten (Prengel 2013, S. 205), die Identitätsangebote im Sinne von Anerkennung und sozialer Zugehörigkeit für alle Beteiligten bietet. Spätestens hier wird das Thema auch für den **Sport** interessant, da sich dieses Feld durch besonders komplexe Heterogenitätsverhältnisse auszeichnet (vgl. Gebken und Neuber 2009). Aufgrund der hohen Präsenz leistungssportlicher Inszenierungen sind die ambivalenten Voraussetzungen des Leistungssports auch für den **Schulsport** prägend. So stellt Grimminger (2015, S. 41) in der Zusammenschau eigener und fremder Daten fest, „dass vor allem leistungsschwache und/oder unbeliebte Schülerinnen und Schüler von Missachtungsprozessen im Sportunterricht betroffen sind".

Missachtungssensible Situationen im Schulsport sind bspw. Kleingruppenarbeit, Helfen und Sichern, Gruppenbildung sowie Bewegungsspiele mit Fangen und Befreien. **Missachtungserfahrungen** werden zudem durch „evasives Unterrichten" von Sportlehrkräften begünstigt, die Missachtungsprozesse zwar wahrnehmen, aber nicht thematisieren (vgl. Grimminger 2015). Vor diesem Hintergrund sollte eine **Sportpädagogik der Anerkennung** sensibel mit den Heterogenitätsdimensionen im Sport umgehen, wenn sie das Erfahren von sozialer Zugehörigkeit und Anerkennung positiv vermitteln möchte (Neuber und Gebken 2009). Dazu bedarf es nicht unbedingt neuer Theorien, sondern eher einer Neujustierung vorhandener Ansätze, etwa zum **Umgang mit Leistung und Erfolg** oder zum sozialen Lernen (vgl. Neuber 2020). Vor diesem Hintergrund schlägt Grimminger (2015) u. a. klare Regeln für die Kleingruppenarbeit, vielfältige Methoden der Gruppeneinteilung und die Reflexion fachgerechter Unterstützung durch Lernende vor, um insgesamt „missachtungssensibeler" zu werden.

Allgemeine **didaktisch-methodische Hinweise** zum Umgang mit Heterogenität im Sportunterricht sind nicht leicht zu geben. Dennoch können einige Prinzipien herausgestellt werden. Cwierdzinski und Fahlenbock (2004, S. 67–68) nennen Wahrnehmung, Kommunikation, Akzeptanz und Partizipation als zentrale Ansatzpunkte für einen gelingenden Unterricht mit heterogenen Lerngruppen im Sport. Frohn und Pfitzner (2011, S. 4–5) verweisen auf die Bedeutung von **Differenzierung und Individualisierung** des Unterrichts, was auch im Rahmen der Individuellen Förderung zentrale Ansatzpunkte sind (siehe Kap. 2). Zudem nennen sie ein ausbalanciertes Verhältnis von Differenz und Gleichheit, Problemorientierung und Selbstständigkeit, Mitverantwortlichkeit der Schüler für Lernprozesse, Vielfalt der Inhalte und Mehrperspektivität sowie die Bedeutung eines positiven Lernklimas als relevante **Prinzipien für einen diversitätssensiblen Sportunterricht**. Im Rahmen des inklusiven Sportunterrichts wird darüber hinaus oft auf die **Lernsituationen** nach Wocken (1998) zurückgegriffen, die das Spannungsfeld „zwischen Situationen, die durch gemeinschaftliches Tun geprägt sind und solchen, die die Differenz von Individuen in den Mittelpunkt stellen"

Tab. 6.1 Lernsituationen nach Wocken (1998). (Mod. nach Tiemann 2015, S. 58–59)

Koexistente Lernsituation	Lernende verfolgen jeweils eigene Handlungsziele nebeneinander
Subsidiäre Lernsituation	Unterstützende Lernsituation: Partner A unterstützt Partner B, ohne die eigenen Ziele aus dem Blick zu verlieren Prosoziale Lernsituation: Partner A unterstützt Partner B, ohne dabei eigene Ziele zu verfolgen
Kooperative Lernsituation	Komplenentäre Lernsituation: Partner A und Partner B verfolgen unterschiedliche Ziele, müssen zur Zielerreichung aber zusammenarbeiten Solidarische Lernsituation: Ein gemeinsames Handlungsziel kann nur gemeinsam erreicht werden

beschreiben (Tiemann 2015, S. 58). Sie helfen dabei, sich die verschiedenen Grade der Zusammenarbeit in heterogenen Lerngruppen deutlich zu machen (vgl. Tab. 6.1).

6.4 Fachdidaktische Konzepte

Übergreifende Ansätze zum Umgang mit Vielfalt bleiben zwangsläufig etwas allgemein. Die Überlegungen werden konkreter, wenn einzelne Heterogenitätsdimensionen betrachtet werden, etwa das Geschlecht (siehe Kap. 5). In diesem Sinne werden im Folgenden vier Konzepte exemplarisch herausgegriffen, die jeweils unterschiedliche Dimensionen thematisieren. Die **Soziale Integration durch Sport** zielt auf eine Integration sozial benachteiligter Kinder und Jugendlicher in und durch den Sport (Gebken und Vosgerau 2009; Gebken 2018). Neben der sozialen Lage kommt darin auch den Kategorien „Geschlecht" und „Migration" eine zentrale Bedeutung zu (vgl. Gebken und Kuhlmann 2015). Das Konzept setzt zunächst auf **niederschwellige Bewegungsangebote,** wie den „Open Sunday" oder Schwimmangebote für geflüchtete Kinder, die Heranwachsenden aus bildungsbenachteiligten Milieus erste Partizipationserfahrungen im Sport ermöglichen. Inhaltlich werden offene Arrangements, wie Bewegungslandschaften, und bekannte Sportarten, wie Fußball, angeboten. Methodisch bezieht sich der Ansatz auf **Prinzipien des sozialen Lernens,** wie gemeinsames Handeln, gemeinsame Aufgabenbewältigung oder gemeinsame Verantwortungsübernahme im Sport (Gebken 2010). Entscheidend ist darüber hinaus die **sozialräumliche Vernetzung** der Bewegungsangebote, die auf der Ebene des Sportunterrichts ansetzen, dann über die Ebene des Schulsports und der Schule, z. B. durch Schulsportwettkämpfe, in das soziale Umfeld der Schule gehen und z. B. durch die Kooperation mit Sportvereinen langfristig implementiert werden (Gebken und Vosgerau 2009).

▶ **Literaturtipp**
Gebken, U. und Vosgerau, S. (Hrsg.). (2014). *Fußball ohne Abseits – Ergebnisse und Perspektiven des Projekts ‚Soziale Integration von Mädchen durch Fußball'* (Bildung und Sport, 4). Wiesbaden: Springer VS.
Ulf Gebken und Söhnke Vosgerau tragen zusammen mit weiteren Autorinnen und Autoren Konzeption, Ergebnisse und Entwicklungsmöglichkeiten eines großen Mädchenfußballprojekts zusammen. Grundidee ist die Qualifikation älterer migrantischer Mädchen, die dann migrantische Mädchen im Grundschulalter im Fußball anleiten. Neben dem Integrationspotenzial des Fußballs für zugewanderte Kinder wird die Begeisterung und Spielfreude der Mädchen im Fußball deutlich.

Das Konzept der **Interkulturellen Bewegungserziehung** versteht sich als fachspezifische Antwort auf die multikulturelle Gesellschaft und zielt auf interkulturelle Erziehungs- und Bildungsprozesse im Medium der Bewegung (Erdmann 1999; Gieß-Stüber und Grimminger 2009). Kinder und Jugendliche sollen dadurch „Handlungskompetenzen erwerben […], die es ihnen ermöglichen, Fremdes und Unvertrautes nicht als Bedrohung wahrzunehmen, sondern u. a. als Chance zur Veränderung bzw. als gleichberechtigtes Phänomen einer sie umgebenden komplexen Lebens- und Erfahrungswelt" (Gieß-Stüber und Grimminger 2009, S. 233). Zentrale Begründungslinien des Ansatzes sind die Begriffe **Differenz, Fremdheit und Identität,** die auch in den Angeboten thematisiert werden. Die Interkulturelle Bewegungserziehung ist kein stofforientierter Ansatz, sondern erfordert „einen pädagogisch ausgewählten, akzentuierten oder auch modifizierten Sport" (Gieß-Stüber und Grimminger 2009, S. 234). Gleichwohl bieten sich **Themen,** wie Bewegung und Spiel aus fremden Kulturen, Tanz und Bewegungstheater oder Erlebnispädagogik, an. Im Hinblick auf die methodische Umsetzung werden zahlreiche **didaktische Leitlinien,** wie Reflexion von Fremdheitserlebnissen, Selbstrelativierung oder Identitätsförderung durch Zugehörigkeit, vorgeschlagen.

Das Konzept der **Bewegungsförderung in der Schule** ist nicht einfach zu fassen. Zwar gibt es zahlreiche Befunde zum Bewegungsstatus von Kindern und Jugendlichen (z. B. Albrecht et al. 2016), weshalb das Thema durchaus relevant für den Sportunterricht ist. Es gibt jedoch fast ausschließlich medizinisch begründete Handlungsempfehlungen (z. B. Rütten und Pfeifer 2016), die wenig Hinweise zur didaktischen Umsetzung in der Schule geben. Insofern wird an dieser Stelle auf das Konzept des **Sportförderunterrichts** zurückgegriffen, das auf die Kompensation körperlicher Leistungsschwächen sowie psychomotorischer und psychosozialer Auffälligkeiten abzielt (Dordel 2007). Dabei gilt es, die Ursachen körperlicher Inaktivität zu erkennen, um den **Teufelskreis** „Inaktivität – funktioneller Unterbelastung – Abnahme der Organleistungsfähigkeit – vermehrter Inaktivität" zu durchbrechen (Rusch und Weineck 2007, S. 30). Auf dieser Grundlage werden **Übungs- und Spielangebote** abgeleitet, die allerdings oft nur in Kleingruppen angeboten werden und einer funktional-defizitären Logik folgen (Tiemann und Hofmann 2010). Insofern ist der Ansatz methodisch eher deduktiv ausgerichtet. Neuere Arbeiten stellen zwar die **Defizitorientierung** des Sportförderunterrichts infrage, können seine biomedizinische Ausrichtung aber nicht widerlegen (Kurth und Klein 2017).

Zum **Inklusiven Sportunterricht** gibt es eine Vielzahl an Konzepten, was nicht zuletzt der bildungspolitischen Bedeutung des Themas geschuldet ist (z. B. Giese und Weigelt 2015; Meier und Ruin 2015; Scheid und Friedrich 2015). Im vorliegenden Fall wird der Ansatz von Tiemann (2012, 2013, 2015) ausgewählt, der konkrete fachdidaktische Umsetzungshinweise bietet. Das Ziel des Inklusiven Sportunterrichts ist die **gleichberechtigte Teilhabe** aller Schülerinnen und Schüler unabhängig von ihren individuellen Voraussetzungen und Verhaltensweisen. Pfitzner und Liersch (2018) differenzieren den Teilhabebegriff in Anlehnung an Heimlich (2014) in „Teilnahme" am Unterrichtsgeschehen, „Teilgabe" (Impuls geht vom Schüler aus) und „Teilsein" (Impuls geht von den Mitschülern aus). Inhaltlich greift das Konzept auf ein breites Spektrum an Bewegungs-, Spiel- und Sportaktivitäten zurück, die allerdings nicht unreflektiert mit Wettkampfsituationen umgehen. Die methodischen Zugänge fasst Tiemann (2015) in einem **Handlungsmodell inklusiver Sportunterricht** zusammen, das neben den gemeinsamen Lernsituationen (vgl. Tab. 6.1) verschiedene Aktivitätstypen und Modifikationen von Aktivitäten umfasst. Im Kern steht das **6+1-Modell eines adaptiven Sportunterrichts,** das ausgehend von der inklusiven Haltung der Lehrkraft mit Materialien, Lernumfeld, Regeln, Aufgabenstellungen, Sozialformen und Kommunikation sechs Stellschrauben für die Anpassung des Sportunterrichts an die jeweilige Lerngruppe vorschlägt (vgl. Abb. 6.4).

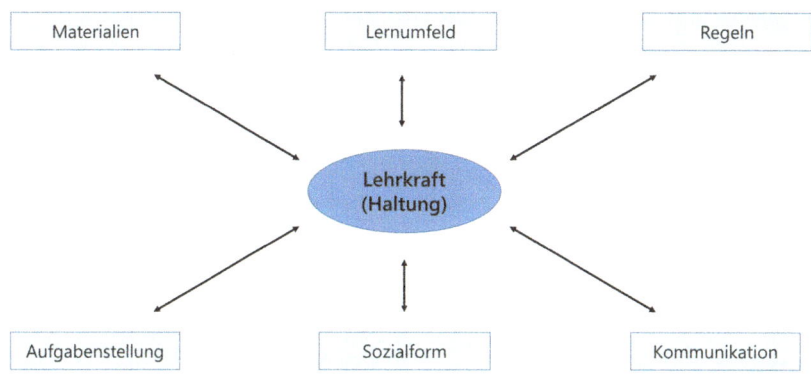

Abb. 6.4 6+1-Modell eines adaptiven Sportunterrichts. (Mod. nach Tiemann 2015, S. 62)

6.5 Konzepte im Überblick

Die fachdidaktischen Konzepte zum Umgang mit heterogenen Zielgruppen sind ausgesprochen vielfältig. Insofern konnten hier nur ausgewählte Schwerpunkte gesetzt werden. Das Konzept der **Sozialen Integration durch Sport** richtet sich vor allem an sozial benachteiligte Kinder und Jugendliche, denen durch eine Integration in den Sport weitergehende Bildungschancen eröffnet werden sollen (vgl. Gebken 2018). Inhaltlich greift der Ansatz sowohl auf offene Bewegungsarrangements als auch auf bekannte Sportarten zurück. Methodisch orientiert er sich an Prinzipien sozialen Lernens und setzt auf eine systematische Vernetzung mit dem Sozialraum (vgl. Gebken und Vosgerau 2009). Das Konzept der **Interkulturellen Bewegungserziehung** zielt auf interkulturelle Lernprozesse im Medium Bewegung (Erdmann 1999). Dazu bedient sich der Ansatz der Begriffstrias „Differenz, Fremdheit, Identität", die auch im Unterricht thematisiert wird. Inhaltlich greift der Ansatz auf pädagogisch akzentuierte Angebote zurück, etwa auf Bewegungsspiele aus anderen Kulturen oder erlebnispädagogische Angebote. Methodisch werden zahlreiche Leitlinien zur Reflexion und Identitätsförderung gegeben (vgl. Gieß-Stüber und Grimminger 2009).

Die **Bewegungsförderung in der Schule** orientiert sich an Ideen des Sportförderunterrichts, der auf die Kompensation körperlicher Leistungsschwächen sowie psychomotorischer und psychosozialer Auffälligkeiten abzielt (Dordel 2007). Auf der Basis eines überwiegend biomedizinischen Grundverständnisses werden entsprechende Übungs- und Spielformen für definierte Kleingruppen

Tab. 6.2 Fachdidaktische Konzepte zu heterogenen Zielgruppen im Sport im Überblick

	Soziale Integration durch Sport	Interkulturelle Bewegungserziehung	Bewegungsförderung in der Schule	Inklusiver Sportunterricht
Vertreter	Ulf Gebken Julika Vosgerau	Ralf Erdmann Petra Gieß-Stüber	Sigrid Dordel Andrea Kurth	Michael Pfitzner Heike Tiemann
Leitidee	Integration sozial benachteiligter Kinder und Jugendlichen im und durch den Sport	Interkulturelle Erziehungs- und Bildungsprozesse auf der Basis von Differenz, Fremdheit und Identität; Konstruktiver Umgang mit Fremdheit	Kompensation motorischer Leistungsschwächen sowie psychomotorischer und psychosozialer Auffälligkeiten	Gleichberechtigte Teilhabe aller Schülerinnen und Schüler
Sachbezug	Offene Bewegungsarrangements (z. B. Bewegungslandschaften) und bekannte Sportarten (z. B. Fußball); Open Sunday, Schwimmangebote u. a.	Akzentuierte Angebote, z. B. • Bewegung und Spiel aus anderen Kulturen • Tanz und Bewegungstheater • Erlebnispädagogik	Übungen und Spielformen zur Kompensation motorischer Leistungsschwächen sowie psychomotorischer und psychosozialer Auffälligkeiten	Breites Spektrum an Bewegungs-, Spiel- und Sportaktivitäten
Vermittlungsbezug	• Gemeinsames Handeln, gemeinsame Aufgabenbewältigung, Gemeinsame Verantwortung • Ansetzen auf verschiedenen Ebenen: Sportunterricht, Schulsports, Schule, Sozialraum	Verschiedene Prinzipien, z. B. • Reflexion von Fremdheitserlebnissen • Selbstrelativierung • Identitätsförderung durch Zugehörigkeit	• Diagnose motorischer auffälliger Kinder • Entwicklung individueller Förderpläne in Kleingruppen • Deduktive Ausrichtung	Verschiedene Ansätze, z. B. • Aktivitätstypen und Modifikationen • Gemeinsame Lernsituationen • 6+1-Modell eines adaptiven Sportunterrichts

ausgewählt und methodisch eher deduktiv aufbereitet (vgl. Rusch und Weineck 2007). Das Konzept des **Inklusiven Sportunterrichts** setzt sich dagegen zum Ziel, eine gleichberechtigte Teilhabe *aller* Schülerinnen und Schüler zu ermöglichen (Tiemann 2015). Dazu bedient es sich eines breiten Spektrums an Bewegungs-, Spiel- und Sportaktivitäten, die den Wettkampfgedanken nicht überbetonen. Methodisch greift der Ansatz u. a. auf verschiedene Aktivitätstypen, Modifikationen und Lernsituationen zurück und bietet mit dem „6+1-Modell" konkrete Variationsmöglichkeiten für einen adaptiven Sportunterricht (vgl. Pfitzner 2017). Insgesamt liegen die ausgewählten Konzepte auf verschiedenen Ebenen. Es eint sie das Ziel, allen Kindern und Jugendlichen eine angemessene Teilhabe am Sport zu ermöglichen, wozu allerdings unterschiedliche Wege der Differenzierung und sozialen Einbindung vorgeschlagen werden (vgl. Tab. 6.2).

Reflexionsfragen
1. Warum ist Heterogenität im deutschen Schulsystem eher die Regel als die Ausnahme?
2. Warum gilt der Sportunterricht als besonders voraussetzungsreiches Unterrichtsfach?
3. Warum können Heterogenitätsdimensionen im Sport kaum getrennt voneinander betrachtet werden? Warum ist es in der Praxis manchmal trotzdem hilfreich?
4. Inwiefern beschreiben die Begriffe „Gleichheit" und „Differenz" eine paradoxe Anforderungssituation für Sportlehrkräfte?
5. Welche Chancen geben Sie einer „Sportpädagogik der Anerkennung" im Schulalltag? Warum?
6. Welche Chancen sehen Sie in der sozialräumlichen Vernetzung von Bewegungsangeboten für den Umgang mit heterogenen Zielgruppen insgesamt?
7. Welche Schnittmengen haben Interkulturelle Bewegungserziehung und Inklusiver Sportunterricht?
8. Wie könnte das Konzept der Bewegungsförderung in der Schule weniger defizitorientiert werden?
9. Welche Förderschwerpunkte stellen den Schulsport vor besondere Herausforderungen?
10. Inwiefern geht es allen Ansätzen zum Umgang mit heterogenen Zielgruppen letztlich um soziale Teilhabe? ◄

Literatur

Albrecht, C., Tittlbach, S., Mewes, N., Woll, A., & Bös, K. (2016). Zum Gesundheits- und Bewegungsstatus von Kindern und Jugendlichen – Ergebnisse aus der MoMo-Studie. In K. Fischer, G. Hölter, W. Beudels, C. Jasmund, A. Krus, & S. Kuhlenkamp (Hrsg.), *Bewegung in der frühen Kindheit – Fachanalyse und Ergebnisse zur Aus- und Weiterbildung von Fach- und Lehrkräften*. Wiesbaden: Springer. https://doi.org/10.1007/978-3-658-05116-7_27.

Beckers, E. (1993). Bewegungskultur – Kultur und Bewegung. In E. Beckers & H. G. Schulz (Hrsg.), *Sport – Bewegung – Kultur* (S. 10–38). Bielefeld: Huchler.

Beckers, E. (2001). Sportpädagogik und Erziehungswissenschaft. In H. Haag & A. Hummel (Hrsg.), *Handbuch Sportpädagogik: Bd. 133. Beiträge zur Lehre und Forschung im Sport* (S. 25–33). Schorndorf: Hofmann.

BMFSFJ (Bundesministerium für Familie, Senioren, Frauen und Jugend) (Hrsg.). (2013). *14. Kinder- und Jugendbericht – Bericht über die Lebenssituation junger Menschen und die Leistungen der Kinder- und Jugendhilfe in Deutschland*. Berlin: BMFSFJ.

Böhnisch, L. (2008). *Sozialpädagogik der Lebensalter – Eine Einführung*. Weinheim: Juventa.

Budde, J. (2017). Heterogenität: Entstehung, Begriff, Abgrenzung. In T. Bohl, J. Budde, & M. Rieger-Ladich (Hrsg.), *Umgang mit Heterogenität in Schule und Unterricht* (S. 13–26). Bad Heilbrunn: Klinkhart UTB.

Cwierdzinski, P., & Fahlenbock, M. (2004). Heterogene Schülervoraussetzungen als pädagogische Herausforderung. In Wuppertaler Arbeitsgruppe (Hrsg.), *Schulsport in den Klassen 5–10: Bd. 143. Beiträge zur Lehre und Forschung im Sport* (S. 58–71). Schorndorf: Hofmann.

Dordel, S. (2007). *Bewegungsförderung in der Schule. Handbuch des Sportförderunterrichts*. Dortmund: Modernes Lernen.

Erdmann, E. (Hrsg.). (1999). *Interkulturelle Bewegungserziehung: Bd. 19. Brennpunkte der Sportwissenschaft*. St. Augustin: Academia.

Frohn, J., & Pfitzner, M. (2011). Heterogenität. *Sportpädagogik, 35*(1), 2–5.

Gebken, U. (2010). Soziallernen – Methoden sozialen Lernens. In H. Lange & S. Sinning (Hrsg.), *Hand-buch Methoden im Sport – Lehren und Lernen in der Schule, im Verein und im Gesundheitssport* (S. 537–547). Balingen: Spitta.

Gebken, U. (2018). Sport für alle – gemeinsam im Sozialraum die Spur halten! K. Althoff, & U. Gebken (Hrsg.), *Perspektiven des Kinder- und Jugendsports* (S. 12–22). Hildesheim: Arete.

Gebken, U., & Neuber, N. (Hrsg.). (2009). *Anerkennung als sportpädagogischer Begriff: Bd. 8. Jahrbuch Bewegungs- und Sportpädagogik in Theorie und Forschung*. Hohengehren: Schneider.

Gebken, U., & Vosgerau, J. (2009). *Soziale Integration. Sportpädagogik, 33*(5), 2–7.

Gebken, U. & Kuhlmann, B. (2015). Schulsport in der Migrationsgesellschaft. In R. Leiprecht & A. Steinbach (Hrsg.), *Schule in der Migrationsgesellschaft* (S. 378–392). Schwalbach: Pädagogik Verlag.

Geier, T., & Mecheril, P. (2017). Diversität. In J. Budde, M. Hietzge, A. Kraus, & C. Wulf (Hrsg.), *Handbuch schweigendes Wissen – Erziehung, Bildung, Sozialisation und Lernen* (S. 235–245). Weinheim: Beltz & Juventa.

Literatur

Gieß-Stüber, P., & Grimminger, E. (2009). Kultur und Fremdheit als sportdidaktische Perspektive. In H. Lange & S. Sinning (Hrsg.), *Handbuch Sportdidaktik* (2. Aufl., S. 223–244). Balingen: Spitta.

Giese, M., & Weigelt, L. (Hrsg.). (2015). *Inklusiver Sportunterricht in Theorie und Praxis*. Aachen: Meyer & Meyer.

Grimminger, E. (2015). Missachtungsprozesse unter Schülerinnen und Schülern im Sportunterricht – Sportdidaktische Konsequenzen aus einem multimethodischen Forschungsprojekt. *Sportpädagogik, 39*(1), 40–43.

Hafeneger, B., Henkenborg, P., & Scherr, A. (Hrsg.). (2013). *Pädagogik der Anerkennung – Grundlagen, Konzepte, Praxisfelder* (2. Aufl.). Schwalbach: Debus.

Heimlich, U. (2014). Teilhabe, Teilgabe oder Teilsein? Auf der Suche nach den Grundlagen inklusiver Bildung. *Vierteljahresschrift für Heilpädagogik und ihre Nachbargebiete, 83*(1), 1–5.

Holzbrecher, A. (2013). Anerkennung und interkulturelle Pädagogik. In B. Hafeneger, P. Henkenborg, & A. Scherr (Hrsg.), *Pädagogik der Anerkennung – Grundlagen, Konzepte, Praxisfelder* (2. Aufl., S. 168–176). Schwalbach: Debus.

Honneth, A. (1994). *Kampf um Anerkennung. Zur moralischen Grammatik sozialer Konflikte*. Frankfurt a. M.: Suhrkamp.

Imbusch, P., & Rucht, D. (2005). Integration und Desintegration in modernen Gesellschaften. In H. Heitmeyer & P. Imbusch (Hrsg.), *Integrationspotenziale einer modernen Gesellschaft* (S. 13–71). Wiesbaden: VS.

Klemm, K. (2015). *Inklusion in Deutschland – Daten und Fakten*. Gütersloh: Bertelsmann Stiftung. https://www.bertelsmann-stiftung.de/fileadmin/files/BSt/Publikationen/GrauePublikationen/Studie_IB_Klemm-Studie_Inklusion_2015.pdf. Zugegriffen: 24. Febr. 2020.

Kurth, A., & Klein, D. (2017). Sportförderunterricht aktuell – zwischen Inklusion und individueller Förderung. *Sportunterricht, 66*, 71–76.

Meier, S., & Ruin, S. (Hrsg.). (2015). *Inklusion als Herausforderung, Aufgabe und Chance für den Schulsport: Bd. 6. Schulsportforschung*. Berlin: Logos.

Menze, L., Derecik, A., & Neuber, N. (2019). Demokratische Partizipationsförderung – Vom programmatischen Aufruf zur Praxis des Ganztagssports. *Sportunterricht, 68*, 248–252.

Möhwald, A., Grimminger-Seidensticker, E., & Korte, J. (2020). Die Bedeutung unterschiedlicher Heterogenitätsmerkmale für das Erleben von Zustandsangst vor dem Sportunterricht in der Grundschule. In P. Neumann & E. Balz (Hrsg.), *Grundschulsport – Empirische Einblicke und pädagogische Empfehlungen* (4., Schulsport Aufl., S. 158–170). Aachen: Meyer & Meyer.

Mutz, M., & Burrmann, U. (2015). Integration. In W. Schmidt, N. Neuber, T. Rauschenbach, H.-P. Brandl-Bredenbeck, J. Süßenbach, & C. Breuer (Hrsg.), *Dritter Deutscher Kinder- und Jugendsportbericht: Kinder- und Jugendsport im Umbruch* (S. 255–271). Schorndorf: Hofmann.

Mutz, M., & Müller, J. (2017). Ethnische Heterogenität im Schulsport. *Sportunterricht, 66*, 366–370.

Neuber, N. (2020). *Fachdidaktische Konzepte Sport – Themenfelder und Perspektiven: Bd. 3. Basiswissen Lernen im Sport*. Wiesbaden: Springer VS.

Neuber, N., & Gebken, U. (2009). Anerkennung als sportpädagogischer Begriff – eine thematische Einführung. In U. Gebken & N. Neuber (Hrsg.), *Anerkennung als sportpädagogischer Begriff: Bd. 8. Jahrbuch Bewegungs- und Sportpädagogik in Theorie und Forschung* (S. 7–18). Hohengehren: Schneider.

Neuber, N., & Salomon, S. (2015). Aufwachsen im Wandel. In W. Schmidt, N. Neuber, T. Rauschenbach, H.-P. Brandl-Bredenbeck, J. Süßenbach, & C. Breuer (Hrsg.), *Dritter Deutscher Kinder- und Jugendsportbericht. Kinder- und Jugendsport im Umbruch* (S. 24–49). Schorndorf: Hofmann.

Pfitzner, M. (2017). Auf dem Weg zum inklusiven Sportunterricht. In M. Krüger & D. H. Jütting (Hrsg.), *Sport für alle – Idee und Wirklichkeit* (S. 299–319). Münster: Waxmann.

Pfitzner, M., & Liersch, J. (2018). Auf dem Weg zum inklusiven Sportunterricht – sportpädagogisch-didaktische Perspektiven. In S. Ruin, F. Becker, D. Klein, H. Leineweber, S. Meier, & H. G. Uhler-Derigs (Hrsg.), *Im Sport zusammenkommen – Inklusiver Schulsport aus vielfältigen Perspektiven* (S. 37–56). Schorndorf: Hofmann.

Prengel, A. (2013). „Ohne Angst verschieden sein?" – Mehrperspektivische Anerkennung von Schulleistungen in einer Pädagogik der Vielfalt. In B. Hafeneger, P. Henkenborg, & A. Scherr (Hrsg.), *Pädagogik der Anerkennung – Grundlagen, Konzepte, Praxisfelder* (2. Aufl., S. 203–221). Schwalbach: Debus.

Prengel, A. (2019). *Pädagogik der Vielfalt – Verschiedenheit und Gleichberechtigung in Interkultureller, Feministischer und Integrativer Pädagogik* (4. Aufl.). Wiesbaden: Springer VS.

Rusch, H., & Weineck, J. (2007). *Sportförderunterricht – Lehr- und Übungsbuch zur Förderung der Gesundheit durch Bewegung* (6., überarbeitete underweiterte Aufl.). Schorndorf: Hofmann.

Rütten, A., & Pfeifer, K. (Hrsg.). (2016). *Nationale Empfehlungen für Bewegung und Bewegungsförderung: Bd. 3. Forschung und Praxis der Gesundheitsförderung, Sonderheft*. Köln: BzgA.

Scheid, V., & Friedrich, G. (2015). Ansätze zur inklusiven Unterrichtsentwicklung. In S. Meier & S. Ruin (Hrsg.), *Inklusion als Herausforderung, Aufgabe und Chance für den Schulsport* (S. 35–51). Berlin: Logos Verlag.

Scherr, A. (2013). Subjektbildung in Anerkennungsverhältnissen. Über „soziale Subjektivität" und „gegenseitige Anerkennung" als pädagogische Grundbegriffe. In B. Hafeneger, P. Henkenborg, & A. Scherr (Hrsg.), *Pädagogik der Anerkennung – Grundlagen, Konzepte, Praxisfelder* (2. Aufl., S. 26–44). Schwalbach: Debus.

Schmidt, W. (2015). Verstetigung sozialer Ungleichheiten. In W. Schmidt, N. Neuber, T. Rauschenbach, H.-P. Brandl-Bredenbeck, J. Süßenbach, & C. Breuer (Hrsg.), *Dritter Deutscher Kinder- und Jugendsportbericht – Kinder- und Jugendsport im Umbruch* (S. 78–101). Schorndorf: Hofmann.

Schmidt, W., & Süßenbach, J. (2009). Bewegung, Spiel und Sport als soziale Chance. In U. Gebken & N. Neuber (Hrsg.), *Anerkennung als sportpädagogischer Begriff: Bd. 8. Jahrbuch Bewegungs- und Sportpädagogik in Theorie und Forschung* (S. 73–85). Hohengehren: Schneider.

Schneekloth, U., & Pupeter, M. (2013). Familiäre Hintergründe: bunte Vielfalt, aber auch deutliche Unterschiede in den Lebenslagen. In S. Andresen & K. Hurrelmann (Hrsg.), *Wie gerecht ist unsere Welt? Kinder in Deutschland 2013. 3. World Vision Kinderstudie* (S. 79–110). Weinheim: Beltz.

Statisches Bundesamt. (2017). *Bevölkerung und Erwerbstätigkeit. Bevölkerung mit Migrationshintergrund – Ergebnisse des Mikrozensus 2016.* Wiesbaden: Selbstverlag.

Sturm, T. (2016). *Lehrbuch Heterogenität in der Schule* (2. Aufl.). München: Reinhardt.

Tiemann, H. (2012). Vielfalt im Sportunterricht – Herausforderung und Bereicherung. *Sportunterricht, 36,* 168–172.

Tiemann, H. (2013). Inklusiver Sportunterricht – Ansätze und Modelle. *Sportpädagogik, 37*(6), 47–50.

Tiemann, H. (2015). Inklusiven Sportunterricht gestalten – didaktisch methodische Überlegungen. In M. Giese (Hrsg.), *Inklusiver Sportunterricht in Theorie und Praxis* (27., Schulsport Aufl., S. 53–66). Aachen: Meyer & Meyer.

Tiemann, H., & Hofmann, A. R. (2010). Vom Sportförderunterricht zum Sportunterricht in inklusiven Settings. In H. Lange & S. Sinning (Hrsg.), *Handbuch Methoden im Sport* (S. 107–116). Balingen: Spitta.

Trautmann, M., & Wischer, B. (2011). *Heterogenität in der Schule – Eine kritische Einführung.* Wiesbaden: Springer VS.

Walgenbach, K., & Pfahl, L. (2017). Intersektionalität. In T. Bohl, J. Budde, & M. Rieger-Ladich (Hrsg.), *Umgang mit Heterogenität in Schule und Unterricht* (S. 141–158). Bad Heilbrunn: Klinkhart UTB.

Wocken, H. (1998). Gemeinsame Lernsituationen – Eine Skizze zur Theorie des gemeinsamen Unterrichts. In A. Hildeschmidt & I. Schnell (Hrsg.), *Integrationspädagogik – Auf dem Weg zu einer Schule für Alle* (S. 37–52). Weinheim: Juventa.

Worth, A., Opper, E., Niessner, C., Oriwol, D., Hanssen-Doose, A., & Woll, A. (2020). Motorische Leistungsfähigkeit von Kindern im Grundschulalter – ausgewählte Ergebnisse der Momo-Längsschnittstudie. In P. Neumann & E. Balz (Hrsg.), *Grundschulsport – Empirische Einblicke und pädagogische Empfehlungen* (41., Schulsport Aufl., S. 47–65). Aachen: Meyer & Meyer.

Züchner, I. (2013). Sportliche Aktivitäten im Aufwachsen junger Menschen. In M. Grgic & I. Züchner (Hrsg.), *Medien, Kultur und Sport. Was Kindern und Jugendliche machen und ihnen wichtig ist – Die MediKuS-Studie* (S. 89–137). Weinheim: Beltz & Juventa.

Sportlehrerinnen und Sportlehrer 7

Zusammenfassung

In diesem Kapitel werden Grundbegriffe und Theorien zum Sportlehrerberuf vorgestellt. Ausgehend von spezifischen Aufgaben und Anforderungen wird der berufsbiografischen Entwicklung von Sportlehrkräften besondere Bedeutung beigemessen. Die Sportlehrerprofession kann unterschiedlich betrachtet werden. Dazu werden mit dem Strukturtheoretischen Ansatz, dem Kompetenztheoretischen Ansatz, dem Berufsbiografischen Ansatz und dem Subjektorientierten Ansatz vier fachdidaktische Zugänge vorgestellt. Ein Exkurs zu Trennungen im Schulsportalltag ergänzt das Kapitel.

7.1 Einführung

Die sportpädagogische Literatur ist voll von **Tugendkatalogen für Sportlehrkräfte.** So schreibt Carl Diem (1949, S. 99) über die Persönlichkeit des Sportlehrers: Er soll über eine „innerliche Jugendfrische" verfügen, die es ihm ermöglicht, sich als Gleicher unter Gleichen zu fühlen. Er „ist der Letzte zu Bett und der Erste wieder auf, […] er trägt den Ermatteten den Rucksack und erweist sich in allen Lebenslagen als der helfende Freund" (Diem 1949, S. 99). Schließlich soll er eine „Frohnatur" sein, „lebensbejahend und humorvoll" (Diem 1949, S. 99), die über einen „gesunden Menschenverstand" verfügt, „nicht unbedingt ein Höchstmaß an Denkkraft", aber doch mit geistiger Klarheit und Frische (Diem 1949, S. 101). So übertrieben diese historischen Ausführungen auch wirken, neuere Darstellungen sind kaum weniger idealisierend. In der

Einführung in die Sportdidaktik von Michael Bräutigam (2014, S. 23) heißt es: **„Der gute Sportlehrer** ist fachlich kompetent, kann gut vormachen, verständlich erklären und hilfreiche Korrekturen geben. Er pflegt einen verständnisvollen Umgang mit den Schülern, ist gerecht und zuverlässig, zeigt Engagement, sein Unterricht ist abwechslungsreich und motivierend. Er ist sportlich, tritt sicher auf, hat Spaß an seinem Beruf, zeigt Geduld und Humor und kann über sich selbst lachen".

Die Erwartungen an „gute" Sportlehrer sind also nach wie vor hoch – wobei man die Sportlehrerinnen heute auch erwähnen würde. Neben besonderen fachlichen und sozialen Kompetenzen sollen Sportlehrkräfte verständnisvoll und einfühlsam, verlässlich und gerecht sein und nicht zuletzt als **Vorbild für ein gutes, gesundes Leben** dienen. Tatsächlich zeichnet sich der Sportlehrerberuf durch eine besondere Nähe zu den Schülerinnen und Schülern aus, was sich nicht zuletzt daran zeigt, dass Sportlehrkräfte oft als Vertrauenslehrer gewählt werden. Zugleich weiß man heute, dass Tugendkataloge im Berufsalltag wenig hilfreich sind. So gibt es auch im Sport nicht den „geborenen" Lehrer, sondern junge Frauen und Männer, die die **Kompetenzen für den Sportlehrerberuf** im Rahmen eines aufwendigen Qualifikationsprozesses erwerben, der über ein Bachelor- und Masterstudium und den Vorbereitungsdienst (Referendariat) in eine 30–40jährige Berufslaufbahn führt (vgl. Neuber 2016). Umso wichtiger ist es, sich der eigenen Einstellungen und Haltungen bewusst zu werden, sein **Selbstverständnis als Lehrerin oder Lehrer** zu reflektieren, um den Beruf langfristig erfolgreich und mit Freude ausüben zu können.

7.2 Grundbegriffe

Zu den ersten Begriffen, die einem bei der Beschäftigung mit dem Sportlehrerberuf begegnen, gehört der Begriff der Persönlichkeit.

▶ **Lehrerpersönlichkeit** Die Lehrerpersönlichkeit steht für ein „Ensemble relativ stabiler Dispositionen, die für das Handeln, den Erfolg und das Befinden im Lehrerberuf bedeutsam sind" (Mayr 2016, S. 88). In der Regel beziehen sich die Dispositionen auf die Persönlichkeitsmerkmale der so genannten **„Big Five":** Emotionale Stabilität, Extraversion, Offenheit, Verträglichkeit und Gewissenhaftigkeit, die auch in der Diskussion um Sportlehrkräfte zitiert werden (Miethling und Gieß-Stüber 2007, S. 4–5). Sie bilden sozusagen die psycho-physische Grundausstattung einer Lehrperson und gelten als relativ schwer beeinflussbar.

Ihnen gegenüber stehen die sozialen Anforderungen, die an eine Lehrkraft gestellt werden, die – zumindest in älteren Arbeiten – mit dem Begriff der **Lehrerrolle** gefasst werden. So konnte Miethling (1986) bereits in den 1980er Jahre unterschiedliche Rollenerwartungen an Sportlehrkräften zwischen Schüler-, Selbst-, Sport- und Schul-Orientierungen nachweisen. Hinzu kommen gesellschaftliche Erwartungen an Lehrerinnen und Lehrer, die als öffentliche **Lehrerbilder** zusammengefasst werden können. Es zeigt sich, dass Lehrerbilder zwischen Geringschätzung und Idealisierung erheblich wandelbar sind (Rothland 2016).

Aktuelle Untersuchungen zu (Sport-)Lehrkräften orientieren sich weniger am Persönlichkeits- und Rollenbegriff als vielmehr am Kompetenzbegriff.

▶ **Lehrerkompetenzen** werden als Fähigkeiten und Fertigkeiten verstanden, „die zur Lösung bestimmter Probleme und Aufgaben [im Lehrerberuf] nötig sind" (König 2016, S. 145). Im Gegensatz zu Persönlichkeitsmerkmalen gelten Kompetenzen als erlernbar.

Sportbezogene **Kompetenzmodelle** unterscheiden bspw. spezifische Fach-, Sach-, Sozial-, Selbst- und Schulentwicklungskompetenzen (Bräutigam et al. 2005). Für die **Lehrerbildung** hat sich in Anlehnung an Terhart (2007) ein dimensionales Kompetenzmodell bewährt, das die kognitiven, motivationalen und handlungsbezogenen Anteile von Kompetenzen unterscheidet (Kap. 1). Die Profession von Lehrerinnen und Lehrern umfasst – je nach Lesart – unterschiedliche Kompetenzen. Dabei gilt die **Lehrerprofession** als semiprofessionell, da sie vergleichsweise starken bürokratischen Reglementierungen unterliegt. Gleichwohl bedarf es eines **Professionellen Selbst**, das Lehrkräfte ausbilden müssen, um in komplexen schulischen Situationen handlungsfähig zu sein. Dazu gehören ein spezifisches Fachwissen, eine eigene Berufssprache, gemeinhin akzeptierte Werte sowie ein umfangreiches Handlungsrepertoire (Miethling und Gieß-Stüber 2007, S. 9).

7.3 Grundlagen

Die Kultusministerkonferenz hat in einer vielbeachteten Expertise die **Aufgaben von Lehrerinnen und Lehrern** definiert. Danach gehören zu den zentralen Aufgaben von Lehrkräften in der Schule das Unterrichten, das Erziehen, das Beurteilen und das Innovieren (vgl. KMK 2004). Terhart (2007) ergänzt noch das Beraten sowie die Weiterentwicklung eigener Kompetenzen als wichtige Bereiche. Diese allgemeinen Aufgaben können auf das Tätigkeitsfeld von Sportlehrkräften übertragen werden, wobei sie mit Blick auf die spezifischen Rahmenbedingungen ausbuchstabiert werden müssen (vgl. Abb. 7.1). So erfordert die **Doppelte Paradoxie des Sportunterrichts** (Prohl 2010) den Umgang mit zweierlei Antinomien: Die gängige Ambivalenz von Selektion und Förderung der Schülerinnen und Schüler sowie die sportspezifische Ambivalenz von Sport als subjektiver Sinnverfüllung und schulischer Pflichtveranstaltung (siehe Kap. 2). Auch der **Doppelauftrag des Schulsports** stellt besondere Herausforderungen an Sportlehrerinnen und -lehrer, weil hier – durchaus im Gegensatz zu anderen Unterrichtsfächern – neben der Sache Sport immer auch die Entwicklung der Heranwachsenden bedacht werden muss (Prohl 2017). Die besondere Nähe von Sportlehrkräften zu ihren Schülerinnen und Schülern bedeutet schließlich auch, dass das **Betreuen als Aufgabe** ergänzen werden kann, vor allem im Rahmen der breiten Palette des außerunterrichtlichen Schulsports (vgl. Scheid 2017).

Diese komplexen Aufgaben finden vor dem Hintergrund nicht minder komplexer Tätigkeitsanforderungen im (Sport-)Lehrerberuf statt. Zu den allgemeinen **Anforderungen an Lehrkräfte** in der Schule gehört die Kritik am Lehrerberuf, die in den letzten Jahren zuzunehmen scheint. Damit verbunden ist die Forderung nach einer stärkeren Übernahme von Erziehungs- und Sozialisationsleistungen, die von außerschulischen Instanzen, nicht zuletzt den Elternhäusern, nicht mehr übernommen werden. Auch die Ökonomisierung von Bildungsprozessen inklusive einer starken Outputorientierung wird als Anforderung wahrgenommen. Des Weiteren macht der Veränderungsdruck

Abb. 7.1 Aufgaben von (Sport-)Lehrkräften. (Nach KMK, 2004; Terhart 2007; Scheid 2017)

7.3 Grundlagen

in Bezug auf eine „neue" Lernkultur in der Nach-Pisa-Ära nicht halt vor den Klassenzimmern (vgl. Miethling 2013). Aktuelle Herausforderungen für den Lehrerberuf liegen außerdem in der zunehmenden **Heterogenität** der Schülerschaft, nicht zuletzt durch den Anspruch auf Inklusion an Regelschulen (siehe Kap. 6). Hinzu kommt die flächendeckende Einführung von Ganztagsschulen in Deutschland, die für viele Lehrkräfte neu ist. Auch die **Digitalisierung** von Schule und Unterricht stellt unabhängig vom jeweiligen Unterrichtsfach erhebliche Anforderungen an Lehrkräfte (vgl. Kleinert und Wolf 2018).

Diese allgemeinen Anforderungen können wiederum auf die spezifischen Rahmenbedingungen des Sportunterrichts bezogen werden. Zu den **Anforderungen an Sportlehrkräfte** zählen zunächst massive Wachstums- und Veränderungsprozesse in der Sportlandschaft. Gerade ältere Lehrkräfte tun sich nicht immer leicht, mit der Vermittlung von Bewegungstrends, die sie im Rahmen ihrer Ausbildung nicht gelernt haben (Kugelmann und Klupsch-Sahlmann 2000). Auch die sportbezogenen Richtlinien und Lehrpläne unterliegen einem permanenten Wandel, der immer wieder Anpassungen des eigenen Unterrichts erforderlich macht. Aktuelle Herausforderungen, wie Heterogenität und Digitalisierung, stellen ebenso sportspezifische Anforderungen, wie die **Einführung von Ganztagsschulen**. Jedes dritte Ganztagsangebot in Deutschland ist ein Sportangebot. Insofern werden gerade Sportlehrerinnen und Sportlehrer mit neuen Aufgaben konfrontiert, die als Planungs-, Organisations-, Moderations- und Beratungsaufgaben zusammengefasst werden können (vgl. Neuber und Jordens 2012). Mit Bezug auf diese komplexe Gemengelage diagnostiziert Miethling (2013, S. 125) eine **Anspruchseskalation im Sportlehrerberuf,** der durch hoch anspruchsvolle Tätigkeitsanforderungen gekennzeichnet sei und „vielfältige Orientierungs- und Entscheidungsmöglichkeiten bei gleichzeitig damit verbundenen Optionszwängen" eröffne.

Vor dem Hintergrund komplexer Aufgaben und Anforderungen bleibt es nicht aus, dass Sportlehrkräfte ihre Tätigkeit als belastend empfinden. Zu den spezifischen **Belastungsfaktoren im Sportunterricht** zählen unangemessene curriculare Vorgaben, körperliche Beanspruchungen, Probleme in der Interaktion mit Kolleginnen und Kollegen, mangelndes motorisches Können sowie mangelnde Disziplin der Schülerinnen und Schüler, unangemessene räumliche Bedingungen, zu geringe Vorbereitungszeit sowie Motivations- und Benotungsprobleme (Heim und Klimek 1999; Miethling 2013). Untersuchungen zu spezifischen **Belastungsmustern von Sportlehrkräften** belegen zunächst, dass sie genauso belastet sind, wie Kolleginnen und Kollegen in anderen Unterrichtsfächern. Zugleich zeigt sich, dass die Burnout-Gefährdung von Sportlehrkräften tendenziell etwas geringer ausfällt, während ein gesundheitsförderlicher

Umgang mit Belastungsmustern tendenziell etwas häufiger ist (vgl. Miethling und Sohnsmeyer 2009). Das sollte allerdings nicht dazu verleiten, den Sportlehrerberuf als einen Beruf ohne Gesundheitsrisiken zu betrachten. Faktoren wie die körperliche Belastung, ein hoher Lärmpegel, hohe stimmliche Anforderungen sowie abnehmende körperliche Fähigkeiten mit zunehmendem Alter führen nicht selten zu **Trennungen im Sportlehrerberuf,** die langfristig zur Erkrankung führen können.

„Trennungen" im Schulsportalltag
Der Sportlehrerberuf bietet ein großes **Potenzial für Berufszufriedenheit und Lebensqualität.** Der direkte Kontakt zu Kindern und Jugendlichen, der Einsatz für ihre Bewegungsbedürfnisse, sportliche und persönliche Lernerfolge der Schülerinnen und Schüler, aber auch die eigene vielseitige Bewegung und die Zusammenarbeit mit Kolleginnen und Kollegen, die dieselbe Leidenschaft teilen – das alles und sicher noch einiges mehr kann als Voraussetzung für ein befriedigendes Berufsleben verstanden werden. Trotzdem gibt es auch im Sport die andere Seite: unzufriedene, erschöpfte, verzweifelte Kolleginnen und Kollegen. Claudia Kugelmann und Rüdiger Klupsch-Sahlmann (2000) stellen sich in ihrem vielbeachteten Aufsatz die Frage, wie es dazu kommen kann. Sie erklären das mit dem **Phänomen der Trennungen.** Sie führen dazu, „dass Menschen in der Schule, die Lernenden, aber auch die Lehrenden […] oft nicht ‚bei sich bleiben' können, enttäuscht sind und krank werden. Trennung und ihre Begleiterscheinung wirken als Hindernis für Innovationen und Berufszufriedenheit" (Kugelmann und Klupsch-Sahlmann 2000, S. 4). Ein **Potenzial für Trennungen** im Sportlehrerberuf machen sie in drei Bereichen aus: Schule und Schulsport, Bewegung, Spiel und Sport in der Gesellschaft sowie Persönlichkeit von Sportlehrkräften.

Die Schule ist ein Ort, an dem Lebenschancen verteilt werden. Ihre Selektionsfunktion bringt manche Lehrkräfte in Konflikt mit ihrer pädagogischen Qualifikationsaufgabe. Gerade dem Schulsport wird zudem oft eine **Kompensationsfunktion** gegenüber allen Übeln der Welt zugeschrieben – vom Bewegungsmangel über die Rechenschwäche bis zur Verhaltensauffälligkeit. Das kann als Überforderung wahrgenommen werden und manche Lehrkraft an der „Jugend von heute" zweifeln lassen. Auch die vermeintlich eindeutige „Sache Sport" ändert sich. **Bewegungs- und Fitnesstrends** machen den Sport schwerer greifbar, manche inszenieren ihn als Show, andere sehen nur den „Thrill" als Gegenwelt zum Schul- oder Arbeitsalltag. Auch das macht es für manche Lehrkraft schwierig, sich weiterhin mit ihrem Fach zu identifizieren. Schließlich gibt es Gründe für „Trennungen", die in der Person der Lehrkraft selbst liegen. So kann die fehlende Anerkennung als Lehrerin oder Lehrer sowie die Missachtung des Fachs Sport als kränkend erlebt werden. Hinzu kommt das **Problem des Alterns,** das für Sportlehrkräfte besonders brisant ist, weil sie sich zunehmend von der Bewegungswelt und den Bewegungsfähigkeiten ihrer Schülerinnen und Schüler entfernen.

Diese Situationen werden von Kugelmann und Klupsch-Sahlmann (2000) nicht geleugnet, sie stellen aber individuelle **Gegenstrategien** vor. So berichten sie von einem Sportlehrer an einer Grundschule, der seinen Unterricht ganz auf die Selbsttätigkeit seiner Schülerinnen und Schüler ausrichtet. Oder von einer Sportlehrerin, die sich ausgehend vom Fach für mehr Bewegung im Schulleben einsetzt und dadurch eine neue Rolle in ihrer Schule findet. Oder von einer älteren Hauptschullehrerin, die die Bewegungsunlust ihrer Schülerinnen nachvollziehen kann und sich einen Ruck gibt, wieder selbst aktiv zu werden – was die Schülerinnen als sehr authentisch erleben. Die Beispiele – so die Autoren selbst – sind nicht besonders spektakulär. Sie zeigen aber, wie Sportlehrkräfte durch eine stärkere **Fokussierung ihres Erziehungsauftrags** auch unter schwierigen Umständen „einen guten Job" machen können. So kann es durch die Verantwortungsübernahme für die Kinder und Jugendlichen, durch die Sensibilität für die eigenen Gefühle und Schwächen sowie durch eine ehrliche Kommunikation mit den Heranwachsenden dazu kommen, dass Lehrkräfte in der Vielfalt und Unbeständigkeit kindlicher und jugendlicher Lebenswelten zu einer **verlässlichen Person** werden – und dadurch selbst ein befriedigendes Berufsleben erfahren (vgl. Petillon 1993).

Die **berufsbiografische Entwicklung** von Sportlehrerinnen und Sportlehrern kann als lebenslanger, phasenübergreifender Prozess verstanden werden. Tatsächlich sind bereits die Erfahrungen, die man als Schülerin oder Schüler macht, vielfach prägend für die eigene Laufbahn als Lehrkraft. Nicht von ungefähr heißt es in der Lehrerbildungsforschung: „Teachers teach as they are taught and not as they are taught to teach" (Patry 2014, S. 32). Nach einem rund fünfjährigen Studium (1. Phase der Lehrerbildung) und einem zumeist 18-monatigen Vorbereitungsdienst (2. Phase der Lehrerbildung) folgen 30–40 Jahre Berufstätigkeit, die im Idealfall durch eine kontinuierliche Weiterentwicklung der eigenen **Lehrerkompetenzen** gekennzeichnet ist (3. Phase der Lehrerbildung). Während die ersten beiden Phasen im Wesentlichen curricular vorstrukturiert und verpflichtend sind, gibt es für die Phase der beruflichen Tätigkeit – spätestens mit der Festanstellung – keine vorgeschriebenen Weiterqualifizierungen. Gleichwohl kann davon ausgegangen werden, dass am Ende des Vorbereitungsdienstes nicht die „fertige" Lehrperson, sondern bestenfalls der gut vorbereitete Berufsanfänger steht. Von daher kommt der **beruflichen Weiterbildung** auch und gerade von Sportlehrkräften eine besondere Bedeutung zu (Neuber 2017).

Für den Sportlehrerberuf hat Miethling (2013) den Kenntnisstand zur berufsbiografischen Entwicklung zusammengetragen. Danach werden bereits in Kindheit und Jugend spezifische habituelle Muster erworben, die für das Verständnis von Sport und Bewegung prägend sind. Die allgemeinen Erfahrungen zum Lehren und Lernen in der Schule werden durch **sportspezifische Erfahrungen** aus vereinssportlichen Praxen ergänzt. Eine Untersuchung zu Motiven und Einstellungen von Studienanfängern im Sport zeigt bspw., dass sie im Vergleich zu Lehramtsstudierenden anderer Fächer ein „konstruktiveres Unterrichtskonzept" haben, d. h. stärker schülerorientiert sind. Zugleich verfügen sie aber auch über ein stärker „transmissives Konzept", d. h. sie sind lehrerzentrierter als andere Studierende. Offensichtlich kommen hier Erfahrungen als Trainerin oder Trainer im wettkampforientierten Sport zum Tragen (Neuber et al. 2014). Im **Sportstudium** werden diese sportbiografischen Erfahrungen häufig fortgesetzt, nicht zuletzt in fachpraktischen Lehrveranstaltungen oft sogar noch verstärkt. Die **inkorporierten Lehr- und Lernmuster** des wettkampforientierten Vereinssports erweisen sich dabei als ausgesprochen wirkmächtig (Klinge 2007). Umso wichtiger erscheint der **Perspektivwechsel** vom sportlichen Akteur im Verein zum pädagogischen Arrangeur von Sport in der Schule. Nur wenn es den Studierenden gelingt, ihre oft wettkampfsportlichen Erfahrungen zu reflektieren, kann der Rollenwechsel vom Trainer zum Lehrer gelingen.

Im anschließenden **Vorbereitungsdienst** steht der „Weltensprung" von der Universität an die Schule im Vordergrund. Nach Miethling (2013, S. 151) ist diese Phase durch „geleitete Lehrerfahrungen in geschütztem Erprobungsraum bei gleichzeitigem Bewährungsdruck" charakterisiert. Dabei steht die Vermittlung des „Unterrichtshandwerks" im Vordergrund, wobei die Rahmenbedingungen durchaus ambivalent sind. Einerseits geht es um die Erkundung des zukünftigen Berufsfelds, die oft durch Neugierde und Engagement gekennzeichnet ist. Andererseits müssen unter vergleichsweise stark hierarchisierten Bedingungen unterrichtliche Leistungen erbracht werden. Tatsächlich beklagen Sportreferendare den unverhältnismäßigen Aufwand bei Stundenvorbereitungen

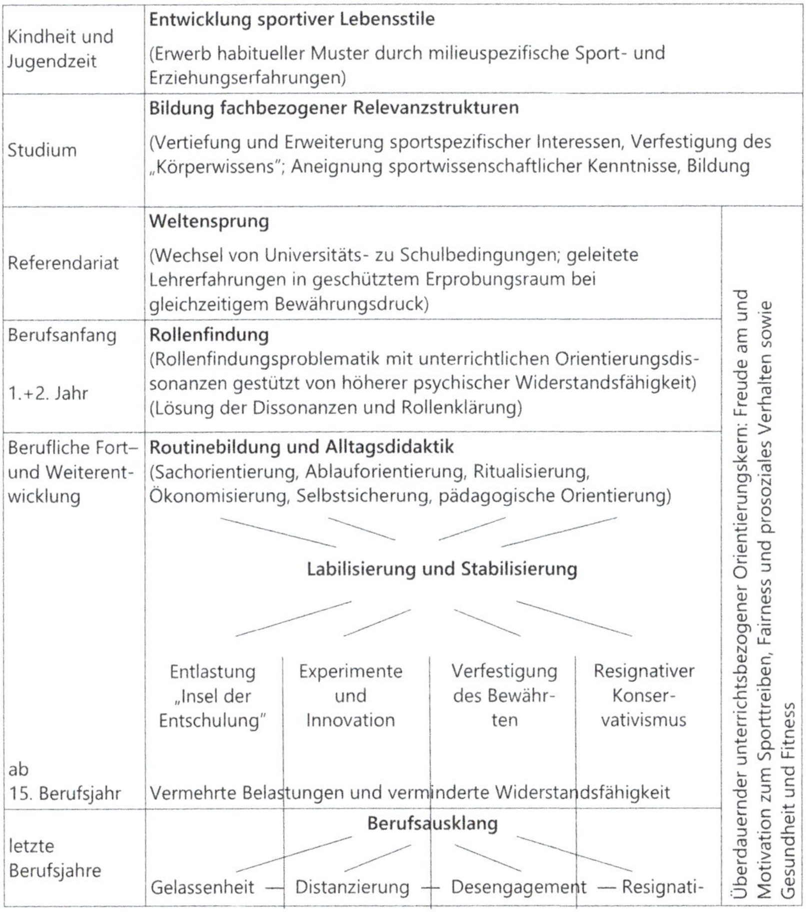

7.3 Grundlagen

Kindheit und Jugendzeit	**Entwicklung sportiver Lebensstile** (Erwerb habitueller Muster durch milieuspezifische Sport- und Erziehungserfahrungen)
Studium	**Bildung fachbezogener Relevanzstrukturen** (Vertiefung und Erweiterung sportspezifischer Interessen, Verfestigung des „Körperwissens"; Aneignung sportwissenschaftlicher Kenntnisse, Bildung
Referendariat	**Weltensprung** (Wechsel von Universitäts- zu Schulbedingungen; geleitete Lehrerfahrungen in geschütztem Erprobungsraum bei gleichzeitigem Bewährungsdruck)
Berufsanfang 1.+2. Jahr	**Rollenfindung** (Rollenfindungsproblematik mit unterrichtlichen Orientierungsdissonanzen gestützt von höherer psychischer Widerstandsfähigkeit) (Lösung der Dissonanzen und Rollenklärung)
Berufliche Fort- und Weiterentwicklung	**Routinebildung und Alltagsdidaktik** (Sachorientierung, Ablauforientierung, Ritualisierung, Ökonomisierung, Selbstsicherung, pädagogische Orientierung)
	Labilisierung und Stabilisierung
	Entlastung „Insel der Entschulung" — Experimente und Innovation — Verfestigung des Bewährten — Resignativer Konservativismus
ab 15. Berufsjahr	Vermehrte Belastungen und verminderte Widerstandsfähigkeit
letzte Berufsjahre	**Berufsausklang** Gelassenheit — Distanzierung — Desengagement — Resignati-

Überdauernder unterrichtsbezogener Orientierungskern: Freude am und Motivation zum Sporttreiben, Fairness und prosoziales Verhalten sowie Gesundheit und Fitness

Abb. 7.2 Modell berufsbiografischer Entwicklungsphasen von Sportlehrer/innen (Mod. nach Miethling 2013, S. 151)

sowie den anhaltenden Stress, den sie auch in der unterrichtsfreien Zeit erleben (vgl. Escher 1999). Die ersten drei, vier Jahre des **Berufseinstiegs** sind dann vor allem durch Rollenfindungs- und -klärungsprozesse gekennzeichnet. Im weiteren Verlauf lassen sich Phasen der Routinebildung mit entlastenden und innovativen, aber auch konservativen und defensiven Elementen identifizieren, die dann in der Phase des **Berufsausklangs** zwischen Gelassenheit und Resignation differieren.

Miethling (2013, S. 148–153) fasst die Erkenntnisse seiner Forschungen in einem **Modell berufsbiografischer Entwicklungsphasen von Sportlehrer/innen** zusammen (vgl. Abb. 7.2).

▶ **Literaturtipp**
Miethling, W.-D. (2018). Werde, der Du bist! – Zur berufsbiographischen Entwicklung von Sportlehrenden. In N. Ukley & B. Gröben (Hrsg.), *Forschendes Lernen im Praxissemester – Begründungen, Befunde und Beispiele aus dem Fach Sport* (Bildung und Sport, 13; S. 27–46). Wiesbaden: Springer VS.
Wolf-Dietrich Miethling nimmt den paradoxen Satz „Werde, der du bist!" als Ausgangspunkt für eine Reise durch die berufsbiografische Entwicklung von Sportlehrkräften, die in gewisser Hinsicht auch eine Reise durch seine eigene Biografie als Sportlehrerforscher ist. Dabei geht er auf die verschiedenen Stationen im Leben einer Sportlehrkraft, z. B. Kindheit und Jugendzeit, Studium, Praxissemester, Referendariat und Berufseinstieg, ein und zeigt, dass eine Sportlehrerbiografie selten linear und ohne Umorientierungen verläuft.

7.4 Fachdidaktische Konzepte

Zur Beschreibung und Analyse des Sportlehrerberufs gibt es zahlreiche Zugänge und Untersuchungen. Erste sportdidaktische Arbeiten befassten sich in den 1980er Jahren mit dem Alltagsbewusstsein von Spotlehrkräften (Brettschneider 1984). So konnte bspw. Lange (1984) **Handlungsorientierungen von Sportlehrern** im Berufsalltag identifizieren, die er als Sachorientierung, Ablauforientierung, Ritualisierung, Ökonomisierung, Selbstsicherung und pädagogische Orientierung zusammenfasste. In den 1990er Jahren rückte der Zusammenhang von Lehrerausbildung und -beruf in den Vordergrund (Friedrich und Hildebrandt 1997). Anfang der 2000er Jahre entwickelte Köppe (2002) seine „kleine (andere) Sportdidaktik aus Sportlehrsicht", die stark vom Ansatz der **Subjektiven Theorien** beeinflusst war. Neuere Arbeiten zum Sportlehrerberuf lassen sich nach professionstheoretischen Gesichtspunkten darstellen. **Professionen** sind Berufe, „die sich auf der Basis einer akademischen Ausbildung mit komplexen und insofern immer ‚riskanten' […] Problemlagen ihrer Klienten befassen" (Terhart 2013, S. 65). Pädagogische Berufe werden als semiprofessionell bezeichnet, weil sie von einer unsicheren Wissensbasis ausgehen und letztlich nicht „frei" sind (Terhart 2013, S. 66–67).

Was für den Lehrerberuf im Allgemeinen gilt, gilt für den **Sportlehrerberuf** im Besonderen. Ausgehend von einer vergleichsweise geringen Wertschätzung des Sports in der Schule sowie eines ausgeprägten Expertenwissens in außerschulischen Feldern, z. B. bei Trainerinnen und Trainern, kann weder von einer exklusiven Zuständigkeit für die Bearbeitung von Wissensdefiziten, noch von einer ausgeprägten **Experten-Laien-Differenz** ausgegangen werden. Zudem ist der Einfluss von Sportlehrkräften auf die sogenannte Komplementärrollenkarriere der Schülerinnen und Schüler nicht sehr hoch, weil das Notenspektrum im Sport kaum ausgeschöpft wird und die Sportnote damit als weniger wichtig für die Karriere der Heranwachsenden angesehen wird als die Note in anderen Fächern (Cachay et al. 2010). Insgesamt führt das zu einer vergleichsweise geringen Ausprägung der **Professionsmerkmale von Sportlehrkräften,** zumindest solange ihr pädagogischer Auftrag ausgeblendet wird. Wird der Sportunterricht dagegen explizit als Erziehender Unterricht verstanden, rücken sport(art)spezifische Professionsaspekte zugunsten der pädagogischen Kompetenzen von Lehrkräften in den Hintergrund. Auf dieser Grundlage lässt sich die Profession der Sportlehrerin bzw. des Sportlehrers definieren.

▶ **Sportlehrerprofession** Sportlehrkräfte sind Expertinnen und Experten für die Vermittlung von Bewegung, Spiel und Sport unter einer pädagogischen Perspektive. Vor dem Hintergrund einer umfassenden akademischen und berufspraktischen Qualifikation können sie Sportunterricht auch unter Handlungsdruck begründet gestalten.

Auf dieser Basis lassen sich „Bestimmungsansätze zur Professionalität im Lehrerberuf" (Terhart 2013) formulieren. Für den **Sportlehrerberuf** können vier fachdidaktische Ansätze herausgestellt werden.

Der **Strukturtheoretische Ansatz** versteht die spezifischen Aufgaben von Lehrkräften in den „Antinomien der Moderne" als grundsätzlich widersprüchlich. Pädagogisches Handeln ist von Antinomien durchzogen, die prinzipiell nicht auflösbar sind, z. B. Nähe vs. Distanz, Autonomie vs. Zwang, Interaktion vs. Organisation oder Differenz vs. Einheit. Der reflexive **Umgang mit Ambivalenzen** gehört daher zum Kern des Lehrerhandelns, das als „interaktiv-asymmetrisches Vermittlungsverhältnis in der Spannung von Fallverstehen und Regelwissen" verstanden wird (Helsper 2010, S. 31). In der sportdidaktischen Diskussion hat Prohl (2010) mit der **Doppelten Paradoxie des Sportunterrichts** auf die spezifischen Ambivalenzen des Sportlehrerhandelns hingewiesen (siehe Kap. 2). Auch die kasuistische Auswertungsdidaktik geht strukturtheoretisch vor, wenn sie „Unglücksfälle" des Sportunterrichts auf den Widerspruch zwischen Fakten und Normen hin untersucht und über die Reflexion unterrichtlicher Probleme zu möglichen Lösungen kommt (Scherler 2008). In einer Untersuchung zum **pädagogischen Handeln von Sportlehrkräften** belegt Neuber (2006) entlang der vier oben genannten Antinomien von Helsper (2010) bspw. Unterschiede in den Sichtweisen von jüngeren und älteren Lehrkräften: Während Jüngere die Schülermitbestimmung stärker gewichten, legen Ältere mehr Wert auf traditionelle Inhalte und eine konsequente Unterrichtsführung.

Der **Kompetenztheoretische Ansatz** geht von den Anforderungen an Lehrkräfte aus und versucht, die dafür nötigen Kompetenzen zu definieren. Das Modell von Baumert und Kunter (2006) wird im Rahmen großer Lehrerbildungsstudien oft zitiert (Terhart 2013). Neben Motivationalen Orientierungen, Überzeugungen/ Werthaltungen und Selbstregulativen Fähigkeiten wird darin vor allem das sogenannte Professionswissen betont, das u. a. Pädagogisches Wissen, Fachwissen und Fachdidaktisches Wissen umfasst (vgl. Abb. 7.3). Ein **Kompetenzmodell für Sportlehrkräfte** haben Bräutigam, Blotzheim und Swoboda (2005) vorgelegt.

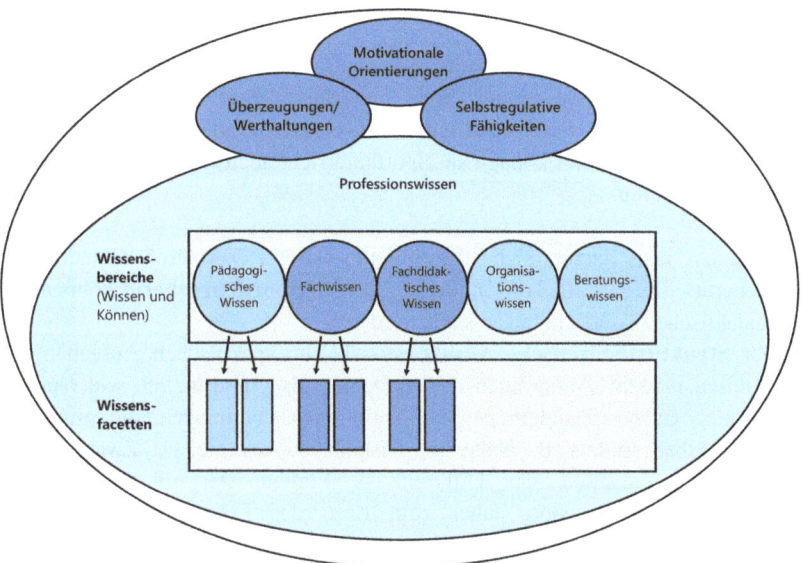

Abb. 7.3 Modell professioneller Handlungskompetenz – Professionswissen. (Mod. nach Baumert und Kunter 2013, S. 292)

7.4 Fachdidaktische Konzepte

Ausgehend von einer sportspezifischen Fachkompetenz definieren sie Sozial-, Sach-, Selbst- und Schulentwicklungskompetenzen von Sportlehrkräften. Dieses Modell ist empirisch nicht abgesichert, es liefert jedoch einige konkrete Ansatzpunkte für die Sportlehrerbildung, etwa für reflexive Selbstevaluationen oder Lern- und Studiendokumentationen. Als ähnlich hilfreich hat sich das dimensionale **Kompetenzmodell für die Sportlehrerbildung** erwiesen, das kognitive, motivationale und handlungsbezogene Anteile von Kompetenzen unterscheidet (siehe Kap. 1). In einer Längsschnittstudie zur **Entwicklung fachübergreifender Kompetenzeinschätzungen** von Lehramtsstudierenden und -anwärtern im Sport kommt Meier (2015) zu dem Ergebnis, dass vor allem Kompetenzen in den Bereichen Erziehen, Diagnostizieren und Innovieren in der Ausbildung zu wenig entwickelt werden. Lediglich in unterrichtsnahen Kompetenzbereichen fühlen sich Studierende zu Beginn ihres Vorbereitungsdienstes sicherer.

Der **berufsbiografische Ansatz** betrachtet die Lehrerprofession als biografisches Entwicklungsphänomen über die gesamte Lebensspanne. Die umfangreichsten Untersuchungen zur Sportlehrerbiografie stammen von Miethling, der seine Überlegungen in dem „Modell berufsbiografischer Entwicklungsphasen von Sportlehrer/innen" zusammenfasst (vgl. Abb. 7.2). Darin zeigt er, dass die **Entwicklung von Sportlehrerbiografien** als andauernde Such- und Bewährungsprozesse verstanden werden können, die durch produktive Unsicherheit gekennzeichnet sind. Volkmann (2008) rekonstruiert die lebensgeschichtlichen **Erzählungen von Sportlehrkräften** und entwickelt daraus drei prototypische Entwicklungsmuster, die sie als kontrastiver, integrativer und komplementärer Sportlehrertypus zusammenfasst. Zu den Untersuchungen, die die erste Phase der Sportlehrerbildung fokussieren, gehören die Arbeiten von Klinge (2002), die sich mit den fachspezifischen Besonderheiten des **Lernens mit dem Körper** befasst. Das Sportstudium wird darin als Fortsetzung sportbiografischer Erfahrungsmuster verstanden. Die Macht der Praxis, „die sozusagen als ‚hidden curriculum' wirksam wird, scheint die Ansprüche der universitären Lehrerbildung und des Faches zu unterlaufen, nämlich einen Habitus zu entwickeln, der Selbstplanung, Eigenverantwortlichkeit und v. a. die Entwicklung eigener Maßstäbe ermöglicht" (Klinge 2002, S. 157). Dafür gilt es, sportbezogene Wahrnehmungs- und Handlungsmuster aufzubrechen und zu reflektieren.

Der **Subjektorientierte Ansatz** ist eng mit dem berufsbiografischen Ansatz verknüpft. Im Mittelpunkt dieses Ansatzes steht die Frage nach Orientierungsmöglichkeiten für Sportlehrkräfte unter Unsicherheit. Sportdidaktische Theorien bieten Struktur- und Deutungswissen zu vielen Aspekten des Sportunterrichts. Im unmittelbaren Prozess des Unterrichtens helfen sie jedoch oft nicht weiter, weil Entscheidungen zumeist in Sekundenschnelle getroffen werden müssen (vgl. Neuber 2004). Daher greifen Sportlehrkräfte in diesen Situationen eher auf **Subjektive Theorien** zurück, die als handlungsleitende Kognitionen verstanden werden. In wissenschaftlicher Hinsicht sind diese „Theorien" allerdings kaum abgesichert (Köppe 2002). Insofern bedürfen sie der Reflexion, wenn Sportlehrkräfte professionell handeln wollen. Es gilt, das eigene **Selbstverständnis,** etwa von Sport, Leistung oder Gesundheit, regelmäßig zu überprüfen. Ähnlich argumentiert Erdmann (1922, S. 74), wenn er festhält, dass die „eigene Haltung/ Identität […] eine wesentliche Bedingung [ist], um notwenige und unvermeidbare Unsicherheit in Kauf nehmen zu können". Im Vergleich zur Einstellung umfasst die **Pädagogische Haltung** auch eine normative Komponente, die als positive Zuwendung zu den Heranwachsenden verstanden werden kann und besonderen Wert auf die Lehrer-Schüler-Beziehung legt. Haltungen können u. a. durch das Erleben und Reflektieren unterschiedlicher Praxiserfahrungen verdeutlicht und im Sinne „Signifikanten Lernens" entwickelt werden (Neuber 2016).

▶ **Literaturtipp**
Rogers, C. R. (1984). *Freiheit und Engagement – Personenzentriertes Lehren und Lernen.* München: Kösel.
Als Psychologe und Pädagoge hat Carl Rogers den humanistischen Ansatz des Personenzentrierten Lehrens und Lernens entwickelt. Dabei geht er davon aus, dass Lehrkräfte nicht im „Besitz des Wissens" sind, das sie vermitteln sollen, sondern dass sich die Schülerinnen und Schüler das Lernen selbst erschließen. Im Mittelpunkt des Ansatzes steht die Gestaltung der Lehrer-Schüler-Beziehung, die durch Empathie, Akzeptanz und Authentizität geprägt sein soll. Auf dieser Grundlage ist ein „Signifikantes Lernen" möglich, also ein Lernen, das unmittelbar mit der Person der Lernenden verbunden ist. Das Konzept wurde erfolgreich erprobt und empirisch belegt. Dennoch konnte es sich bislang nicht umfassend durchsetzen, weil Lehrkräfte oftmals aus Furcht vor der Abgabe ihrer Macht davor zurückschrecken.

7.5 Konzepte im Überblick

Insgesamt sind die fachdidaktischen Konzepte zum Sportlehrerberuf durchaus vielfältig. Sie reichen von normativen Idealvorstellungen bis zu empirisch untersuchten Kognitionen und Wissensbeständen. Ihre theoretischen Ausgangspunkte sind verschieden, ihre Zielsetzungen sind gleichwohl ähnlich: Auf der Basis einer tragfähigen Analyse von Professionsbedingungen und -merkmalen sollen möglichst hilfreiche Ableitungen für die Qualifizierung „guter" Sportlehrerinnen und Sportlehrer entwickelt werden (vgl. Tab. 7.1). Der **Strukturtheoretische Ansatz** geht dabei von Antinomien im Sportlehrerhandeln aus, die grundsätzlich nicht auflösbar sind. Darum gehört der reflexive Umgang mit Ambivalenzen zum Kern jeglichen Lehrerhandelns. Sportspezifisch ist bspw. die Doppelte Paradoxie des Sportunterrichts (Prohl 2010). Ein möglicher Zugang in der Sportlehrerbildung besteht in der Reflexion unterrichtlicher „Unglücksfälle" im Sinne der Kasuistik. Der **Kompetenztheoretische Ansatz** versucht, die Kompetenzen zu beschreiben, die zur Lösung sportunterrichtlicher Aufgaben und Anforderungen erforderlich sind. Dazu stehen unterschiedliche Kompetenzmodelle zur Verfügung. In der Sportlehrerbildung geht es um die Einschätzung eigener Kompetenzen sowie ihre gezielte Weiterentwicklung (Bräutigam et al. 2005).

Der **berufsbiografische Ansatz** versteht den Sportlehrerberuf als biografisches Entwicklungsphänomen, das sich über die gesamte Lebensspanne zieht. Zur Entwicklung von Sportlehrerbiografien gibt es zahlreiche Untersuchungen (vgl. Miethling 2013). In der Sportlehrerbildung geht es vor allem darum, inkorporierte Wahrnehmungs- und Handlungsmuster, die nicht selten aus dem Wettkampfsport stammen, aufzubrechen und bewusstzumachen (Klinge 2007). Der **Subjektorientierte Ansatz** fragt nach Orientierungsmöglichkeiten unter Handlungsdruck. Dazu werden Subjektive Theorien und Pädagogische Haltungen untersucht, die als handlungsleitend gelten (Köppe 2002). Die Reflexion des eigenen Selbstverständnisses gilt als zentrale Aufgabe für die Sportlehrerbildung. Dazu werden vor allem praktische Erfahrungen inszeniert und reflektiert, da Erfahrungen „am eigenen Leib" als besonders signifikant gelten (Neuber 2016).

Die fachdidaktischen **Zugänge zur Sportlehrerbildung** zielen damit in besonderer Weise auf die Reflexion und Bewusstmachung unbewusster Wahrnehmungs- und Handlungsmuster, die einem professionellen Sportlehrerhandeln entgegenstehen. Damit bekommt der eingangs angesprochene **Perspektivwechsel** vom sportlichen Akteur zum pädagogischen Arrangeur von Sport besonderes Gewicht. Jüngere Arbeiten erweitern die Figur des Rollenwechsels und ergänzen einen Wechsel der Einstellungsart vom Schüler zum Studenten sowie soziale Positions- und Perspektivwechsel im Sinne des Sportlehrerberufs (Lüsebrink 2016). In einem integrativen **Entwicklungsmodell zu Persönlichkeit, Kompetenzen und Professionellem Selbst** von Sportlehrkräften fassen Miethling und Gieß-Stüber (2007) zentrale Facetten der Professionalität im Sportlehrerberuf zusammen. Als besonders prägend erweisen sich dabei die umfangreichen Erfahrungen, die (angehende) Sportlehrerinnen und Sportlehrer im Laufe ihrer Biografie in sportlichen Kontexten machen und die sich über

Tab. 7.1 Fachdidaktische Ansätze zum Sportlehrerberuf

	Strukturtheoretischer Ansatz	Kompetenztheoretischer Ansatz	Berufsbiografischer Ansatz	Subjektorientierter Ansatz
Vertreter	Karlheinz Scherler Robert Prohl	Michael Bräutigam Stefan Meier	Wolf Miethling Antje Klinge	Günter Köppe Nils Neuber
Leitidee	Lehrerprofession als reflexiver Umgang mit Ambivalenzen im Lehrerhandeln	Lehrerprofession als kompetenter Umgang mit unterrichtlichen Aufgaben	Lehrerprofession als biografisches Entwicklungsphänomen über die Lebensspanne	Lehrerprofession als reflexiver Umgang mit eigenen Theorien und Haltungen
Modell	• Antinomien der Moderne im Lehrerhandeln • Doppelte Paradoxie des Sportunterrichts	• Kompetenz als Fähigkeit zur Lösung von Aufgaben und Problemen • Fach-, Sozial-, Sach-, Selbst- und Schulentwicklungskompetenz	• Entwicklung von Lehrerbiografien als Such- und Bewährungsprozesse • \Habituelle Wahrnehmungs- und Handlungsmuster im Sport	• Subjektive Theorien als handlungsleitende Vorstellungen im Unterricht • Pädagogische Haltungen als Orientierung in unsicheren Handlungssituationen
Arbeitsweise	• Reflexion sportunterrichtlicher „Unglücksfälle" • Vermittlung zwischen Fallverstehen und Regelwissen	• Reflexive Selbstevaluationen über Lern- und Studiendokumentation • Entwicklung fachübergreifender pädagogischer Kompetenzen	• Reflexion sportbezogener Wahrnehmungs- und Handlungsmuster • Lerngelegenheiten mit dem Körper als ästhetischer Bildungsprozess	• Reflexion und Modifikation Subjektiver Theorien • Reflexion unterschiedlicher Praxiserfahrungen • Vergegenwärtigung des eigenen Selbstverständnisses

die Jahre zu spezifischen Interessen, Einstellungen und Motiven verdichten. Diese gilt es vor allem in der ersten Ausbildungsphase zu reflektieren, um zwischen individuellen Voraussetzungen (Persönlichkeit) und gesellschaftlichen Anforderungen an die Tätigkeit (Kompetenzen) handlungsfähig zu sein (vgl. Abb. 7.4).

7.5 Konzepte im Überblick

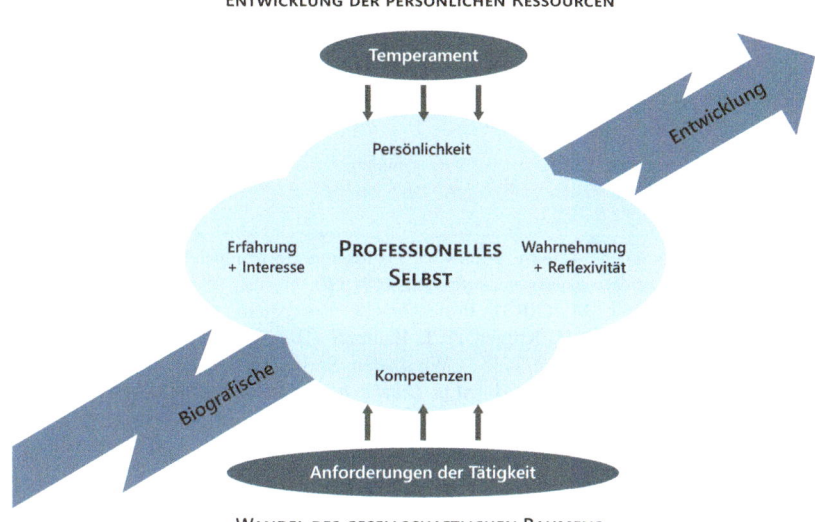

Abb. 7.4 Entwicklungsmodell zu Persönlichkeit, Kompetenzen und Professionellem Selbst von Sport- und Bewegungslehrern. (Mod. nach Miethling und Gieß-Stüber 2007, S. 20)

Reflexionsfragen
1. Warum sind Tugendkataloge für Sportlehrkräfte wenig hilfreich?
2. Inwiefern führt der Wandel der Tätigkeitsanforderungen im Sportlehrerberuf zu einer „Anspruchseskalation"?
3. Inwiefern bildet die Einführung von Ganztagsschulen eine besondere Herausforderung für Sportlehrkräfte?
4. Warum ist der Sportlehrerberuf mit besonderen Belastungen verbunden?
5. Inwiefern können „Trennungen" im Schulsportalltag zu Belastungen von Sportlehrkräften?
6. Die Sportlehrerbiografie ist ein lebenslanger, phasenübergreifender Prozess – was bedeutet das?
7. Wodurch ist die Profession der Sportlehrerin bzw. des Sportlehrers im Gegensatz zu anderen Professionen charakterisiert?
8. Inwiefern gehört der Umgang mit Ambivalenzen zum Kern des Sportlehrerberufs?

9. Warum ist die Reflexion von Haltungen und Subjektiven Theorien für Sportlehrkräfte wichtig?
10. Inwiefern hängen Persönlichkeit, Tätigkeitsanforderungen und Kompetenzen von Spotlehrkräften zusammen? ◄

Literatur

Baumert, J., & Kunter, M. (2006). Stichwort: Professionelle Kompetenz von Lehrkräften. *Zeitschrift für Erziehungswissenschaft, 9*(4), 469–520.

Baumert, J., & Kunter, M. (2013). Professionelle Kompetenz von Lehrkräften. In I. Gogolin, H. Kuper, H.-H. Krüger, & J. Baumert (Hrsg.), *Stichwort: Zeitschrift für Erziehungswissenschaft* (S. 277–337). Wiesbaden: Springer VS.

Bräutigam, M. (2014). *Sportdidaktik – Ein Lehrbuch in 12 Lektionen* (5. Aufl.). Aachen: Meyer & Meyer.

Bräutigam, M., Blotzheim, D., & Swoboda, J. (2005). Kompetenzerwerb im Sportstudium – Vermittlung von Sach- und Selbstkompetenz. In A. Gogoll & A. Menze-Sonneck (Hrsg.), *Qualität im Schulsport: Bd. 148. Schriften der Deutschen Vereinigung für Sportwissenschaft* (S. 213–219). Hamburg: Czwalina.

Brettschneider, W.-D. (Hrsg.). (1984). *Alltagsbewußtsein und Handlungsorientierungen von Sportlehrern: Bd. 90. Beiträge zur Lehre und Forschung im Sport.* Schorndorf: Hofmann.

Cachay, K., Thiel, A., & Kastrup, V. (2010). Professionalisierung des Sportlehrerberufs. In N. Fessler, A. Hummel, & G. Stibbe (Hrsg.), *Handbuch Schulsport: Bd. 133. Beiträge zur Lehre und Forschung im Sport* (S. 245–255). Schorndorf: Hofmann.

Diem, C. (1949). *Wesen und Lehre des Sports und der Leibeserziehung.* Berlin: Weidmann.

Erdmann, R. (1992). Theorie ohne Praxis ist leer – Praxis ohne Theorie ist blind. Ein Plädoyer für die Unsicherheit in zehn Thesen. In R. Erdmann (Hrsg.), *Alte Fragen neu gestellt – Anmerkungen zu einer zeitgemäßen Sportdidaktik* (S. 69–80). Schorndorf: Hofmann.

Escher, A. (1999). „Ich bin Referendar!". Zur Situation von angehenden Lehrerinnen und Lehrern in der zweiten Ausbildungsphase. *Körpererziehung, 49,* 152–157.

Friedrich, G., & Hildenbrandt, E. (Hrsg.). (1997). *Sportlehrer/in heute – Ausbildung und Beruf: Bd. 83. Schriften der Deutschen Vereinigung für Sportwissenschaft.* Hamburg: Czwalina.

Heim, R., & Klimek, G. (1999). Arbeitsbelastungen im Sportlehrerberuf – Entwicklung eines Instruments zur Erfassung fachunterrichtlicher Stressoren. *Psychologie und Sport, 6*(2), 35–44.

Helsper, W. (2010). Pädagogisches Handeln in den Antinomien der Moderne. In H.-H. Krüger & W. Helsper (Hrsg.), *Einführung in die Grundbegriffe und Grundfragen der Erziehungswissenschaft* (9. Aufl., S. 15–34). Opladen: Budrich.

Kleinert, J., & Wolf, J. (Hrsg.). (2018). *Schulsport 2020 – Aktuelle Forschung und Perspektiven in der Sportlehrerbildung: Bd. 40. Brennpunkte der Sportwissenschaft.* Baden-Baden: Academia.

Klinge, A. (2002). Was bildet eigentlich in der Sportlehrer(aus-)bildung? In P. Elflein, P. Gieß-Stüber, R. Laging, & W. D. Miethling (Hrsg.), *Qualitative Ansätze und Biographieforschung in der Bewegungs- und Sportpädagogik. Bd. 1. Jahrbuch der Bewegungs- und Sportpädagogik in Theorie und Forschung* (S. 153–158). Butzbach-Griedel: Afra.

Klinge, A. (2007). Entscheidungen am Körper – Zur Grundlegung von Kompetenzen in der Sportlehrerausbildung. In W.-D. Miethling & P. Gieß-Stüber (Hrsg.), *Beruf: Sportlehrer/in* (S. 25–38). Hohengehren: Schneider.

KMK (Kultusministerkonferenz). (2004). *Standrads für die Lehrerbildung: Bildungswissenschaften.* Berlin: KMK.

König, S. (2016). Lehrerexpertise und Lehrerkompetenz. In M. Rothland (Hrsg.), *Beruf Lehrer/Lehrerin – Ein Studienbuch* (S. 127–148). Münster: Waxmann.

Köppe, G. (2002). *Eine kleine (andere) Sportdidaktik aus Sportlehrersicht.* Hohengehren: Schneider.

Kugelmann, C., & Klupsch-Sahlmann, R. (2000). Sportlehrerinnen und Sportlehrer – heute und morgen. *Sportpädagogik, 24*(1), 4–12.

Lange, J. (1984). Handlungsorientierungen der Sportlehrer – Sportdidaktisches, Methodologisches und Empirisches zur Alltagspraxis. In W.-D. Brettschneider (Hrsg.), *Alltagsbewußtsein und Handlungsorientierungen von Sportlehrern. Bd. 90. Beiträge zur Lehre und Forschung im Sport* (S. 78–104). Schorndorf: Hofmann.

Lüsebrink, I. (2016). „Perspektivwechsel vom Akteur zum Arrangeur"? – kritisch-konstruktive Rückfragen an eine zentrale Figur des sportdidaktischen Professionalitätsdiskurses. *Zeitschrift für sportpädagogische Forschung, 4* (Sonderheft), 51–62.

Mayr, J. (2016). Lehrerpersönlichkeit. In M. Rothland (Hrsg.), *Beruf Lehrer/Lehrerin – Ein Studienbuch* (S. 87–102). Münster: Waxmann.

Meier, S. (2015). *Kompetenzen von Lehrkräften. Eine empirische Studie zur Entwicklung fachüber-greifender Kompetenzeinschätzungen.* Münster: Waxmann.

Miethling, W.-D. (1986). *Belastungssituationen im Selbstverständnis junger Sportlehrer. Ein Beitrag zur Praxisforschung im Sportunterricht.* Schorndorf: Hofmann.

Miethling, W.-D. (2013). Sportlehrerforschung. In E. Balz, M. Bräutigam, W.-D. Miethling, & P. Wolters (Hrsg.), *Empirie des Schulsports* (S. 121–153). Aachen: Meyer & Meyer.

Miethling, W.-D. (2018). Werde, der Du bist! – Zur berufsbiographischen Entwicklung von Sportlehrenden. In N. Ukley & B. Gröben (Hrsg.), *Forschendes Lernen im Praxissemester – Begründungen, Befunde und Beispiele aus dem Fach Sport: Bd. 13. Bildung und Sport* (S. 27–46). Wiesbaden: Springer VS.

Miethling, W.-D., & Gieß-Stüber, P. (2007). Persönlichkeit, Kompetenzen und Professionelles Selbst des Sport- und Bewegungslehrers. In W.-D. Miethling & P. Gieß-Stüber (Hrsg.), *Beruf: Sportlehrer/in* (S. 1–24). Hohengehren: Schneider.

Miethling, W.-D., & Sohnsmeyer, J. (2009). Belastungsmuster im Sportlehrerberuf. *Spectrum der Sportwissenschaften, 21*(2), 43–61.

Neuber, N. (2004). Vom Wissen zum Können – oder: Brauchen wir eine „Durchführungsdidaktik"? In M. Schierz & P. Frei (Hrsg.), *Sportpädagogisches Wissen – Spezifik – Transfer – Transformation: Bd. 141. Schriften der Deutschen Vereinigung für Sportwissenschaft* (S. 178–184). Hamburg: Czwalina.

Neuber, N. (2006). Pädagogisches Handeln im Sportunterricht – Empirische Befunde zur Schüler- und Lehrersicht in der Sekundarstufe I. In M. Kolb (Hrsg.), *Empirische Schulsportforschung: Bd. 5. Jahrbuch Bewegungs- und Sportpädagogik* (S. 124–142). Butzbach-Griedel: Afra.

Neuber, N. (2016). Von der Theorie zur Praxis – und wieder zurück? Sportlehrerbildung als Forschungs- und Gestaltungsaufgabe. In D. Wiesche, M. Fahlenbock, & N. Gissel (Hrsg.), *Sportpädagogische Praxis – Ansatzpunkt und Prüfstein von Theorie: Bd. 255. Schriften der Deutschen Vereinigung für Sportwissenschaft* (S. 50–70). Hamburg: Czwalina.

Neuber, N. (2017). Von der Uni an die Schule und wieder zurück – Weiterbildung als profilbildendes Element der Sportlehrerbildung. In P. Neumann & E. Balz (Hrsg.), *Sportlehrerausbildung heute – Ideen und Innovationen: Bd. 263. Schriften der Deutschen Vereinigung für Sportwissenschaft* (S. 73–83). Hamburg: Czwalina.

Neuber, N., & Jordens, J. (2012). Verschlafen die Sportlehrkräfte den Ganztag? – Zum Wandel der Sportlehrerrolle in kommunalen Bildungslandschaften. *Sportunterricht, 61*(10), 291–296.

Neuber, N., Golenia, M., Kehne, M., Kraft, D., & Heim, R. (2014). Wer beginnt ein Lehramtsstudium Sport? – Eine empirische Studie zu Berufswahlmotiven, Einstellungen und Erwartungen. In C. Ernst, G. Gawrisch, C. Kröger, W.-D. Miethling, & V. Oesterhelt (Hrsg.), *Schul-Sport im Lebenslauf – Konturen und Facetten Sport-Pädagogischer Biographieforschung: Bd. 232. Schriften der Deutschen Vereinigung für Sportwissenschaft* (S. 64). Hamburg: Feldhaus.

Patry, J.-L. (2014). Theoretische Grundlagen des Theorie-Praxis-Problems in der Lehrer/innenbil-dung. In K.-H. Arnold, A. Gröschner, & T. Hascher (Hrsg.), *Schulpraktika in der Lehrerbildung – Theoretische Grundlagen, Konzeptionen, Prozesse und Effekte* (S. 29–44). Münster: Waxmann.

Petillon, H. (1993). Teilprozesse in der Lehrer-Schüler-Beziehung. Versuch einer Konkretisierung des „pädagogischen Verhältnisses". *Pädagogik und Schule in Ost und West, 1*, 40–48.

Prohl, R. (2010). *Grundriss der Sportpädagogik* (3. Aufl.). Wiebelsheim: Limpert.

Prohl, R. (2017). Der Doppelauftrag des Erziehenden Sportunterrichts. In V. Scheid & R. Prohl (Hrsg.), *Sportdidaktik – Grundlagen, Vermittlungsformen, Bewegungsfelder* (S. 70–91). Wiebelsheim: Limpert.

Rogers, C. R. (1984). *Freiheit und Engagement – Personenzentriertes Lehren und Lernen*. München: Kösel.

Rothland, M. (2016). Der Lehrerberuf in der Öffentlichkeit. In M. Rothland (Hrsg.), *Beruf Lehrer/Lehrerin – Ein Studienbuch* (S. 67–86). Münster: Waxmann.

Scheid, V. (2017). Organisationsformen und Akteure des Schulsports. In V. Scheid & R. Prohl (Hrsg.), *Sportdidaktik – Grundlagen, Vermittlungsformen, Bewegungsfelder* (S. 35–53). Wiebelsheim: Limpert.

Scherler, K. (2008). *Sportunterricht auswerten – Eine Unterrichtslehre* (2. Aufl.). Hamburg: Czwalina.

Terhart, E. (2007). Erfassung und Beurteilung der beruflichen Kompetenz von Lehrkräften. In M. Lüders & J. Wissinger (Hrsg.), *Forschung zur Lehrerbildung. Kompetenzentwicklung und Programmevaluation* (S. 37–62). Münster: Waxmann.

Terhart, E. (2013). Professionalität im Lehrerberuf: Wandel der Begrifflichkeit – Neue Steuerung als Herausforderung. In E. Terhart (Hrsg.), *Erziehungswissenschaft und Lehrerbildung* (S. 63–88). Münster: Waxmann.

Volkmann, V. (2008). *Biographisches Wissen von Lehrerinnen und Lehrern.* Wiesbaden: VS.

Bewegung, Spiel und Sport in der Schulentwicklung 8

> **Zusammenfassung**
>
> In diesem Kapitel werden Grundbegriffe und Modelle der Schulsportentwicklung vorgestellt. Ausgehend von allgemeinen Überlegungen zur Schulentwicklung werden mit Profilierung, Professionalisierung, Standardisierung und Evaluation vier Grundthemen der sportdidaktischen Qualitätsdiskussion skizziert. Mit Täglicher Sportstunde, Bewegter Schule, Sport im Ganztag sowie Lernen und Bewegung werden vier ausgewählte fachdidaktische Konzepte beschrieben. Ein Exkurs zur Bewegten Ganztagsschule ergänzt das Kapitel.

8.1 Einführung

Die Frage, was eine gute Schule ausmacht, beschäftigt Lehrkräfte, Bildungsbürokraten, Bildungspolitiker und Bildungswissenschaftler seit es die Institution Schule gibt. Dennoch erschüttern **Bildungskatastrophen** das Bildungssystem in regelmäßigen Abständen. Dann werden mehr oder weniger systematische Reformprozesse in Gang gebracht. Der bislang letzte große Reformanlass war der sogenannte **PISA-Schock** Anfang der 2000er Jahre. Die schlechten Ergebnisse deutscher Schülerinnen und Schüler in internationalen Schulleistungsvergleichen führten zu bundesweiten Reformbemühungen. Unter anderem wurden **Bildungsstandards** und zentrale Abschlussprüfungen eingeführt, große Bildungsstudien in Auftrag gegeben, und nicht zuletzt wurde der **Ausbau von Ganztagsschulen** massiv vorangetrieben. Dabei war die Bildungspolitik nicht ohne Erfolg. Allein im Bereich des Ganztagsausbaus ist es gelungen, innerhalb von gerade einmal 15 Jahre gut die Hälfte aller Schulen in Ganztagsschulen umzuwandeln. Über deren Erfolg lässt sich allerdings streiten (Rauschenbach et al. 2012). Grundsätzlich wird kritisiert, dass **Bildungsreformen** nicht nur „von oben", also durch strukturelle Maßnahmen der Kultusbürokratie, kommen dürfen, sondern auch „von unten", von der Einzelschule und ihren Akteurinnen und Akteuren, ausgehen müssen.

Hier setzt **Schulentwicklung** im engeren Sinne an. Schulen werden darin als „gestaltungsfähige Einheiten" angesehen, die sich aus eigenem Antrieb verändern können. Zudem wird davon ausgegangen, das Schulen „ein zusammenhängendes Ganzes" bilden, das mehr ist als die Summe ihrer Einzelteile. Das bedeutet, dass Schulen gemeinsame Ziele und Methoden brauchen, wenn sie erfolgreich sein wollen. **Gute Schulen** lassen sich dadurch charakterisieren, „dass ihre pädagogische Arbeit durch einen gemeinsam getragenen Grundkonsens in Erziehungs- und Wertfragen geprägt wird" (Stibbe 2009, S. 79). Die Frage ist, wie sich ein solcher Grundkonsens, ein pädagogisches Ethos, eine gemeinsame Vision herstellen lässt. Eine maßgebliche Bedeutung kommt dabei der **Schulleitung** zu (Rolff 2016, S. 191–213). Nur wenn es ihr gelingt, den institutionellen Rahmen der Schule in allen ihren Facetten auf ein gemeinsames Ziel hin auszurichten und die vorhandenen Ressourcen entsprechend zu bündeln, kann die „Reform von unten" gelingen. Beides zusammen, die Reform von oben und die Reform von unten – die **„äußere" und „innere" Schulentwicklung** –, bilden den Kern erfolgreicher Schulen. Letztlich ist das auch für Lehrkräfte wichtiger als es auf den ersten Blick scheint: Eine erfolgreiche, gute Schule vermag ihre Akteure zu motivieren und „mitzunehmen" – und ermöglicht damit letztlich ein befriedigendes Berufsleben.

8.2 Grundbegriffe

Zu den Grundbegriffen gehört zunächst der Begriff der **Schulentwicklung** selbst. In einem ersten Zugang kann er als systematischer Prozess der Weiterentwicklung von Schulen verstanden werden. Gemeinhin wird er in die Ebenen der Organisations-, Personal- und Unterrichtsentwicklung unterteilt (Rolff 2016).

▶ **Schulprogramm** Eng damit verbunden ist das Schulprogramm, das als „die Verdichtung des pädagogischen Konsenses [einer Schule] in schriftlicher Form" definiert werden kann (Stibbe 2005, S. 137). In ihm verständigen sich alle schulischen Akteure auf die wesentlichen pädagogischen Zielsetzungen und Konzepte ihrer Institution.

Damit einher geht auch die Wahl eines **Schulprofils,** also die Festlegung bestimmter Schwerpunkte neben den allgemeinen Bildungsaufgaben einer Schule. Profile können bspw. im Bereich der Naturwissenschaften und der Sprachen, aber auch in der Musik und im Sport liegen (Rolff 2016). Schulprogramm und Schulprofil wiederum haben maßgeblichen Einfluss auf die **Schulkultur,** also das gelebte Miteinander von Lehrkräften, Schülern und Eltern innerhalb einer Schulgemeinschaft. Neben spezifischen Schwerpunktsetzungen und Konzepten spielen auch Klassenfahrten, Schulfeste sowie Angebote im außerunterrichtlichen Bereich eine wichtige Rolle für die Kultur einer Schule.

In Bezug auf den Schulsport steht der Begriff der **Schulsportentwicklung** an erster Stelle. Er kann in zweierlei Hinsicht verstanden werden: Zum einen gibt es eine Schulsportentwicklung auf (landes-)politischer Ebene. Darin werden die Leitlinien des Schulsports für einen gewissen Zeitraum umrissen. In Nordrhein-Westfalen gilt bspw. das **Handlungsprogramm** „Bewegungs- und Gesundheitsförderung in Schulen". Schwerpunkte sind Sicherheits- und Gesundheitsförderung, Bewegen und Lernen sowie Vielfalt, Inklusion und Integration in der Schule (Landesstelle für den Schulsport NRW 2019). Zum anderen bezieht sich der Begriff der Schulsportentwicklung auf die **Qualität des Schulsports** an einer Einzelschule und betrifft die konkrete Umsetzung von Bewegungs-, Spiel- und Sportangeboten im Schulleben (Serwe 2011). Entscheidend dafür sind sportbezogene Schwerpunktsetzungen in Schulprogramm und Schulprofil. Zu den wichtigsten Sportprofilen gehört das Konzept der **Bewegten Schule,** das die Idee eines bewegten Lernens und Lebens auf alle Bereiche des Schullebens bezieht, vom Sportunterricht und dem Unterricht in anderen Fächern über außerunterrichtliche Angebote, wie Schulsportfeste, Schulsportfahrten und Schulsportgemeinschaften, bis hin zur Schulorganisation, z. B. die Raum- und Pausengestaltung (vgl. Aschebrock 2013).

8.3 Grundlagen

Die Idee der **Schulentwicklung** ist vergleichsweise neu. Bis in die 1970er Jahre hinein bezog sie sich vor allem auf äußere Angelegenheiten der Schule, wie die Standortfrage oder allgemeine Strukturfragen des Schulsystems. Im Laufe der 1980er Jahre verschob sich der Fokus hin zur **Einzelschule als Gestaltungseinheit** (Fend 1986). Zunehmend setzte sich die Auffassung durch, dass guter Unterricht nur unter den Bedingungen einer guten Schule gewährleistet werden kann. **Grundmotive für Schulentwicklung** sind die systematische Qualitätsentwicklung von Schule und Unterricht, die zunehmende Eigenständigkeit der

Schule und ihre Profilbildung, der Wandel der Lernkultur sowie – in jüngerer Zeit – die Umsetzung von Bildungsstandards und Kompetenzorientierung (Haun 2019, S. 575–578).

▶ **Schulentwicklung** Vor diesem Hintergrund kann Schulentwicklung als systematischer Prozess der Weiterentwicklung von Schulen mit dem Ziel einer Verbesserung der Schul- und Unterrichtsqualität verstanden werden.

Zur Analyse und Steuerung von Schulentwicklungsprozessen hat sich das **Drei-Wege-Modell der Schulentwicklung** von Hans-Günter Rolff (2016) etabliert (vgl. Abb. 8.1). Ausgehend vom Kernziel, das Lernen der Schülerinnen

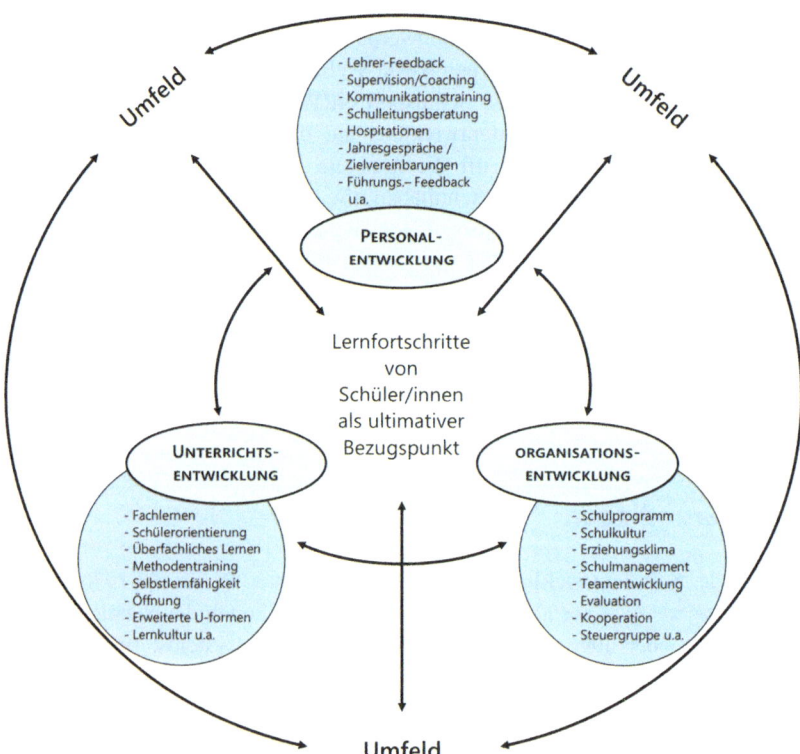

Abb. 8.1 Drei-Wege-Modell der Schulentwicklung. (Mod. nach Rolff 2016, S. 20)

8.3 Grundlagen

und Schüler zu fördern, werden darin Organisations-, Unterrichts- und Personalentwicklungsprozesse beschrieben, die in einen systematischen Zusammenhang zu stellen sind. Ausgangs- und Orientierungspunkt der Schulentwicklung ist das **Schulprogramm,** das die verschriftete Grundlage des spezifischen **Schulprofils** bildet (Rolff 2016, S. 58–75).

▶ **Literaturtipp**
Rolff, H.-G. (2016). *Schulentwicklung kompakt – Modelle, Instrumente, Perspektiven* (3. Aufl.). Weinheim; Basel: Beltz.
Hans-Günter Rolff ist Begründer des Dortmunder Instituts für Schulentwicklungsforschung und einer der bekanntesten Schulentwicklungsforscher in Deutschland. In seinem Buch fasst er seine Erfahrungen aus mehr als drei Jahrzehnten zusammen. Dabei erklärt er zentrale Begriffe und entwickelt sein „Drei-Wege-Modell der Schulentwicklung". Zugleich gibt er viele praktische Hinweise, etwa zur Arbeit mit Steuergruppen, zur Teamentwicklung oder zu Ge- und Misslingensbedingungen.

Die Entwicklung des Schulprogramms geschieht idealerweise in einem Prozess, der die gesamte Schulgemeinde einbezieht. **Kernprozesse der Schulentwicklung** sind das Erfassen der Ausgangslage (Ist-Analyse), das Festlegen von Zielen und Arbeitsschwerpunkten sowie die Evaluation des Prozesses einschließlich einer Bewertung der Ergebnisse (Haun 2019, S. 580–588). Die Entwicklungsarbeit wird oft von einer **Steuergruppe** koordiniert, in der Akteure aus allen Gruppen der Schule mitarbeiten. Mitunter gibt es auch schulinterne oder -übergreifende **Professionelle Lerngemeinschaften,** in denen Lehrkräfte zu spezifischen Schulentwicklungsthemen zusammenarbeiten (vgl. Rolff 2016). Auch wenn sich die Perspektive der Einzelschule im Rahmen der Schulentwicklung weitgehend durchgesetzt hat, ist sie doch nicht ohne Bezug zum Schulsystem als Ganzem zu sehen, da Schulen immer auch von zentralen Anforderungen und Vorgaben abhängig sind. Je nach bildungspolitischer Situation können diese Vorgaben mehr oder weniger stark ausgeprägt sein. So wurde die **Verantwortung der Einzelschule** in den 1990er Jahren durch eine zunehmende **Dezentralisierung** von Entscheidungsprozessen gestärkt, bevor sie nach dem „PISA-Schock" durch eine gewisse **Rezentralisierung** teilweise wieder zurückgenommen wurde (Aschebrock und Stibbe 2008).

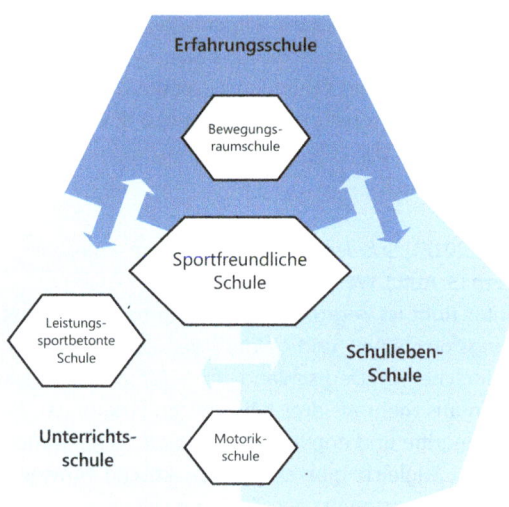

Abb. 8.2 Spielarten der bewegungs- und sportfreundlichen Schulgestaltung. (Mod. nach Stibbe 2009, S. 81)

In der schulpädagogischen Literatur gibt es verschiedene schultheoretische **Leitbilder,** wie die „Unterrichtsschule", die eine effektive Vermittlung von Wissen in den Vordergrund rückt, die „Schulleben-Schule", die den erzieherischen Auftrag der Schule betont, oder die „Erfahrungsschule", die die Schule als Lern- und Lebensraum begreift (Stibbe 2009, S. 81–82). Diese Ausrichtungen finden sich tendenziell in **sportbezogenen Leitbildern** wieder (vgl. Abb. 8.2): Die **Motorikschule** zielt auf die Kompensation von motorischen Defiziten ihrer Schülerinnen und Schüler und versucht das über spezifische Förderangebote zu verwirklichen. Schultheoretisch kann sie an der Schnittstelle von Unterrichts- und Schulleben-Schule angesiedelt werden. Die **Bewegungsraumschule** hingegen begreift Bewegung als leibliche Bildung, die in das schulische Gesamtkonzept integriert wird. Die Nähe zur Erfahrungsschule ist offensichtlich. Die **Leistungssportbetonte Schule** setzt auf eine nahtlose Organisation des Nachwuchsleistungssports unter pädagogischer Verantwortung und kann damit der Unterrichtsschule zugeordnet werden. Und die **Sportfreundliche Schule** betont die Bedeutung von breiten- und leistungssportlichen Angeboten für die Schulkultur insgesamt und nimmt damit eine gewisse Mittlerposition ein (Stibbe 2009, S. 83–84).

8.3 Grundlagen

Die sportbezogenen Leitbilder durchziehen – je nach Ausrichtung – das gesamte Schulleben. Zu den **Bausteinen des Schulsports** gehören neben dem Sportunterricht die außerunterrichtlichen Sportangebote, das Lernen mit Bewegung in anderen Unterrichtsfächern sowie die Angebote mit außerschulischen Kooperationspartnern, etwa im Leistungssport oder im Ganztag (Aschebrock 2013; MSW NRW 2014; Scheid 2012). Der **Sportunterricht** unterteilt sich in den Regelunterricht, den Sportförderunterricht und ggf. in Wahlpflichtkurse, etwa an Gesamtschulen. Bis in die 2000er Jahre wurde der Sportunterricht in Deutschland durchgängig vom ersten bis zum 13. Schuljahr verpflichtend dreistündig unterrichtet. Mit der Einführung der Ganztagsschule sind einige Bundesländer davon abgerückt und bieten den Regelunterricht mittlerweile nur noch zweistündig an (Neuber 2016a). Zum **Außerunterrichtlichen Schulsport** gehören der Pausensport, Schulsport- und Arbeitsgemeinschaften, Sportprojekte, Schulwettkämpfe, Schulsportfeste und Schulsportfahrten sowie freie Bewegungsangebote (vgl. Balz 2010). Einige Angebote werden von Sportlehrkräften in Zusammenarbeit mit Sporthelfern oder Schulsportassistenten aus der Schülerschaft angeboten. Der außerunterrichtliche Schulsport gehört damit zu den größten außerunterrichtlichen Feldern in der Schule.

Ein besonderer Teil des außerunterrichtlichen Schulsports sind die **Sportangebote mit außerschulischen Kooperationspartnern**, z. B. mit Sportvereinen. Hierzu zählen Angebote im Rahmen von Landeskooperationsprogrammen zur Förderung des Nachwuchsleistungssports, z. B. „Jugend trainiert für Olympia", kommunale Sportmodelle, z. B. Sporthorte oder Kinder- und Jugendsportschulen, sowie der große Bereich der Sportangebote im Ganztag in Kooperation mit Sportvereinen (vgl. Scheid 2017). Das **Lernen mit Bewegung** in anderen Fächern gehört ebenfalls zum bewegungsbezogenen Angebotskanon von Schulen. Dazu zählen Bewegungs- und Entspannungszeiten, Formen des Rhythmisierten Lernens, Lernförderung durch Bewegung, Themenzentriertes Bewegen und Bewegung, Spiel und Sport im überfachlichen Lernen (vgl. Hildebrandt-Stramann 2007). An diesem Baustein wird die übergreifende Funktion von Bewegung für die Schule deutlich. Tatsächlich ist sie nicht auf den Sportunterricht beschränkt, sondern kann als querliegendes **pädagogisches Prinzip** verstanden werden, das alle Facetten des Schullebens durchdringt (Cwierdziniski und Kottmann 2017). Insgesamt zeigt die Breite der Angebotspalette die Bedeutung von Bewegung, Spiel und Sport für das Lernen und die Entwicklung von Kindern und Jugendlichen in der Schule (vgl. Abb. 8.3).

Entsprechend breitgefächert ist die **Qualitätsdiskussion zum Schulsport**. Die öffentlichen Bildungsdebatten in der Folge des „PISA-Schocks" Anfang der 2000er Jahre wurden zwar ohne Berücksichtigung des Sports geführt, gleich-

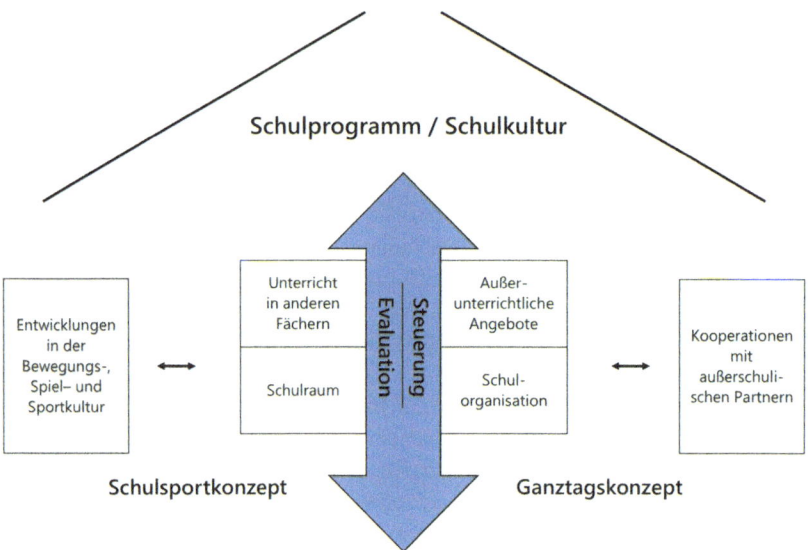

Abb. 8.3 Handlungsfelder und Rahmen für die Qualitätsentwicklung einer bewegten Schule. (Mod. nach Aschebrock 2013, S. 148)

wohl blieb der Schulsport davon nicht unbeeinflusst. Allein die Übertragung ökonomischer Denkmodelle – die „Verbetrieblichung der Schule" – hat dazu geführt, dass sich auch der Sportunterricht zunehmend die Qualitätsfrage stellen muss (Schierz und Thiele 2003). Die fachdidaktischen Ansätze zur **Schulsportentwicklung** sind vielseitig. Neben dem Bezug von Bewegung, Spiel und Sport zur allgemeinen **Schulentwicklung** ist auch die Einbindung in die kommunale **Sportentwicklung** zu berücksichtigen. Als Akteur innerhalb der kommunalen Bildungslandschaft ist die Einzelschule auch im Sport auf gelingende Kooperationen mit außerschulischen Partnern angewiesen, nicht zuletzt im Bereich der Sportstättenentwicklung (Süßenbach und Klaus 2015).

▶ **Schulsportentwicklung** Vor diesem Hintergrund kann der Begriff der Schulsportentwicklung als systematischer Prozess der Weiterentwicklung des Schulsports innerhalb und außerhalb der Einzelschule mit dem Ziel der Qualitätsverbesserung von Bewegungs-, Spiel- und Sportangeboten auf allen Ebenen verstanden werden (vgl. Stibbe 2015).

8.3 Grundlagen

Zentrale **Themen der Schulsportentwicklung** sind die Profilierung von Schule und Schulsport, die Professionalisierung von Sportlehrkräften, die Standardisierung des Sportunterrichts sowie die Evaluation von Schule und Sportunterricht (vgl. Schierz und Thiele 2003). Die **Profilierung** betrifft vor allem die Schärfung des schulischen Profils in Bezug auf Bewegung, Spiel und Sport im Schulalltag. Dabei verständigt sich die Schulgemeinschaft auf ein **bewegungsbezogenes Schulprogramm,** das etwa im Sinne einer Bewegten Schule alle Bereiche der Institution „Schule" durchdringt (Balz und Stibbe 2003). Im Vordergrund der Profilierung steht damit die Organisationsentwicklung. In diesem Feld liegen die meisten sportdidaktischen Entwürfe und Erfahrungen vor, zumal die Ansätze zum Teil bis in die Zeit der Reformpädagogik zu Beginn des 20. Jahrhunderts zurückreichen. Zu den Konzepten zählen u. a. die Tägliche Sportstunde, die Bewegte Schule, Bewegungs-, Spiel- und Sportangebote in der Ganztagsschule sowie Lernen und Bewegung (siehe 8.4).

Die **Professionalisierung von Sportlehrkräften** ist ein weiteres Kernthema der Schulsportentwicklung. Es betrifft insbesondere den Bereich der Personalentwicklung (Schierz und Thiele 2003). Dazu sind Qualifizierungsprozesse auf allen drei Ebenen der **Sportlehrerbildung** nötig: Studium, Vorbereitungsdienst und Berufsphase (Neuber 2016c). Zur Beschreibung und Analyse des Lernens von Sportlehrerinnen und -lehrern hat sich das Verständnis der berufsbiografischen Entwicklung (Miethling 2013) als lebenslanger, phasenübergreifender Prozess etabliert (siehe Kap. 7). In der Berufsphase spielt insbesondere die regelmäßige **Weiterbildung von Sportlehrkräften** eine wichtige Rolle. Gerade der „Weg zurück an die Uni" im Sinne Forschenden Lernens wird noch selten beschritten (Neuber 2017). Darüber hinaus müssen aktuelle Aufgaben des Lehrerberufs aufgegriffen werden. So legt die Qualitätsoffensive Lehrerbildung (QLB) den Schwerpunkt auf den **Umgang mit Heterogenität und Inklusion** in der ersten Ausbildungsphase. Auch im Sport gibt es hier erheblichen Entwicklungsbedarf (Hartmann et al. 2019). Ein weiteres Thema ist die **Digitalisierung von Schule und Unterricht.** Als Bewegungsfach hat der Schulsport hier interessante Anknüpfungspunkte zu bieten (Fischer und Paul 2020).

Ein drittes großes Thema der Schulsportentwicklung ist die **Standardisierung des Sportunterrichts.** Dabei geht es vor allem um Prozesse der Unterrichtsentwicklung. Eine zentrale Neuerung in der Folge des „PISA-Schocks" war die Umstellung von stofforientierten Lehrplänen („Inputsteuerung") auf kompetenzorientierte Kernlehrpläne („Outputsteuerung"). Mit dieser so genannten **Neuen Steuerung** soll einheitlicher als bisher geregelt werden, was eine Schülerin oder ein Schüler am Ende einer bestimmten Phase kann (vgl. Gogoll und Kurz 2013). Zugleich bekommen die Einzelschulen mehr Gestaltungsfreiräume, weil die inhaltliche und methodische Verantwortung für den Weg zur Kompetenzerreichung bei den Sportfachschaften liegt. Ein Kernproblem der Standardisierung besteht allerdings in der **Operationalisierung der Standards**, die von den Lernenden erreicht werden sollen. So werden bspw. Mindeststandards, Regelstandards, Maximalstandards, Bildungsstandards, Qualitätsstandards, Content Standards, Performance Standards, Output Standards oder opportunity-to-learn-standards diskutiert (Kurz und Gogoll 2010). Damit wird einer gewissen Beliebigkeit Tür und Tor geöffnet, zumal auch das hinter den Standards liegende **Kompetenzmodell** strittig ist. Diskutiert werden bspw. ästhetische, motorische und kognitive Kompetenzmodelle, die jeweils sehr unterschiedlich begründet werden (Pfitzner 2019, S. 15–19). Zudem erfolgte die Entwicklung der **Standards für den Sportunterricht** unter großem Zeitdruck und getrennt nach Schulformen, Schulstufen und Bundesländern.

Insgesamt stehen die Sportfachschaften an den Schulen damit vor der Herausforderung, **schulinterne Lehrpläne** zu entwickeln, ohne auf eine abgesicherte theoretische Grundlage zurückgreifen zu können. Für die damit verbunden Prozesse der Unterrichtsentwicklung bringt das einige Umsetzungsschwierigkeiten mit sich. Aschebrock und Stibbe (2008) sehen vier Kernprobleme: Das **Legitimationsproblem** verweist auf die Unterschiedlichkeit von Standards für gleiche Altersstufen in verschieden Schulformen oder Bundesländern. Letztlich erfolgt deren Festlegung damit ohne ausreichende Begründung. Das **Reduktionsproblem** verdeutlicht, dass durch die Anforderung der Messbarkeit von Standards wichtige pädagogische Zielsetzungen, wie soziales Lernen und Fair Play, in den Hintergrund treten können. Das **Differenzierungsproblem** greift die Heterogenität der Standards auf und zeigt, dass zwischen einzelnen Entwicklungsphasen kaum Entwicklungsunterschiede definiert werden. Und das **Konstruktionsproblem** verweist auf die zumeist problematischen Kompetenzbegriffe, die hinter den Standards stehen. Insgesamt ist die Gefahr eines „pädagogischen" Reduktionismus damit nicht von der Hand zu weisen (Schierz und Thiele 2003).

Ein letztes, querliegendes Thema der Schulsportentwicklung ist die **Evaluation des Schulsports**. Evaluationsprozesse sind für alle Fragen der Qualitätsentwicklung relevant, von der Profilierung der Einzelschule über die Professionalisierung von Lehrkräften bis hin zur Standardisierung des Sportunterrichts (vgl. Stobrawe 2009). In jedem dieser Felder ist es von Zeit zu Zeit erforderlich, Voraussetzungen, Prozesse und **Wirkungen einer Qualitätsentwicklungsmaßnahme** zu überprüfen.

▶ **Evaluation** Unter einer Evaluation versteht man dementsprechend die systematische Untersuchung von Lern- und Arbeitsprozessen zum Erkenntnisgewinn und zur Weiterentwicklung von Schule und Unterricht.

Prinzipiell kann dabei zwischen **interner Evaluation,** die mit eigenen Mitteln zur Selbstvergewisserung durchgeführt wird, und **externer Evaluation,** die von schulfremden Personen mit einem „kritischen Außenblick" durchgeführt wird, unterschieden werden (vgl. Hietzge und Neuber 2009). Letztere wird mitunter auch als „Schul-TÜV" bezeichnet und ist bei schulischen Akteuren nicht selten mit Ängsten behaftet. Der klassische **Evaluationszyklus** beginnt mit der Festlegung der Ziele und Evaluationskriterien, geht über die Gewinnung und Auswertung von Daten zur Interpretation und Bewertung der Ergebnisse, was im Idealfall zu konkreten Handlungsschritten führt (Stobrawe 2009, S. 287–289).

8.4 Fachdidaktische Konzepte

Im Folgenden wird der Schwerpunkt auf Ansätze der Schulsportentwicklung im engeren Sinne gelegt, d. h. auf fachdidaktische Konzepte zur Organisationsentwicklung im Sinne einer bewegungsbezogenen Profilierung der Schule. Dafür gibt es eine ganze Reihe an elaborierten Begründungen (vgl. Laging 2007): Das **Schulkulturargument** („Schule gestalten – Schulkultur entwickeln") bezieht sich auf die Idee der Schule als Lern- und Lebensraum und zielt auf eine bewegte Schulkultur in allen Bereichen. Das **Sportkulturargument** („Sport im Wandel – Bewegung im Trend") geht von veränderten Sportwelten für Heranwachsende aus und nimmt die Schule in die Pflicht, angemessen darauf zu reagieren. Das **Lernkulturargument** („Körperlosigkeit der Schule – Wege zum Bewegten Lernen") konstatiert eine weitgehende Körperfeindlichkeit heutiger Lernschulen und setzt dem ein ästhetisches, leibhaftiges Lernen entgegen. Das **Lebensweltargument** („Lebensweltlicher Wandel") greift die Veränderung kindlicher und jugendlicher Lebenswelten, nicht zuletzt im Medienbereich, auf und spricht sich für Bewegungserfahrungen „aus erster Hand" aus. Das **Entwicklungsargument** („Entwicklungstheoretische Bedeutung von Bewegung") bezieht sich auf Untersuchungen zur Bedeutung von Bewegung für die Entwicklung von Schülerinnen und Schülern, etwa zur Lernförderung in der Schule. Und das **Gesundheitsargument** („Gesundheitliche Bedeutung von Bewegung") hebt die Kompensationsfunktion von Bewegung nicht zuletzt mit Blick auf lange Sitzphasen im Unterricht hervor (vgl. Balz 2013, S. 185–189).

Vor dem Hintergrund dieser Begründungsmuster werden im Folgenden vier ausgewählte fachdidaktische Konzepte vorgestellt. Das Konzept der **Täglichen Sportstunde** zielt auf regelmäßige und ausreichende Bewegungszeiten in der Schule (Thiele und Seyda 2011). Die flächendeckende Einführung einer täglichen Sportstunde mit fünf Unterrichtsstunden Sport pro Woche ist in Deutschland bislang nur während des Nationalsozialismus mit seiner Ideologie der Wehrertüchtigung umgesetzt worden. Gleichwohl hat es immer wieder Bestrebungen zur **Realisierung des Konzepts** gegeben. Heute speist sich die Argumentation „für tägliche Sportstunden vor allem aus gesellschaftlichen Problemlagen, die mit lebensweltlicher Bewegungsarmut, sozialer Desintegration und gesundheitlicher Beeinträchtigung zu tun haben" (Balz 2013, S. 189). Daneben werden auch Effekte auf Selbstkonzept und kognitives Lernen sowie auf die Schulentwicklung erwartet. Die **empirische Befundlage** ist allerdings vergleichsweise ernüchternd. Zwar gibt es tendenziell Auswirkungen der täglichen Sportstunde auf Facetten der motorischen Entwicklung sowie der Selbstkonzeptentwicklung der Kinder, die im Rahmen eines großangelegten Pilotprojekts festgestellt wurden, ein umfassender Zusammenhang konnte bislang jedoch nicht belegt werden (vgl. Thiele und Seyda 2011). Letztlich mag das auch an **Umsetzungsproblemen** liegen, denn kaum eine Projektschule konnte tatsächlich fünf Sportstunden durch qualifizierte Sportlehrkräfte anbieten.

Das ist im Hinblick auf das Konzept der **Bewegten Schule** anders. Konzepte der Bewegten Schule – oder auch der „Bewegungsfreudigen Schule" – gibt es seit Anfang der 1990er Jahre. Vor allem Grundschulen, „aber auch Förder-, Hauptund Gesamtschulen sind heute in der Tendenz deutlich bewegungsorientierter gestaltet, als dies zuvor der Fall war" (Laging 2017, S. 62). Nur Realschulen und Gymnasien tun sich nach wie vor schwer mit einer entsprechenden Profilbildung. Die Grundidee der Bewegten Schule besteht darin, **Bewegung als pädagogisches Prinzip** in allen Bereichen der Schule zu nutzen.

▶ **Bewegte Schule** „Schule in Bewegung zu bringen, heißt für uns, Schule zu verändern durch eine kind-, lehr- und lerngerechte Rhythmisierung des Unterrichts, durch bewegendes und bewegtes Lernen, durch bewegte Pausen, durch bewegende, beteiligende und damit gesundheitsfördernde Organisationsstrukturen, durch Öffnung der Schule nach außen, durch vernetztes Denken" (Leitner et al. 2015, S. 10).

Das **Spektrum der Ansätze** reicht von funktional ausgelegten Konzepten einer kompensatorischen Gesundheitserziehung über eine sportergänzende Bewegungserziehung bis hin zu explizit schulkulturell ausgelegen Konzepten (Laging 2017, S. 66–87).

Besonders bekannt geworden ist das **Haus der Bewegten Schule** von Rüdiger Klupsch-Sahlmann (1999). Darin bilden Überlegungen zum Zusammenhang von Bewegung und Entwicklung sowie Bewegung und Lernen das „Fundament" des Hauses. Tragende „Säulen" sind **Schulprogramm und Schulleben,** in denen die Bewegungsideen zum Ausdruck kommen. Akteure der Bewegten Schule sind alle Schülerinnen und Schüler sowie ihre Lehrerinnen und Lehrer, aber auch Haumeister, Eltern, Schulgemeinde und Schulaufsicht. Die **Angebote der Bewegten Schule** finden in allen „Zimmern" des Hauses statt: Schulräume als Bewegungsräume, Bewegungspausen, Stille im Unterricht, Themenerschließendes Bewegen im Unterricht, Bewegungschancen in den Pausen, Außerunterrichtliche Bewegungsangebote, Sport- und Bewegungsunterricht und manches mehr. Das „Dach" des Hauses bildet schließlich die **Bewegte Schulkultur,** die als Leitidee über allem steht (vgl. Abb. 8.4). Grundlagen, Umsetzung und Wirkungen der Bewegten Schule wurden umfangreich beschrieben und in weiten Teilen auch empirische überprüft, sodass das Konzept insgesamt als vergleichsweise fundiert angesehen werden kann (vgl. Hildebrandt 2007; Aschebrock 2013; Laging 2017).

▶ **Literaturtipp**
Klupsch-Sahlmann, R. (1995). Bewegte Schule. *Sportpädagogik, 19* (6), 14–22.
Rüdiger Klupsch-Sahlmann gehört zu den Verfechtern einer Bewegten Schule und hat deren Entwicklung maßgeblich mitgestaltet. In diesem Aufsatz aus dem Jahr 1995 hat er seine Idee erstmals zusammenhängend vorgestellt. Alle entscheidenden Elemente vom Fundament über die Säulen bis hin zu den verschiedenen Bausteinen der Bewegten Schule wurden damals schon angelegt.

Ein weiterer Schwerpunkt der bewegungs- und sportbezogenen Profilierung von Schulen liegt in der **Entwicklung von Ganztagsschulen.** Innerhalb weniger Jahre hat die Ganztagsschule die deutsche Schullandschaft grundlegend verändert. Die Einführung der Ganztagsschule wurde mit anspruchsvollen Zielsetzungen, wie die individuelle Förderung aller Schülerinnen und Schüler, eine veränderte Lernkultur oder die Chancengerechtigkeit im Bildungssystem, verbunden (Rauschenbach et al. 2012). Unterschieden werden mit der gebundenen, teilgebundenen und offenen Ganztagsschule drei Modelle, wobei die **Offene Ganztagsschule** in Kooperation mit außerschulischen Partnern das mit Abstand häufigste Modell ist

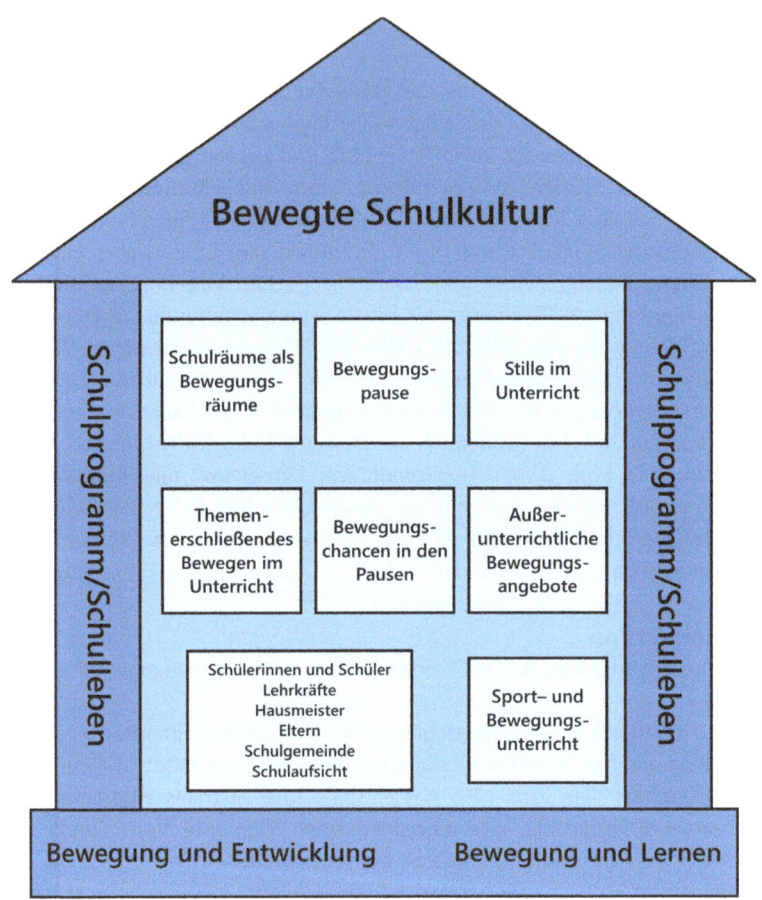

Abb. 8.4 Haus der Bewegten Schule (Mod. nach Klupsch-Sahlmann 1999, S. 11)

(vgl. Naul 2011). Bewegungs-, Spiel- und Sportaktivitäten gehören dabei zu den beliebtesten und häufigsten Angeboten. Jedes dritte Ganztagsangebot in Deutschland ist ein Sportangebot (Neuber et al. 2015). Als **neuer Angebotstyp** zwischen Schul- und Vereinssport hat sich der Ganztagssport nahezu flächendeckend etabliert. Charakteristisch für diese „dritte Säule" des Kinder- und Jugendsports sind bspw. jahrgangsübergreifende, heterogene Zielgruppen, fehlender Notendruck, aber auch kein Wettkampfsport (Pack und Bockhorst 2011). Neben offenen

8.4 Fachdidaktische Konzepte

Bewegungsangeboten in Pausen liegen sportartspezifische Angebote, vor allem Ballspiele, hoch im Kurs (vgl. Neuber et al. 2015).

Angeleitet werden die Aktivitäten vor allem von ehren- und nebenamtlichen Übungsleiterinnen und Übungsleitern. Über die konkrete Zielsetzung der Sportangebote ist allerdings ebenso wenig bekannt, wie über die methodische Inszenierung oder die pädagogische Wirkung. Besonders bedenklich ist, dass auch die **Perspektive der Kinder und Jugendlichen** bislang kaum untersucht wurde (Neuber 2016b). Das ist besonders brisant, da insbesondere die offenen Ganztagsangebote zum Freizeitbereich der Heranwachsenden gehören (Derecik et al. 2013). Dennoch bieten die Sportaktivitäten im Ganztag auch Perspektiven. Da ist zunächst die **Rhythmisierung des Schultags** durch Bewegung, was insbesondere im gebundenen Ganztag umgesetzt wird. Auch der Ausbau von Bewegungschancen für Kinder und Jugendliche in einem sich zunehmend verlängernden Schultag ist eine Chance. Damit einher gehen pädagogische Möglichkeiten der individuellen Förderung, etwa von Kindern mit mangelnden Bewegungserfahrungen, für besonders talentierte Jugendliche oder auch für die Förderung schulischen Lernens durch Bewegung (vgl. Hildebrandt-Stramann et al. 2014). Darüber hinaus bietet die Ganztagsschule **Chancen für die Schulsportentwicklung,** z. B. auch für die Professionsentwicklung von Sportlehrkräften (siehe Kap. 7). Zudem lassen sich über Sportangebote im Ganztag Impulse für eine bewegungsfreudige Schulentwicklung im Sinne „Bewegter Ganztagsschulen" setzen.

> **Bewegte Ganztagsschulen**
> Die flächendeckende Einführung von Ganztagsschulen in Deutschland führt dazu, dass Kinder und Jugendliche heute deutlich mehr Zeit in der Schule verbringen als zuvor. Im Konzert mit anderen Bildungsanbietern führt das zu einer stärkeren Strukturierung des Lebensalltags von Heranwachsenden und mithin zu einer **Zunahme öffentlicher Verantwortung für das Aufwachsen von Kindern und Jugendlichen** (BMFSFJ 2013). Das hat unmittelbare Auswirkungen auf das Freizeitverhalten junger Menschen, nicht zuletzt auf ihre Bewegungs-, Spiel- und Sportaktivitäten. Letztlich lässt sich zwar nicht belegen, dass Kinder und Jugendliche aufgrund der Ganztagsschule weniger Sport treiben als früher; unstrittig ist jedoch ein Wandel des Sportengagements (Neuber und Züchner 2017). Damit sind auch die Angebote außerschulischer Sportanbieter, insbesondere der Sportvereine und -verbände, betroffen. Der Ganztagsschule

kommt damit zunehmend die Aufgabe zu, adäquate **Bewegungs-, Spiel- und Sportangebote für Kinder und Jugendliche** in Kooperation mit außerschulischen Partnern zu organisieren – umgekehrt sind Sportvereine gefordert, auf die Schule zuzugehen.

In dieser Situation liegt es nahe, die Konzepte der Bewegten Schule mit den Konzepten zum Sport im Ganztag zu verbinden. Reiner Hildebrandt-Stramann, Ralf Laging und Jürgen Teubner (2014) haben das in einem großen Projekt zu **Bewegung und Sport im Ganztag** untersucht. Anhand von sechs Projektschulen mit jeweils spezifischen Schulprofilen konnten sie zeigen, wie Bewegung, Spiel und Sport die pädagogische Arbeit in Ganztagsschulen, in denen die Schülerinnen und Schüler den ganzen Tag verbringen, positiv unterstützen kann. Auf den Ebenen „Organisation und Konzeption bewegungsorientierter Ganztagsschulen", „Entwicklung und Gestaltung einer bewegungsorientierten Schulkultur" sowie „Bewegtes Unterrichten im gesamten Fachunterricht der Schule" haben sie viele Beispiele für **Bewegte Ganztagsschulkonzepte** zusammengetragen. Ein begleitendes Praxisbuch mit vielen Filmbeispielen verdeutlicht die Chancen eines bewegten Ganztags für die Schulentwicklung insgesamt (Becker et al. 2008). Damit ist die Entwicklung von Ganztagsschulen zu Schulen mit einem bewegungsorientierten Schulprogramm nicht nur eine gute Möglichkeit zur Kompensation eines langen, sitzenden Schultags, sondern auch für die Profilierung des Schulsports im Kanon der anderen Unterrichtsfächer.

Ein vierter, vergleichsweise aktueller Profilierungsschwerpunkt liegt im Bereich von **Lernen und Bewegung.** Bereits Anfang der 1980er Jahre belegte eine Studie die Wirkung von Bewegungsangeboten auf die Intelligenzentwicklung von Kindern im Vorschulalter (Zimmer 1981). Auch zwischen körperlicher Aktivität und schulischem Lernen konnten vielfach Zusammenhänge festgestellt werden. Dabei rückten zunehmend die so genannten Exekutiven Funktionen in den Fokus des Interesses (Boriss 2015). **Exekutive Funktionen** sind kognitive Kontrollprozesse, die dann erforderlich sind, wenn kognitive Automatismen für die Bewältigung einer Aufgabe nicht mehr ausreichen. Im Allgemeinen werden drei Funktionen unterschieden: Inhibition als die Fähigkeit, unpassendes automatisiertes Verhalten zu unterdrücken, Updating (Arbeitsgedächtnis) als die Fähigkeit zur mentalen Speicherung und Aktualisierung von Informationen sowie

Kognitive Flexibilität als die Fähigkeit, sich schnell auf wechselnde Aufgabenanforderungen einzustellen. Die **Selbststeuerung** in diesem Sinne hat einen größeren Einfluss auf schulische Leistungen als bspw. der Intelligenzquotient (IQ) (Duckworth und Seligman 2005). In einer Interventionsstudie im Sportunterricht (Boriss et al. 2014) konnte gezeigt werden, dass gezielte Bewegungsprogramme sowohl die Exekutiven Funktionen des Lernens, als auch spezifische schulische Lernleistungen, wie Lesen, Schreiben und Rechnen, positiv beeinflussen können. Damit kann der Sport einen spezifischen **Beitrag zur Schulentwicklung** leisten, der zukünftig weiter auszudifferenzieren sein wird (Pfitzner und Eckenbach 2017).

8.5 Konzepte im Überblick

Die Bedeutung von Bewegung, Spiel und Sport im Rahmen der Schulentwicklung ist breitgefächert. Prinzipiell können mindestens Maßnahmen der Profilierung, Professionalisierung, Standardisierung und Evaluation unterschieden werden (Schierz und Thiele 2003). Im vorliegenden Fall wurden exemplarisch vier fachdidaktische Konzepte zur bewegungsbezogenen Profilierung der Einzelschule vorgestellt (vgl. Tab. 8.1). Zur Einführung bewegungsbezogener Schulprofile gibt es eine ganze Reihe an gut ausgearbeiteten Begründungsmustern, z. B. im Sinne einer Lern-, Entwicklungs- oder Gesundheitsförderung (vgl. Laging 2017). Vor diesem Hintergrund zielt das Konzept der **Täglichen Sportstunde** auf die Förderung motorischer und psychischer Fähigkeiten, wie die Entwicklung des Selbstkonzepts. Die Modellidee basiert auf täglichen Bewegungszeiten im Sinne von fünf Sportstunden pro Woche, aber auch eine entsprechende Gestaltung des Schullebens. Obwohl die Idee der Täglichen Sportstunde bis in die Reformpädagogik zurückreicht, konnte sie bislang in Deutschland nicht flächendeckend eingeführt werden (vgl. Thiele und Seyda 2011).

Im Gegensatz dazu ist das Konzept der **Bewegten Schule** mittlerweile weit verbreitet. In dem Ansatz wird Bewegung als pädagogisches Prinzip verstanden und im Sinne einer Entwicklungs- und Lernförderung durch Bewegung angewandt. Ein weit verbreitetes Modell ist das „Haus der Bewegten Schule", das die Möglichkeiten des Konzepts in Unterricht, Schulleben und Lebenswelt der Kinder und Jugendlichen beschreibt (vgl. Klupsch-Sahlmann 1999). Auch das Konzept **Bewegung, Spiel und Sport im Ganztag** ist weit verbreitet, zumal praktisch jede Ganztagsschule in Deutschland Sportangebote vorhält.

Tab. 8.1 Fachdidaktische Ansätze zur Schulsportentwicklung. (Profilierung) im Überblick

	Tägliche Sportstunde	**Bewegte Schule**	**Bewegung, Spiel und Sport im Ganztag**	**Lernen und Bewegung**
Vertreter	Miriam Seyda Jörg Thiele	Rüdiger Klupsch-Sahlmann Ralf Laging	Roland Naul Nils Neuber	Karin Eckenbach Michael Pfitzner
Leitidee	Motorische und psychische Förderung durch Bewegung	Entwicklung und Lernen durch Bewegung	Bedürfnisorientierte und entwicklungsförderliche Bewegungs-, Spiel und Sportangebote	Kognitive Förderung durch Bewegungs-, Spiel- und Sportangebote
Modell	Tägliche Bewegungszeit	• Bewegung als pädagogisches Prinzip • Haus der Bewegten Schule • Gestaltung der Schulkultur durch Bewegung	Ganztagssport als Ergänzung zum Schul- und Vereinssport im Schulalltag	Exekutive Funktionen: • Inhibition • Arbeitsgedächtnis • Kognitive Flexibilität
Bausteine	• 5 Sportstunden • Bewegtes Schulleben	• Unterricht • Schulleben • Lebenswelt	• Arbeitsgemeinschaften • Freies Bewegungsspiel	• Sportunterricht • Klassenunterricht • Arbeitsgemeinschaften

Zielsetzung sind bedürfnisorientierte und entwicklungsförderliche Bewegungsangebote, die idealerweise über den gesamten Schultag eingesetzt werden. Dazu dient der Ganztagssport als neuer Angebotstyp zwischen Schul- und Vereinssport, der in Arbeitsgemeinschaften und im freien Bewegungsspiel organisiert ist (vgl. Neuber et al. 2015). Schließlich bietet auch das Feld von **Lernen und Bewegung** interessante Anknüpfungspunkte für die Profilierung von Schulen. Zielsetzung ist hier die Lernförderung durch Bewegungs- und Sportangebote im Sinne der Exekutiven Funktionen, die sowohl im Sport- als auch im Klassenunterricht gefördert werden können (vgl. Pfitzner und Eckenbach 2017).

Reflexionsfragen
1. Inwiefern hängen Personal-, Unterrichts- und Organisationsentwicklungsprozesse in der Schulentwicklung zusammen?
2. Warum beeinflusst die Schulsportentwicklung den Arbeitsalltag von Sportlehrkräften?
3. Ist die Bewegte Schule ein „alter Hut"? Warum bzw. warum nicht?
4. Inwiefern ist der Ganztagssport eine neuer Angebotstyp?
5. Wo liegen Schnittmengen von Bewegter Schule und Ganztagsschule?
6. Worin liegen Unterschiede zwischen Täglicher Sportstunde und Bewegter Schule?
7. Wieso ist „Lernen und Bewegung" ein zukunftsträchtiges Schulentwicklungsthema?
8. Warum sollten Sportlehrkräfte sich regelmäßig fortbilden?
9. Welche Risiken und Chancen liegen in kompetenzorientierten Kernlehrplänen im Sport?
10. Inwiefern sind Evaluationen für eine kontinuierliche Schulsportentwicklung unerlässlich? ◄

Literatur

Aschebrock, H. (2013). Schulentwicklung: Bewegte Schule. In P. Neumann & E. Balz (Hrsg.), *Sportdidaktik – Pragmatische Fachdidaktik für die Sekundarstufe I und II* (S. 146–155). Berlin: Cornelsen.
Aschebrock, H., & Stibbe, G. (2008). Standards, Kerncurricula und schuleigene Lehrpläne – Steuerungsinstrumente für die Schulsportentwicklung. *Sportpädagogik, 32*(3), 4–13.
Balz, E. (2010). Außerunterrichtlicher Schulsport. In N. Fessler, A. Hummel, & G. Stibbe (Hrsg.), *Handbuch Schulsport: Bd. 176. Beiträge zur Lehre und Forschung im Sport* (S. 373–387). Schorndorf: Hofmann.
Balz, E. (2013). Fachdidaktische Konzepte. In P. Neumann & E. Balz (Hrsg.), *Sportdidaktik – Pragmatische Fachdidaktik für die Sekundarstufe I und II* (S. 34–42). Berlin: Cornelsen.
Balz, E., & Stibbe, G. (2003). Bewegung. *Spiel und Sport im Schulprogramm. Sportpädagogik, 27*(1), 4–9.
Becker, A., Michel, M., & Laging, R. (2008). *Bewegt den ganzen Tag – Bewegungskonzepte in der ganztägigen Schule (Film und Buch)*. Hohengehren: Schneider.
Boriss, K. (2015). *Lernen und Bewegung im Kontext der individuellen Förderung – Förderung exekutiver Funktionen in der Sekundarstufe I: Bd. 8. Bildung und Sport*. Wiesbaden: Springer VS.

Boriss, K., Bohn, C., Dirksen, T., Neuber, N., Pfitzner, M., & Wagner, H. (2014). *Ergebnisse der Projektphasen I und II – Diagnose und Intervention. Individuelle Förderung von Schülerinnen und Schülern in der Sekundarstufe I – ein interdisziplinäres Projekt zum Zusammenhang von Bewegung und Lernen* (Projektbericht). Münster: WWU.

BMFSFJ (Bundesministerium für Familie, Senioren, Frauen und Jugend) (Hrsg.). (2013). *14. Kinder- und Jugendbericht – Bericht über die Lebenssituation junger Menschen und die Leistungen der Kinder- und Jugendhilfe in Deutschland*. Berlin: BMFSFJ.

Cwierdzinski, P., & Kottmann, L. (2017). Bewegung in der Lehrerbildung. In P. Neumann & E. Balz (Hrsg.), *Sportlehrerausbildung heute – Ideen und Innovationen: Bd. 263. Schriften der Deutschen Vereinigung für Sportwissenschaft* (S. 183–196). Hamburg: Czwalina.

Derecik, A., Kaufmann, N., & Neuber, N. (2013). *Partizipation in der offenen Ganztagsschule – Pädagogische Grundlagen und empirische Befunde zu Bewegungs-, Spiel- und Sportangeboten: Bd. 3. Bildung und Sport*. Wiesbaden: Springer VS.

Duckworth, A. L., & Seligman, M. E. P. (2005). Self-discipline outdoes IQ in predicting academic performance of adolescents. *Psychological Science, 16*(12), 939–944.

Fend, H. (1986). Gute Schulen – schlechte Schulen. *Die Deutsche Schule, 82*(3), 275–293.

Fischer, B., & Paul, A. (Hrsg.). (2020). *Lehren und Lernen mit digitalen Medien im Sport – Grundlagen, Konzepte und Praxisbeispiele zur Sportlehrerbildung: Bd. 18. Bildung und Sport*. Wiesbaden: Springer VS.

Gogoll, A., & Kurz, D. (2013). Kompetenzorientierter Sportunterricht – das Ende der Bildung? In H. Aschebrock & G. Stibbe (Hrsg.), *Didaktische Konzepte für den Schulsport* (S. 79–97). Aachen: Meyer & Meyer.

Hartmann, M., Laging, R., & Scheinert, C. (Hrsg.). (2019). *Professionalisierung in der Sportlehrer*innenbildung – Konzepte und Forschungen im Rahmen der „Qualitätsoffensive Lehrerbildung"*. Hohengehren: Schneider.

Haun, R. (2019). Schulentwicklung als Aufgabe der Lehrerausbildung. In G. Bovet & V. Huwendiek (Hrsg.), *Leitfaden Schulpraxis – Pädagogik und Psychologie für den Lehrberuf* (11. Aufl., S. 575–597). Berlin: Cornelsen.

Hietzge, M. C., & Neuber, N. (Hrsg.). (2009). *Schulinterne Evaluation – Impulse zur Selbstvergewisserung aus sportpädagogischer Perspektive: Bd. 6. Bewegungspädagogik*. Hohengehren: Schneider.

Hildebrandt-Stramann, R. (Hrsg.). (2007). *Bewegte Schule – Schule bewegt gestalten*. Hohengehren: Schneider.

Hildebrandt-Stramann, R., Laging, R., & Teubner, J. (Hrsg.). (2014). *Bewegung und Sport in der Ganztagsschule – StuBSS: Ergebnisse der qualitativen Studie*. Hohengehren: Schneider.

Klupsch-Sahlmann, R. (1995). Bewegte Schule. *Sportpädagogik, 19*(6), 14–22.

Klupsch-Sahlmann, R. (1999). *Mehr Bewegung in die Grundschule – Grundlagen, Bewegungschancen im Schulleben, Beispiele für alle Fächer*. Berlin: Cornelsen.

Kurz, D., & Gogoll, A. (2010). Standards und Kompetenzen. In N. Fessler, A. Hummel, & G. Stibbe (Hrsg.), *Handbuch Schulsport* (S. 227–244). Schorndorf: Hofmann.

Laging, R. (2007). Theoretische Bezüge und Konzepte der Bewegten Schule – Grundlagen und Überblick. In R. Laging & G. Schillack (Hrsg.), *Die Schule kommt in Bewegung – Konzepte und Untersuchungen zur Bewegten Schule mit praktischen Beispielen aus der Sekundarstufe I* (S. 2–38). Hohengehren: Schneider.

Laging, R. (2017). *Bewegung in Schule und Unterricht – Anregungen für eine bewegungsorientierte Schulentwicklung*. Stuttgart: Kohlhammer.

Landesstelle für den Schulsport NRW. (Hrsg.). *Schulsport NRW (2019)*. https://www.schulsport-nrw.de/home.html. Zugegriffen: 27. Aug. 2019.

Leitner, M., Oebelsberger, W., Städtler, H., Thuma, M., & Wimmer, M. (2015). Schulen in Bewegung bringen – Grundsatzpapier für Bewegte Schule Österreich. *Bewegung & Sport, 69*(1), 10–12.

Miethling, W.-D. (2013). Sportlehrerforschung. In E. Balz, M. Bräutigam, W.-D. Miethling, & P. Wolters (Hrsg.), *Empirie des Schulsports* (S. 121–153). Aachen: Meyer & Meyer.

MSW NRW (Ministerium für Schule und Weiterbildung des Landes Nordrhein-Westfalen). (2014). *Rahmenvorgaben für den Schulsport in Nordrhein-Westfalen*. Düsseldorf: MSW NRW.

Naul, R. (Hrsg.). (2011). *Bewegung, Spiel und Sport in der Ganztagsschule – Bilanz und Perspektiven* (14., Schulsport Aufl.). Aachen: Meyer & Meyer.

Neuber, N. (2016a). Schulsport 2.0 – Entwicklungschancen zwischen Kernlehrplänen und Ganztagsangeboten. In D. Jütting & M. Krüger (Hrsg.), *Sport für alle – Idee und Wirklichkeit* (S. 266–280). Münster: Waxmann.

Neuber, N. (2016b). Sport in der Ganztagsschule – Ausgewählte Befunde und Perspektiven. *Sportunterricht, 65*, 42–48.

Neuber, N. (2016c). Von der Theorie zur Praxis – und wieder zurück? Sportlehrerbildung als Forschungs- und Gestaltungsaufgabe. In D. Wiesche, M. Fahlenbock, & N. Gissel (Hrsg.), *Sportpädagogische Praxis – Ansatzpunkt und Prüfstein von Theorie: Bd. 255. Schriften der Deutschen Vereinigung für Sportwissenschaft* (S. 50–70). Hamburg: Czwalina.

Neuber, N. (2017). Von der Uni an die Schule und wieder zurück – Weiterbildung als profilbildendes Element der Sportlehrerbildung. In P. Neumann & E. Balz (Hrsg.), *Sportlehrerausbildung heute – Ideen und Innovationen: Bd. 263. Schriften der Deutschen Vereinigung für Sportwissenschaft* (S. 73–83). Hamburg: Czwalina.

Neuber, N., Kaufmann, N., & Salomon, S. (2015). Ganztag und Sport. In W. Schmidt, N. Neuber, T. Rauschenbach, H.-P. Brandl-Bredenbeck, J. Süßenbach, & C. Breuer (Hrsg.), *Dritter Deutscher Kinder- und Jugendsportbericht: Kinder- und Jugendsport im Umbruch* (S. 416–443). Schorndorf: Hofmann.

Neuber, N., & Züchner, I. (2017). Sport in der Ganztagsschule – Chancen und Grenzen für das Aufwachsen von Kindern und Jugendlichen. *Diskurs Kindheits- und Jugendforschung, 12*(4), 403–416.

Pack, R.-P., & Bockhorst, R. (2011). Bewegung, Spiel und Sport in Ganztagsschulen als Impulsgeber für die Entwicklung von kommunalen Bildungslandschaften. In R. Naul (Hrsg.), *Bewegung, Spiel und Sport in der Ganztagsschule – Bilanz & Perspektiven* (S. 164–181). Aachen: Meyer & Meyer.

Pfitzner, M. (2019). Sportdidaktik. In A. Güllich & M. Krüger (Hrsg.), *Sport in Kultur und Gesellschaft*. https://doi.org/10.1007/978-3-662-53385-7_22-1.

Pfitzner, M., & Eckenbach, K. (2017). Bewegung und Lernen – Förderung exekutiver Funktionen in der Schulpraxis. In C. Fischer, C. Fischer-Ontrup, F. Käpnick, F.-J. Mönks, N. Neuber, & C. Solzbacher (Hrsg.), *Potenzialentwicklung. Begabungsförderung. Bildung der Vielfalt. Beiträge aus der Begabungsforschung: Bd. 3*.

Begabungsförderung: Individuelle Förderung und Inklusive Bildung (S. 137–148). Münster: Waxmann.

Rauschenbach, T., Arnoldt, B., Steiner, C., & Stolz, H.-J. (2012). *Ganztagsschule als Hoffnungsträger für die Zukunft? Ein Reformprojekt auf dem Prüfstand. Expertise des Deutschen Jugendinstituts (DJI) im Auftrag der Bertelsmann Stiftung.* Gütersloh: Bertelsmann.

Rolff, H.-G. (2016). *Schulentwicklung kompakt – Modelle, Instrumente, Perspektiven* (3. Aufl.). Weinheim: Beltz.

Scheid, V. (2017). Organisationsformen und Akteure des Schulsports. In V. Scheid & R. Prohl (Hrsg.), *Sportdidaktik – Grundlagen, Vermittlungsformen, Bewegungsfelder* (2. Aufl., S. 31–48). Wiebelsheim: Limpert.

Schierz, M., & Thiele, J. (2003). Qualitätsentwicklung im Schulsport – Hintergründe, Tendenzen, Probleme. *Sportunterricht, 52*, 229–234.

Serwe, E. (2011). *Schulsportentwicklung – Sportpädagogische Perspektiven im schulischen Innovationsprozess* (17., Schulsport Aufl.). Aachen: Meyer & Meyer.

Stibbe, G. (2005). Qualitätsentwicklung im Schulsport durch Schulprogramme. In A. Gogoll & A. Menze-Sonneck (Hrsg.), *Qualität im Schulsport: Bd. 148. Schriften der Deutschen Vereinigung für Sportwissenschaft* (S. 136–141). Hamburg: Czwalina.

Stibbe, G. (2009). Bewegung, Spiel und Sport in der Schulentwicklung. In H. Lange & S. Sinning (Hrsg.), *Handbuch Sportdidaktik* (2., durchgesehene Aufl., S. 78–89). Balingen: Spitta.

Stibbe, G. (Hrsg.). (2015). *Grundlagen und Themen der Schulsportentwicklung: Bd. 37. Brennpunkte der Sportwissenschaft.* Sankt Augustin: Academia.

Stobrawe, M. (2009). Evaluation und Sportunterricht. In H. Lange & S. Sinning (Hrsg.), *Handbuch Sportdidaktik* (2. Aufl., S. 276–291). Balingen: Spitta.

Süßenbach, J., & Klaus, S. (2015). Kommunale Bildungslandschaften und Sport. In W. Schmidt, N. Neuber, T. Rauschenbach, H.-P. Brandl-Bredenbeck, J. Süßenbach, & C. Breuer (Hrsg.), *Dritter Deutscher Kinder- und Jugendsportbericht: Kinder- und Jugendsport im Umbruch* (S. 444–465). Schorndorf: Hofmann.

Thiele, J., & Seyda, M. (2011). *Tägliche Sportstunde an Grundschulen in NRW.* Aachen: Meyer & Meyer.

Zimmer, R. (1981). *Motorik und Persönlichkeitsentwicklung bei Kindern im Vorschulalter. Bd. 80/81. Beiträge zur Lehre und Forschung im Sport.* Schorndorf: Hofmann.

The manufacturer's authorised representative in the EU is Springer Nature Customer Service Centre GmbH, Europaplatz 3, 69115 Heidelberg, Germany. If you have any concerns regarding our products, please contact ProductSafety@springernature.com

Printed and bound by CPI Group (UK) Ltd, Croydon, CR0 4YY

25/03/2026

02078196-0012